人民法院
— 实务小全书 —
系列丛书

保险案件办理小全书

人民法院实务小全书编选组◎编

法 律 规 范　　理 解 适 用　　典 型 案 例

人民法院出版社

图书在版编目（CIP）数据

保险案件办理小全书/人民法院实务小全书编选组编.
—北京：人民法院出版社，2018.9
（人民法院实务小全书系列丛书）
ISBN 978-7-5109-2237-4

Ⅰ.①保… Ⅱ.①人… Ⅲ.①保险法-案例-处理-中国 Ⅳ.①D922.284.5

中国版本图书馆CIP数据核字（2018）第204523号

保险案件办理小全书

人民法院实务小全书编选组 编

责任编辑 赵作楝
出版发行 人民法院出版社
地　　址 北京市东城区东交民巷27号（100745）
电　　话 （010）67550565（责任编辑） 67550558（发行部查询）
65223677（读者服务部）
网　　址 http://www.courtbook.com.cn
E-mail courtpress@sohu.com
印　　刷 保定市中画美凯印刷有限公司
经　　销 新华书店

开　　本 890×1240毫米 A5
字　　数 316千字
印　　张 11.75
版　　次 2018年9月第1版 2018年9月第1次印刷
书　　号 ISBN 978-7-5109-2237-4
定　　价 46.00元

出版说明

《人民法院实务小全书系列丛书》是一套面向广大法律工作者、法学院校师生、普通读者，以小而全为特色的实务类法律工具书，小即指开本小，携带方便，在内容梳理上去粗取精，收录常用必备办案法律依据；全即指品种全、内容全，丛书按实务工作需要设置分册，在各分册中实现收录重点办案依据全，满足法律工作者的办案需要，满足法学院校师生及广大普通读者学习法律知识的需要。本书为该丛书的保险案件办理分册。

全书对保险相关法律规范进行了精选收录，对司法实践中存在的法律适用难点问题梳理了最高人民法院司法观点，并配以典型案例，为广大保险从业人员和消费者提供了生动的学法用法教材，也为司法工作者执法办案提供了法律依据速查工具。此外，本书还具有以下特点：

1. **一体化全面呈现法律规范与司法观点。**本书收录保险案件常涉的法律、行政法规、司法解释、部门规章、部门规范性文件。为便于读者进一步理解法律规范的条文内容，解决实践中的法律适用问题，本书还梳理了法律适用难点问题的最高人民法院司法观点，一体化呈现法律依据与权威观点。

2. **一站式解决法律适用问题。**本书改变以往法律工具书单纯按法律规范效力进行分类的模式，以构建起法律、法规、司法解释、司法规范性文件及最高人民法院司法观点的联系点为特色，在本书的目录中读者可按法律规范的效力直接查找所需的法律依据，也可以通过条文所在页面左右边空处标注的页码，轻松查找与该条文有关的法律、法规、司法解释、司法规范性文件条文内容及司法观点，反之亦然，读者可以从一个司法适用问题反向查找相应的法律规范依据，也可从任意司法解释、司法规范性文件查找相应的法律条文及司法观点。

本书在横向上按保险案件办理工作的需要尽可能全面收录办案相关的法律规范依据，在纵向上实现法律规范之间、法律规范与司法观点之间的串联，逐级深入，引导读者快速查找法律规范并学习使用。由于本书的编辑体例较为新颖，在编辑工作中难免存在错误和不足，敬请广大读者批评指正。

编　者

2018 年 8 月

目　　录

第一部分　法律规范

第二部分 理解与适用

第三部分 典型案例

第一部分

法律规范

一、相关法律

中华人民共和国保险法

（1995年6月30日第八届全国人民代表大会常务委员会第十四次会议通过　根据2002年10月28日第九届全国人民代表大会常务委员会第三十次会议《关于修改〈中华人民共和国保险法〉的决定》第一次修正　2009年2月28日第十一届全国人民代表大会常务委员会第七次会议修订　根据2014年8月31日第十二届全国人民代表大会常务委员会第十次会议《关于修改〈中华人民共和国保险法〉等五部法律的决定》第二次修正　根据2015年4月24日第十二届全国人民代表大会常务委员会第十四次会议《关于修改〈中华人民共和国计量法〉等五部法律的决定》第三次修正）

目　录

第一章　总　则

第一条　为了规范保险活动，保护保险活动当事人的合法权益，加强对保险业的监督管理，维护社会经济秩序和社会公共利益，促进保险事业的健康发展，制定本法。

第二条　本法所称保险，是指投保人根据合同约定，向保险人支付保险费，保险人对于合同约定的可能发生的事故因其发生所造成的财产损失承担赔偿保险金责任，或者当被保险人死亡、伤残、疾病或者达到合同约定的年龄、期限等条件时承担给付保险金责任的商业保险行为。

第三条　在中华人民共和国境内从事保险活动，适用本法。

P38 **第四条**　从事保险活动必须遵守法律、行政法规，尊重社会公德，不得损害社会公共利益。

P38 **第五条**　保险活动当事人行使权利、履行义务应当遵循诚实信用原则。

P156 **第六条**　保险业务由依照本法设立的保险公司以及法律、行政法规规定的其他保险组织经营，其他单位和个人不得经营保险业务。

第七条　在中华人民共和国境内的法人和其他组织需要办理境内保险的，应当向中华人民共和国境内的保险公司投保。

第八条　保险业和银行业、证券业、信托业实行分业经营、分业管理，保险公司与银行、证券、信托业务机构分别设立。国家另有规定的除外。

P155 **第九条**　国务院保险监督管理机构依法对保险业实施监督管理。

国务院保险监督管理机构根据履行职责的需要设立派出机构。派出机构按照国务院保险监督管理机构的授权履行监督管理职责。

第二章　保险合同

第一节　一般规定

第十条　保险合同是投保人与保险人约定保险权利义务关系的协议。 P37

投保人是指与保险人订立保险合同，并按照合同约定负有支付保险费义务的人。

保险人是指与投保人订立保险合同，并按照合同约定承担赔偿或者给付保险金责任的保险公司。

第十一条　订立保险合同，应当协商一致，遵循公平原则确定各方的权利和义务。 P38

除法律、行政法规规定必须保险的外，保险合同自愿订立。

第十二条　人身保险的投保人在保险合同订立时，对被保险人应当具有保险利益。 P10 P285

财产保险的被保险人在保险事故发生时，对保险标的应当具有保险利益。 P69

人身保险是以人的寿命和身体为保险标的的保险。

财产保险是以财产及其有关利益为保险标的的保险。

被保险人是指其财产或者人身受保险合同保障，享有保险金请求权的人。投保人可以为被保险人。

保险利益是指投保人或者被保险人对保险标的具有的法律上承认的利益。 P285 P69

第十三条　投保人提出保险要求，经保险人同意承保，保险合同成立。保险人应当及时向投保人签发保险单或者其他保险凭证。 P39 P41 P70

保险单或者其他保险凭证应当载明当事人双方约定的合同内容。当事人也可以约定采用其他书面形式载明合同内容。

P42 依法成立的保险合同，自成立时生效。投保人和保险人可以对合同的效力约定附条件或者附期限。

P44 **第十四条** 保险合同成立后，投保人按照约定交付保险费，
P70 保险人按照约定的时间开始承担保险责任。

P49 **第十五条** 除本法另有规定或者保险合同另有约定外，保险
P312 合同成立后，投保人可以解除合同，保险人不得解除合同。

P70 **第十六条** 订立保险合同，保险人就保险标的或者被保险人
P74 的有关情况提出询问的，投保人应当如实告知。

P49 投保人故意或者因重大过失未履行前款规定的如实告知义
P289 务，足以影响保险人决定是否同意承保或者提高保险费率的，保
P68 险人有权解除合同。

P302 前款规定的合同解除权，自保险人知道有解除事由之日起，
P287 超过三十日不行使而消灭。自合同成立之日起超过二年的，保险人不得解除合同；发生保险事故的，保险人应当承担赔偿或者给付保险金的责任。

投保人故意不履行如实告知义务的，保险人对于合同解除前发生的保险事故，不承担赔偿或者给付保险金的责任，并不退还保险费。

投保人因重大过失未履行加实告知义务，对保险事故的发生有严重影响的，保险人对于合同解除前发生的保险事故，不承担赔偿或者给付保险金的责任，但应当退还保险费。

保险人在合同订立时已经知道投保人未如实告知的情况的，保险人不得解除合同；发生保险事故的，保险人应当承担赔偿或者给付保险金的责任。

保险事故是指保险合同约定的保险责任范围内的事故。

P41 **第十七条** 订立保险合同，采用保险人提供的格式条款的，
P70 保险人向投保人提供的投保单应当附格式条款，保险人应当向投
P71 保人说明合同的内容。

P78 对保险合同中免除保险人责任的条款，保险人在订立合同时
P111 应当在投保单、保险单或者其他保险凭证上作出足以引起投保人

注意的提示，并对该条款的内容以书面或者口头形式向投保人作出明确说明；未作提示或者明确说明的，该条款不产生效力。𝒫291

第十八条　保险合同应当包括下列事项：𝒫38

（一）保险人的名称和住所；

（二）投保人、被保险人的姓名或者名称、住所，以及人身保险的受益人的姓名或者名称、住所；

（三）保险标的；

（四）保险责任和责任免除；

（五）保险期间和保险责任开始时间；

（六）保险金额；

（七）保险费以及支付办法；

（八）保险金赔偿或者给付办法；

（九）违约责任和争议处理；

（十）订立合同的年、月、日。

投保人和保险人可以约定与保险有关的其他事项。

受益人是指人身保险合同中由被保险人或者投保人指定的享有保险金请求权的人。投保人、被保险人可以为受益人。

保险金额是指保险人承担赔偿或者给付保险金责任的最高限额。

第十九条　采用保险人提供的格式条款订立的保险合同中的下列条款无效：𝒫42 𝒫43

（一）免除保险人依法应承担的义务或者加重投保人、被保险人责任的；

（二）排除投保人、被保险人或者受益人依法享有的权利的。

第二十条　投保人和保险人可以协商变更合同内容。𝒫47

变更保险合同的，应当由保险人在保险单或者其他保险凭证上批注或者附贴批单，或者由投保人和保险人订立变更的书面协议。

第二十一条　投保人、被保险人或者受益人知道保险事故发生后，应当及时通知保险人。故意或者因重大过失未及时通知，致使保险事故的性质、原因、损失程度等难以确定的，保险人对无法确定的部分，不承担赔偿或者给付保险金的责任，但保险人通过其他途径已经及时知道或者应当及时知道保险事故发生的除外。

P72 P150 P151

第二十二条 保险事故发生后，按照保险合同请求保险人赔偿或者给付保险金时，投保人、被保险人或者受益人应当向保险人提供其所能提供的与确认保险事故的性质、原因、损失程度等有关的证明和资料。

保险人按照合同的约定，认为有关的证明和资料不完整的，应当及时一次性通知投保人、被保险人或者受益人补充提供。

P68 P71 P149 P151 P248 P293

第二十三条 保险人收到被保险人或者受益人的赔偿或者给付保险金的请求后，应当及时作出核定；情形复杂的，应当在三十日内作出核定，但合同另有约定的除外。保险人应当将核定结果通知被保险人或者受益人；对属于保险责任的，在与被保险人或者受益人达成赔偿或者给付保险金的协议后十日内，履行赔偿或者给付保险金义务。保险合同对赔偿或者给付保险金的期限有约定的，保险人应当按照约定履行赔偿或者给付保险金义务。

保险人未及时履行前款规定义务的，除支付保险金外，应当赔偿被保险人或者受益人因此受到的损失。

任何单位和个人不得非法干预保险人履行赔偿或者给付保险金的义务，也不得限制被保险人或者受益人取得保险金的权利。

第二十四条 保险人依照本法第二十三条的规定作出核定后，对不属于保险责任的，应当自作出核定之日起三日内向被保险人或者受益人发出拒绝赔偿或者拒绝给付保险金通知书，并说明理由。

P77

第二十五条 保险人自收到赔偿或者给付保险金的请求和有关证明、资料之日起六十日内，对其赔偿或者给付保险金的数额不能确定的，应当根据已有证明和资料可以确定的数额先予支付；保险人最终确定赔偿或者给付保险金的数额后，应当支付相应的差额。

第二十六条　人寿保险以外的其他保险的被保险人或者受益人，向保险人请求赔偿或者给付保险金的诉讼时效期间为二年，自其知道或者应当知道保险事故发生之日起计算。

人寿保险的被保险人或者受益人向保险人请求给付保险金的诉讼时效期间为五年，自其知道或者应当知道保险事故发生之日起计算。

第二十七条　未发生保险事故，被保险人或者受益人谎称发生了保险事故，向保险人提出赔偿或者给付保险金请求的，保险人有权解除合同，并不退还保险费。P64

投保人、被保险人故意制造保险事故的，保险人有权解除合同，不承担赔偿或者给付保险金的责任；除本法第四十三条规定外，不退还保险费。

保险事故发生后，投保人、被保险人或者受益人以伪造、变造的有关证明、资料或者其他证据，编造虚假的事故原因或者夸大损失程度的，保险人对其虚报的部分不承担赔偿或者给付保险金的责任。

投保人、被保险人或者受益人有前三款规定行为之一，致使保险人支付保险金或者支出费用的，应当退回或者赔偿。

第二十八条　保险人将其承担的保险业务，以分保形式部分转移给其他保险人的，为再保险。P171

应再保险接受人的要求，再保险分出人应当将其自负责任及原保险的有关情况书面告知再保险接受人。

第二十九条　再保险接受人不得向原保险的投保人要求支付保险费。

原保险的被保险人或者受益人不得向再保险接受人提出赔偿或者给付保险金的请求。

再保险分出人不得以再保险接受人未履行再保险责任为由，拒绝履行或者迟延履行其原保险责任。

第三十条　采用保险人提供的格式条款订立的保险合同，保险人与投保人、被保险人或者受益人对合同条款有争议的，应当P42 P53

P72 按照通常理解予以解释。对合同条款有两种以上解释的，人民法院或者仲裁机构应当作出有利于被保险人和受益人的解释。

第二节 人身保险合同

P74 **第三十一条** 投保人对下列人员具有保险利益：

P180 （一）本人；

P194 （二）配偶、子女、父母；

P200 （三）前项以外与投保人有抚养、赡养或者扶养关系的家庭
P205 其他成员、近亲属；

P300 （四）与投保人有劳动关系的劳动者。

除前款规定外，被保险人同意投保人为其订立合同的，视为投保人对被保险人具有保险利益。

P69 订立合同时，投保人对被保险人不具有保险利益的，合同
P286 无效。

第三十二条 投保人申报的被保险人年龄不真实，并且其真
P68 实年龄不符合合同约定的年龄限制的，保险人可以解除合同，并按照合同约定退还保险单的现金价值。保险人行使合同解除权，
P6 适用本法第十六条第三款、第六款的规定。

投保人申报的被保险人年龄不真实，致使投保人支付的保险费少于应付保险费的，保险人有权更正并要求投保人补交保险费，或者在给付保险金时按照实付保险费与应付保险费的比例支付。

投保人申报的被保险人年龄不真实，致使投保人支付的保险费多于应付保险费的，保险人应当将多收的保险费退还投保人。

P74 **第三十三条** 投保人不得为无民事行为能力人投保以死亡为给付保险金条件的人身保险，保险人也不得承保。

P192 父母为其未成年子女投保的人身保险，不受前款规定限制。但是，因被保险人死亡给付的保险金总和不得超过国务院保险监督管理机构规定的限额。

P73 **第三十四条** 以死亡为给付保险金条件的合同，未经被保险
P74 人同意并认可保险金额的，合同无效。

按照以死亡为给付保险金条件的合同所签发的保险单，未经被保险人书面同意，不得转让或者质押。

父母为其未成年子女投保的人身保险，不受本条第一款规定限制。

第三十五条　投保人可以按照合同约定向保险人一次支付全部保险费或者分期支付保险费。

第三十六条　合同约定分期支付保险费，投保人支付首期保险费后，除合同另有约定外，投保人自保险人催告之日起超过三十日未支付当期保险费，或者超过约定的期限六十日未支付当期保险费的，合同效力中止，或者由保险人按照合同约定的条件减少保险金额。 P74 P304

被保险人在前款规定期限内发生保险事故的，保险人应当按照合同约定给付保险金，但可以扣减欠交的保险费。

第三十七条　合同效力依照本法第三十六条规定中止的，经保险人与投保人协商并达成协议，在投保人补交保险费后，合同效力恢复。但是，自合同效力中止之日起满二年双方未达成协议的，保险人有权解除合同。 P74 P304

保险人依照前款规定解除合同的，应当按照合同约定退还保险单的现金价值。

第三十八条　保险人对人寿保险的保险费，不得用诉讼方式要求投保人支付。

第三十九条　人身保险的受益人由被保险人或者投保人指定。 P74 P306

投保人指定受益人时须经被保险人同意。投保人为与其有劳动关系的劳动者投保人身保险，不得指定被保险人及其近亲属以外的人为受益人。

被保险人为无民事行为能力人或者限制民事行为能力人的，可以由其监护人指定受益人。

第四十条　被保险人或者投保人可以指定一人或者数人为受益人。 P75

受益人为数人的，被保险人或者投保人可以确定受益顺序和受益份额；未确定受益份额的，受益人按照相等份额享有受益权。

P75 P307
第四十一条 被保险人或者投保人可以变更受益人并书面通知保险人。保险人收到变更受益人的书面通知后，应当在保险单或者其他保险凭证上批注或者附贴批单。

投保人变更受益人时须经被保险人同意。

P76 P112
第四十二条 被保险人死亡后，有下列情形之一的，保险金作为被保险人的遗产，由保险人依照《中华人民共和国继承法》的规定履行给付保险金的义务：

（一）没有指定受益人，或者受益人指定不明无法确定的；

（二）受益人先于被保险人死亡，没有其他受益人的；

（三）受益人依法丧失受益权或者放弃受益权，没有其他受益人的。

P76
受益人与被保险人在同一事件中死亡，且不能确定死亡先后顺序的，推定受益人死亡在先。

P76 P312
第四十三条 投保人故意造成被保险人死亡、伤残或者疾病的，保险人不承担给付保险金的责任。投保人已交足二年以上保险费的，保险人应当按照合同约定向其他权利人退还保险单的现金价值。

受益人故意造成被保险人死亡、伤残、疾病的，或者故意杀害被保险人未遂的，该受益人丧失受益权。

P77 P108
第四十四条 以被保险人死亡为给付保险金条件的合同，自合同成立或者合同效力恢复之日起二年内，被保险人自杀的，保险人不承担给付保险金的责任，但被保险人自杀时为无民事行为能力人的除外。

保险人依照前款规定不承担给付保险金责任的，应当按照合同约定退还保险单的现金价值。

P77
第四十五条 因被保险人故意犯罪或者抗拒依法采取的刑事强制措施导致其伤残或者死亡的，保险人不承担给付保险金的责任。投保人已交足二年以上保险费的，保险人应当按照合同约定退还保险单的现金价值。

第四十六条　被保险人因第三者的行为而发生死亡、伤残或者疾病等保险事故的，保险人向被保险人或者受益人给付保险金后，不享有向第三者追偿的权利，但被保险人或者受益人仍有权向第三者请求赔偿。

第四十七条　投保人解除合同的，保险人应当自收到解除合 𝒫76
同通知之日起三十日内，按照合同约定退还保险单的现金价值。 𝒫309

第三节　财产保险合同

第四十八条　保险事故发生时，被保险人对保险标的不具有 𝒫69
保险利益的，不得向保险人请求赔偿保险金。 𝒫285

第四十九条　保险标的转让的，保险标的的受让人承继被保 𝒫78
险人的权利和义务。 𝒫317

保险标的转让的，被保险人或者受让人应当及时通知保险 𝒫79
人，但货物运输保险合同和另有约定的合同除外。

因保险标的转让导致危险程度显著增加的，保险人自收到前 𝒫79
款规定的通知之日起三十日内，可以按照合同约定增加保险费或者解除合同。保险人解除合同的，应当将已收取的保险费，按照合同约定扣除自保险责任开始之日起至合同解除之日止应收的部分后，退还投保人。

被保险人、受让人未履行本条第二款规定的通知义务的，因转让导致保险标的危险程度显著增加而发生的保险事故，保险人不承担赔偿保险金的责任。

第五十条　货物运输保险合同和运输工具航程保险合同，保险责任开始后，合同当事人不得解除合同。

第五十一条　被保险人应当遵守国家有关消防、安全、生产操作、劳动保护等方面的规定，维护保险标的的安全。

保险人可以按照合同约定对保险标的的安全状况进行检查，及时向投保人、被保险人提出消除不安全因素和隐患的书面建议。

投保人、被保险人未按照约定履行其对保险标的的安全应尽责任的，保险人有权要求增加保险费或者解除合同。

保险人为维护保险标的的安全，经被保险人同意，可以采取安全预防措施。

P79 **第五十二条** 在合同有效期内，保险标的的危险程度显著增加的，被保险人应当按照合同约定及时通知保险人，保险人可以按照合同约定增加保险费或者解除合同。保险人解除合同的，应当将已收取的保险费，按照合同约定扣除自保险责任开始之日起至合同解除之日止应收的部分后，退还投保人。

被保险人未履行前款规定的通知义务的，因保险标的的危险程度显著增加而发生的保险事故，保险人不承担赔偿保险金的责任。

第五十三条 有下列情形之一的，除合同另有约定外，保险人应当降低保险费，并按日计算退还相应的保险费：

（一）据以确定保险费率的有关情况发生变化，保险标的的危险程度明显减少的；

（二）保险标的的保险价值明显减少的。

第五十四条 保险责任开始前，投保人要求解除合同的，应当按照合同约定向保险人支付手续费，保险人应当退还保险费。保险责任开始后，投保人要求解除合同的，保险人应当将已收取的保险费，按照合同约定扣除自保险责任开始之日起至合同解除之日止应收的部分后，退还投保人。

P55 **第五十五条** 投保人和保险人约定保险标的的保险价值并在合同中载明的，保险标的发生损失时，以约定的保险价值为赔偿计算标准。

投保人和保险人未约定保险标的的保险价值的，保险标的发生损失时，以保险事故发生时保险标的的实际价值为赔偿计算标准。

保险金额不得超过保险价值。超过保险价值的，超过部分无效，保险人应当退还相应的保险费。

保险金额低于保险价值的，除合同另有约定外，保险人按照保险金额与保险价值的比例承担赔偿保险金的责任。

第五十六条 重复保险的投保人应当将重复保险的有关情况通知各保险人。

重复保险的各保险人赔偿保险金的总和不得超过保险价值。除合同另有约定外，各保险人按照其保险金额与保险金额总和的比例承担赔偿保险金的责任。

重复保险的投保人可以就保险金额总和超过保险价值的部分，请求各保险人按比例返还保险费。

重复保险是指投保人对同一保险标的、同一保险利益、同一保险事故分别与两个以上保险人订立保险合同，且保险金额总和超过保险价值的保险。

第五十七条 保险事故发生时，被保险人应当尽力采取必要的措施，防止或者减少损失。 $\mathscr{P}_{79}$

保险事故发生后，被保险人为防止或者减少保险标的的损失所支付的必要的、合理的费用，由保险人承担；保险人所承担的费用数额在保险标的损失赔偿金额以外另行计算，最高不超过保险金额的数额。

第五十八条 保险标的发生部分损失的，自保险人赔偿之日起三十日内，投保人可以解除合同；除合同另有约定外，保险人也可以解除合同，但应当提前十五日通知投保人。

合同解除的，保险人应当将保险标的未受损失部分的保险费，按照合同约定扣除自保险责任开始之日起至合同解除之日止应收的部分后，退还投保人。

第五十九条 保险事故发生后，保险人已支付了全部保险金额，并且保险金额等于保险价值的，受损保险标的的全部权利归于保险人；保险金额低于保险价值的，保险人按照保险金额与保险价值的比例取得受损保险标的的部分权利。

第六十条 因第三者对保险标的的损害而造成保险事故的， $\mathscr{P}_{72}$
保险人自向被保险人赔偿保险金之日起，在赔偿金额范围内代位 $\mathscr{P}_{79}$

P80

行使被保险人对第三者请求赔偿的权利。

P294

前款规定的保险事故发生后，被保险人已经从第三者取得损害赔偿的，保险人赔偿保险金时，可以相应扣减被保险人从第三者已取得的赔偿金额。

P80

保险人依照本条第一款规定行使代位请求赔偿的权利，不影响被保险人就未取得赔偿的部分向第三者请求赔偿的权利。

P79

第六十一条 保险事故发生后，保险人未赔偿保险金之前，被保险人放弃对第三者请求赔偿的权利的，保险人不承担赔偿保险金的责任。

保险人向被保险人赔偿保险金后，被保险人未经保险人同意放弃对第三者请求赔偿的权利的，该行为无效。

被保险人故意或者因重大过失致使保险人不能行使代位请求赔偿的权利的，保险人可以扣减或者要求返还相应的保险金。

第六十二条 除被保险人的家庭成员或者其组成人员故意造成本法第六十条第一款规定的保险事故外，保险人不得对被保险人的家庭成员或者其组成人员行使代位请求赔偿的权利。

P80

第六十三条 保险人向第三者行使代位请求赔偿的权利时，被保险人应当向保险人提供必要的文件和所知道的有关情况。

第六十四条 保险人、被保险人为查明和确定保险事故的性质、原因和保险标的的损失程度所支付的必要的、合理的费用，由保险人承担。

P89 P109 P270

第六十五条 保险人对责任保险的被保险人给第三者造成的损害，可以依照法律的规定或者合同的约定，直接向该第三者赔偿保险金。

P81 P82 P90

责任保险的被保险人给第三者造成损害，被保险人对第三者应负的赔偿责任确定的，根据被保险人的请求，保险人应当直接向该第三者赔偿保险金。被保险人怠于请求的，第三者有权就其应获赔偿部分直接向保险人请求赔偿保险金。

P91

责任保险的被保险人给第三者造成损害，被保险人未向该第三者赔偿的，保险人不得向被保险人赔偿保险金。

责任保险是指以被保险人对第三者依法应负的赔偿责任为保险标的的保险。P107 P178

第六十六条　责任保险的被保险人因给第三者造成损害的保险事故而被提起仲裁或者诉讼的，被保险人支付的仲裁或者诉讼费用以及其他必要的、合理的费用，除合同另有约定外，由保险人承担。

第三章　保险公司

第六十七条　设立保险公司应当经国务院保险监督管理机构批准。P155

国务院保险监督管理机构审查保险公司的设立申请时，应当考虑保险业的发展和公平竞争的需要。

第六十八条　设立保险公司应当具备下列条件：P156

（一）主要股东具有持续盈利能力，信誉良好，最近三年内无重大违法违规记录，净资产不低于人民币二亿元；P114

（二）有符合本法和《中华人民共和国公司法》规定的章程；

（三）有符合本法规定的注册资本；

（四）有具备任职专业知识和业务工作经验的董事、监事和高级管理人员；

（五）有健全的组织机构和管理制度；

（六）有符合要求的营业场所和与经营业务有关的其他设施；

（七）法律、行政法规和国务院保险监督管理机构规定的其他条件。

第六十九条　设立保险公司，其注册资本的最低限额为人民币二亿元。

国务院保险监督管理机构根据保险公司的业务范围、经营规模，可以调整其注册资本的最低限额，但不得低于本条第一款规定的限额。

保险公司的注册资本必须为实缴货币资本。P120

第七十条　申请设立保险公司，应当向国务院保险监督管理P125

P157 机构提出书面申请，并提交下列材料：

（一）设立申请书，申请书应当载明拟设立的保险公司的名称、注册资本、业务范围等；

（二）可行性研究报告；

（三）筹建方案；

（四）投资人的营业执照或者其他背景资料，经会计师事务所审计的上一年度财务会计报告；

（五）投资人认可的筹备组负责人和拟任董事长、经理名单及本人认可证明；

（六）国务院保险监督管理机构规定的其他材料。

P157 **第七十一条** 国务院保险监督管理机构应当对设立保险公司的申请进行审查，自受理之日起六个月内作出批准或者不批准筹建的决定，并书面通知申请人。决定不批准的，应当书面说明理由。

P158 **第七十二条** 申请人应当自收到批准筹建通知之日起一年内完成筹建工作；筹建期间不得从事保险经营活动。

P158 **第七十三条** 筹建工作完成后，申请人具备本法第六十八条规定的设立条件的，可以向国务院保险监督管理机构提出开业申请。

国务院保险监督管理机构应当自受理开业申请之日起六十日内，作出批准或者不批准开业的决定。决定批准的，颁发经营保险业务许可证；决定不批准的，应当书面通知申请人并说明理由。

P156 **第七十四条** 保险公司在中华人民共和国境内设立分支机构，应当经保险监督管理机构批准。

保险公司分支机构不具有法人资格，其民事责任由保险公司承担。

P160 **第七十五条** 保险公司申请设立分支机构，应当向保险监督管理机构提出书面申请，并提交下列材料：

P161 （一）设立申请书；

（二）拟设机构三年业务发展规划和市场分析材料；

（三）拟任高级管理人员的简历及相关证明材料；

（四）国务院保险监督管理机构规定的其他材料。

第七十六条　保险监督管理机构应当对保险公司设立分支机构的申请进行审查，自受理之日起六十日内作出批准或者不批准的决定。决定批准的，颁发分支机构经营保险业务许可证；决定不批准的，应当书面通知申请人并说明理由。 P161

第七十七条　经批准设立的保险公司及其分支机构，凭经营保险业务许可证向工商行政管理机关办理登记，领取营业执照。 P162

第七十八条　保险公司及其分支机构自取得经营保险业务许可证之日起六个月内，无正当理由未向工商行政管理机关办理登记的，其经营保险业务许可证失效。 P162

第七十九条　保险公司在中华人民共和国境外设立子公司、分支机构，应当经国务院保险监督管理机构批准。

第八十条　外国保险机构在中华人民共和国境内设立代表机构，应当经国务院保险监督管理机构批准。代表机构不得从事保险经营活动。

第八十一条　保险公司的董事、监事和高级管理人员，应当品行良好，熟悉与保险相关的法律、行政法规，具有履行职责所需的经营管理能力，并在任职前取得保险监督管理机构核准的任职资格。 P167

保险公司高级管理人员的范围由国务院保险监督管理机构规定。

第八十二条　有《中华人民共和国公司法》第一百四十六条规定的情形或者下列情形之一的，不得担任保险公司的董事、监事、高级管理人员：

（一）因违法行为或者违纪行为被金融监督管理机构取消任职资格的金融机构的董事、监事、高级管理人员，自被取消任职资格之日起未逾五年的；

（二）因违法行为或者违纪行为被吊销执业资格的律师、注册会计师或者资产评估机构、验证机构等机构的专业人员，自被吊销执业资格之日起未逾五年的。

第八十三条 保险公司的董事、监事、高级管理人员执行公司职务时违反法律、行政法规或者公司章程的规定，给公司造成损失的，应当承担赔偿责任。

P33
P162
第八十四条 保险公司有下列情形之一的，应当经保险监督管理机构批准：

（一）变更名称；

（二）变更注册资本；

（三）变更公司或者分支机构的营业场所；

（四）撤销分支机构；

（五）公司分立或者合并；

（六）修改公司章程；

P124
（七）变更出资额占有限责任公司资本总额百分之五以上的股东，或者变更持有股份有限公司股份百分之五以上的股东；

（八）国务院保险监督管理机构规定的其他情形。

第八十五条 保险公司应当聘用专业人员，建立精算报告制度和合规报告制度。

第八十六条 保险公司应当按照保险监督管理机构的规定，报送有关报告、报表、文件和资料。

保险公司的偿付能力报告、财务会计报告、精算报告、合规报告及其他有关报告、报表、文件和资料必须如实记录保险业务事项，不得有虚假记载、误导性陈述和重大遗漏。

第八十七条 保险公司应当按照国务院保险监督管理机构的规定妥善保管业务经营活动的完整账簿、原始凭证和有关资料。

前款规定的账簿、原始凭证和有关资料的保管期限，自保险合同终止之日起计算，保险期间在一年以下的不得少于五年，保险期间超过一年的不得少于十年。

第八十八条 保险公司聘请或者解聘会计师事务所、资产评估机构、资信评级机构等中介服务机构，应当向保险监督管理机构报告；解聘会计师事务所、资产评估机构、资信评级机构等中介服务机构，应当说明理由。

第八十九条　保险公司因分立、合并需要解散，或者股东会、股东大会决议解散，或者公司章程规定的解散事由出现，经国务院保险监督管理机构批准后解散。 𝒫163

经营有人寿保险业务的保险公司，除因分立、合并或者被依法撤销外，不得解散。

保险公司解散，应当依法成立清算组进行清算。

第九十条　保险公司有《中华人民共和国企业破产法》第二条规定情形的，经国务院保险监督管理机构同意，保险公司或者其债权人可以依法向人民法院申请重整、和解或者破产清算；国务院保险监督管理机构也可以依法向人民法院申请对该保险公司进行重整或者破产清算。 𝒫164

第九十一条　破产财产在优先清偿破产费用和共益债务后，按照下列顺序清偿：

（一）所欠职工工资和医疗、伤残补助、抚恤费用，所欠应当划入职工个人账户的基本养老保险、基本医疗保险费用，以及法律、行政法规规定应当支付给职工的补偿金；

（二）赔偿或者给付保险金；

（三）保险公司欠缴的除第（一）项规定以外的社会保险费用和所欠税款；

（四）普通破产债权。

破产财产不足以清偿同一顺序的清偿要求的，按照比例分配。

破产保险公司的董事、监事和高级管理人员的工资，按照该公司职工的平均工资计算。

第九十二条　经营有人寿保险业务的保险公司被依法撤销或者被依法宣告破产的，其持有的人寿保险合同及责任准备金，必须转让给其他经营有人寿保险业务的保险公司；不能同其他保险公司达成转让协议的，由国务院保险监督管理机构指定经营有人寿保险业务的保险公司接受转让。

转让或者由国务院保险监督管理机构指定接受转让前款规定的人寿保险合同及责任准备金的，应当维护被保险人、受益人的合法权益。

第九十三条 保险公司依法终止其业务活动，应当注销其经营保险业务许可证。

第九十四条 保险公司，除本法另有规定外，适用《中华人民共和国公司法》的规定。

第四章 保险经营规则

$\mathcal{P}_{178}$ $\mathcal{P}_{194}$ $\mathcal{P}_{200}$ $\mathcal{P}_{205}$ $\mathcal{P}_{217}$ $\mathcal{P}_{274}$

第九十五条 保险公司的业务范围：

（一）人身保险业务，包括人寿保险、健康保险、意外伤害保险等保险业务；

（二）财产保险业务，包括财产损失保险、责任保险、信用保险、保证保险等保险业务；

（三）国务院保险监督管理机构批准的与保险有关的其他业务。

保险人不得兼营人身保险业务和财产保险业务。但是，经营财产保险业务的保险公司经国务院保险监督管理机构批准，可以经营短期健康保险业务和意外伤害保险业务。

保险公司应当在国务院保险监督管理机构依法批准的业务范围内从事保险经营活动。

$\mathcal{P}_{171}$

第九十六条 经国务院保险监督管理机构批准，保险公司可以经营本法第九十五条规定的保险业务的下列再保险业务：

（一）分出保险；

（二）分入保险。

第九十七条 保险公司应当按照其注册资本总额的百分之二十提取保证金，存入国务院保险监督管理机构指定的银行，除公司清算时用于清偿债务外，不得动用。

第九十八条 保险公司应当根据保障被保险人利益、保证偿付能力的原则，提取各项责任准备金。

保险公司提取和结转责任准备金的具体办法，由国务院保险监督管理机构制定。

第九十九条　保险公司应当依法提取公积金。

第一百条　保险公司应当缴纳保险保障基金。

保险保障基金应当集中管理，并在下列情形下统筹使用：

（一）在保险公司被撤销或者被宣告破产时，向投保人、被保险人或者受益人提供救济；

（二）在保险公司被撤销或者被宣告破产时，向依法接受其人寿保险合同的保险公司提供救济；

（三）国务院规定的其他情形。

保险保障基金筹集、管理和使用的具体办法，由国务院制定。

第一百零一条　保险公司应当具有与其业务规模和风险程度相适应的最低偿付能力。保险公司的认可资产减去认可负债的差额不得低于国务院保险监督管理机构规定的数额；低于规定数额的，应当按照国务院保险监督管理机构的要求采取相应措施达到规定的数额。

第一百零二条　经营财产保险业务的保险公司当年自留保险费，不得超过其实有资本金加公积金总和的四倍。

第一百零三条　保险公司对每一危险单位，即对一次保险事故可能造成的最大损失范围所承担的责任，不得超过其实有资本金加公积金总和的百分之十；超过的部分应当办理再保险。

保险公司对危险单位的划分应当符合国务院保险监督管理机构的规定。

第一百零四条　保险公司对危险单位的划分方法和巨灾风险安排方案，应当报国务院保险监督管理机构备案。

第一百零五条　保险公司应当按照国务院保险监督管理机构的规定办理再保险，并审慎选择再保险接受人。

第一百零六条　保险公司的资金运用必须稳健，遵循安全性原则。

保险公司的资金运用限于下列形式：

（一）银行存款；

（二）买卖债券、股票、证券投资基金份额等有价证券；

（三）投资不动产；

（四）国务院规定的其他资金运用形式。

保险公司资金运用的具体管理办法，由国务院保险监督管理机构依照前两款的规定制定。

第一百零七条 经国务院保险监督管理机构会同国务院证券监督管理机构批准，保险公司可以设立保险资产管理公司。

保险资产管理公司从事证券投资活动，应当遵守《中华人民共和国证券法》等法律、行政法规的规定。

保险资产管理公司的管理办法，由国务院保险监督管理机构会同国务院有关部门制定。

P166 **第一百零八条** 保险公司应当按照国务院保险监督管理机构的规定，建立对关联交易的管理和信息披露制度。

第一百零九条 保险公司的控股股东、实际控制人、董事、监事、高级管理人员不得利用关联交易损害公司的利益。

第一百一十条 保险公司应当按照国务院保险监督管理机构的规定，真实、准确、完整地披露财务会计报告、风险管理状况、保险产品经营情况等重大事项。

P166 **第一百一十一条** 保险公司从事保险销售的人员应当品行良好，具有保险销售所需的专业能力。保险销售人员的行为规范和管理办法，由国务院保险监督管理机构规定。

P166 **第一百一十二条** 保险公司应当建立保险代理人登记管理制度，加强对保险代理人的培训和管理，不得唆使、诱导保险代理人进行违背诚信义务的活动。

第一百一十三条 保险公司及其分支机构应当依法使用经营保险业务许可证，不得转让、出租、出借经营保险业务许可证。

P165 **第一百一十四条** 保险公司应当按照国务院保险监督管理机

构的规定，公平、合理拟订保险条款和保险费率，不得损害投保人、被保险人和受益人的合法权益。

保险公司应当按照合同约定和本法规定，及时履行赔偿或者给付保险金义务。

第一百一十五条　保险公司开展业务，应当遵循公平竞争的 P166原则，不得从事不正当竞争。

第一百一十六条　保险公司及其工作人员在保险业务活动中 P33不得有下列行为： P166

（一）欺骗投保人、被保险人或者受益人；

（二）对投保人隐瞒与保险合同有关的重要情况；

（三）阻碍投保人履行本法规定的如实告知义务，或者诱导其不履行本法规定的如实告知义务；

（四）给予或者承诺给予投保人、被保险人、受益人保险合 P166同约定以外的保险费回扣或者其他利益；

（五）拒不依法履行保险合同约定的赔偿或者给付保险金义务；

（六）故意编造未曾发生的保险事故、虚构保险合同或者故 P63意夸大已经发生的保险事故的损失程度进行虚假理赔，骗取保险金或者牟取其他不正当利益；

（七）挪用、截留、侵占保险费； P63

（八）委托未取得合法资格的机构从事保险销售活动；

（九）利用开展保险业务为其他机构或者个人牟取不正当利益；

（十）利用保险代理人、保险经纪人或者保险评估机构，从事以虚构保险中介业务或者编造退保等方式套取费用等违法活动；

（十一）以捏造、散布虚假事实等方式损害竞争对手的商业 P166信誉，或者以其他不正当竞争行为扰乱保险市场秩序；

（十二）泄露在业务活动中知悉的投保人、被保险人的商业秘密；

（十三）违反法律、行政法规和国务院保险监督管理机构规定的其他行为。

第五章　保险代理人和保险经纪人

第一百一十七条　保险代理人是根据保险人的委托，向保险人收取佣金，并在保险人授权的范围内代为办理保险业务的机构或者个人。

保险代理机构包括专门从事保险代理业务的保险专业代理机构和兼营保险代理业务的保险兼业代理机构。

第一百一十八条　保险经纪人是基于投保人的利益，为投保人与保险人订立保险合同提供中介服务，并依法收取佣金的机构。

第一百一十九条　保险代理机构、保险经纪人应当具备国务院保险监督管理机构规定的条件，取得保险监督管理机构颁发的经营保险代理业务许可证、保险经纪业务许可证。

第一百二十条　以公司形式设立保险专业代理机构、保险经纪人，其注册资本最低限额适用《中华人民共和国公司法》的规定。

国务院保险监督管理机构根据保险专业代理机构、保险经纪人的业务范围和经营规模，可以调整其注册资本的最低限额，但不得低于《中华人民共和国公司法》规定的限额。

保险专业代理机构、保险经纪人的注册资本或者出资额必须为实缴货币资本。

P34 **第一百二十一条**　保险专业代理机构、保险经纪人的高级管理人员，应当品行良好，熟悉保险法律、行政法规，具有履行职责所需的经营管理能力，并在任职前取得保险监督管理机构核准的任职资格。

第一百二十二条　个人保险代理人、保险代理机构的代理从业人员、保险经纪人的经纪从业人员，应当品行良好，具有从事保险代理业务或者保险经纪业务所需的专业能力。

第一百二十三条　保险代理机构、保险经纪人应当有自己的经营场所，设立专门账簿记载保险代理业务、经纪业务的收支情况。

第一百二十四条　保险代理机构、保险经纪人应当按照国务院保险监督管理机构的规定缴存保证金或者投保职业责任保险。

第一百二十五条　个人保险代理人在代为办理人寿保险业务时，不得同时接受两个以上保险人的委托。

第一百二十六条　保险人委托保险代理人代为办理保险业务，应当与保险代理人签订委托代理协议，依法约定双方的权利和义务。

第一百二十七条　保险代理人根据保险人的授权代为办理保险业务的行为，由保险人承担责任。

保险代理人没有代理权、超越代理权或者代理权终止后以保险人名义订立合同，使投保人有理由相信其有代理权的，该代理行为有效。保险人可以依法追究越权的保险代理人的责任。

第一百二十八条　保险经纪人因过错给投保人、被保险人造成损失的，依法承担赔偿责任。

第一百二十九条　保险活动当事人可以委托保险公估机构等依法设立的独立评估机构或者具有相关专业知识的人员，对保险事故进行评估和鉴定。

接受委托对保险事故进行评估和鉴定的机构和人员，应当依法、独立、客观、公正地进行评估和鉴定，任何单位和个人不得干涉。

前款规定的机构和人员，因故意或者过失给保险人或者被保险人造成损失的，依法承担赔偿责任。

第一百三十条　保险佣金只限于向保险代理人、保险经纪人支付，不得向其他人支付。

第一百三十一条　保险代理人、保险经纪人及其从业人员在 P35
办理保险业务活动中不得有下列行为：

（一）欺骗保险人、投保人、被保险人或者受益人；

（二）隐瞒与保险合同有关的重要情况；

（三）阻碍投保人履行本法规定的如实告知义务，或者诱导其不履行本法规定的如实告知义务；

（四）给予或者承诺给予投保人、被保险人或者受益人保险合同约定以外的利益；

（五）利用行政权力、职务或者职业便利以及其他不正当手段强迫、引诱或者限制投保人订立保险合同；

（六）伪造、擅自变更保险合同，或者为保险合同当事人提供虚假证明材料；

（七）挪用、截留、侵占保险费或者保险金；

（八）利用业务便利为其他机构或者个人牟取不正当利益；

（九）串通投保人、被保险人或者受益人，骗取保险金；

（十）泄露在业务活动中知悉的保险人、投保人、被保险人的商业秘密。

第一百三十二条 本法第八十六条第一款、第一百一十三条的规定，适用于保险代理机构和保险经纪人。

第六章 保险业监督管理

第一百三十三条 保险监督管理机构依照本法和国务院规定的职责，遵循依法、公开、公正的原则，对保险业实施监督管理，维护保险市场秩序，保护投保人、被保险人和受益人的合法权益。

第一百三十四条 国务院保险监督管理机构依照法律、行政法规制定并发布有关保险业监督管理的规章。

P183 **第一百三十五条** 关系社会公众利益的保险险种、依法实行强制保险的险种和新开发的人寿保险险种等的保险条款和保险费率，应当报国务院保险监督管理机构批准。国务院保险监督管理机构审批时，应当遵循保护社会公众利益和防止不正当竞争的原则。其他保险险种的保险条款和保险费率，应当报保险监督管理机构备案。

保险条款和保险费率审批、备案的具体办法，由国务院保险监督管理机构依照前款规定制定。

第一百三十六条　保险公司使用的保险条款和保险费率违反法律、行政法规或者国务院保险监督管理机构的有关规定的，由保险监督管理机构责令停止使用，限期修改；情节严重的，可以在一定期限内禁止申报新的保险条款和保险费率。

第一百三十七条　国务院保险监督管理机构应当建立健全保险公司偿付能力监管体系，对保险公司的偿付能力实施监控。

第一百三十八条　对偿付能力不足的保险公司，国务院保险 P167
监督管理机构应当将其列为重点监管对象，并可以根据具体情况采取下列措施：

（一）责令增加资本金、办理再保险；

（二）限制业务范围；

（三）限制向股东分红；

（四）限制固定资产购置或者经营费用规模；

（五）限制资金运用的形式、比例；

（六）限制增设分支机构；

（七）责令拍卖不良资产、转让保险业务；

（八）限制董事、监事、高级管理人员的薪酬水平；

（九）限制商业性广告；

（十）责令停止接受新业务。

第一百三十九条　保险公司未依照本法规定提取或者结转各项责任准备金，或者未依照本法规定办理再保险，或者严重违反本法关于资金运用的规定的，由保险监督管理机构责令限期改正，并可以责令调整负责人及有关管理人员。

第一百四十条　保险监督管理机构依照本法第一百三十九条的规定作出限期改正的决定后，保险公司逾期未改正的，国务院保险监督管理机构可以决定选派保险专业人员和指定该保险公司的有关人员组成整顿组，对公司进行整顿。

整顿决定应当载明被整顿公司的名称、整顿理由、整顿组成员和整顿期限，并予以公告。

第一百四十一条 整顿组有权监督被整顿保险公司的日常业务。被整顿公司的负责人及有关管理人员应当在整顿组的监督下行使职权。

第一百四十二条 整顿过程中，被整顿保险公司的原有业务继续进行。但是，国务院保险监督管理机构可以责令被整顿公司停止部分原有业务、停止接受新业务，调整资金运用。

第一百四十三条 被整顿保险公司经整顿已纠正其违反本法规定的行为，恢复正常经营状况的，由整顿组提出报告，经国务院保险监督管理机构批准，结束整顿，并由国务院保险监督管理机构予以公告。

第一百四十四条 保险公司有下列情形之一的，国务院保险监督管理机构可以对其实行接管：

（一）公司的偿付能力严重不足的；

（二）违反本法规定，损害社会公共利益，可能严重危及或者已经严重危及公司的偿付能力的。

被接管的保险公司的债权债务关系不因接管而变化。

第一百四十五条 接管组的组成和接管的实施办法，由国务院保险监督管理机构决定，并予以公告。

第一百四十六条 接管期限届满，国务院保险监督管理机构可以决定延长接管期限，但接管期限最长不得超过二年。

第一百四十七条 接管期限届满，被接管的保险公司已恢复正常经营能力的，由国务院保险监督管理机构决定终止接管，并予以公告。

第一百四十八条 被整顿、被接管的保险公司有《中华人民共和国企业破产法》第二条规定情形的，国务院保险监督管理机构可以依法向人民法院申请对该保险公司进行重整或者破产清算。

第一百四十九条 保险公司因违法经营被依法吊销经营保险业务许可证的，或者偿付能力低于国务院保险监督管理机构规定标准，不予撤销将严重危害保险市场秩序、损害公共利益的，由国务院保险监督管理机构予以撤销并公告，依法及时组织清算组进行清算。

第一百五十条　国务院保险监督管理机构有权要求保险公司股东、实际控制人在指定的期限内提供有关信息和资料。

第一百五十一条　保险公司的股东利用关联交易严重损害公司利益，危及公司偿付能力的，由国务院保险监督管理机构责令改正。在按照要求改正前，国务院保险监督管理机构可以限制其股东权利；拒不改正的，可以责令其转让所持的保险公司股权。

第一百五十二条　保险监督管理机构根据履行监督管理职责的需要，可以与保险公司董事、监事和高级管理人员进行监督管理谈话，要求其就公司的业务活动和风险管理的重大事项作出说明。

第一百五十三条　保险公司在整顿、接管、撤销清算期间，或者出现重大风险时，国务院保险监督管理机构可以对该公司直接负责的董事、监事、高级管理人员和其他直接责任人员采取以下措施：

（一）通知出境管理机关依法阻止其出境；

（二）申请司法机关禁止其转移、转让或者以其他方式处分财产，或者在财产上设定其他权利。

第一百五十四条　保险监督管理机构依法履行职责，可以采取下列措施：

（一）对保险公司、保险代理人、保险经纪人、保险资产管理公司、外国保险机构的代表机构进行现场检查；

（二）进入涉嫌违法行为发生场所调查取证；

（三）询问当事人及与被调查事件有关的单位和个人，要求其对与被调查事件有关的事项作出说明；

（四）查阅、复制与被调查事件有关的财产权登记等资料；

（五）查阅、复制保险公司、保险代理人、保险经纪人、保险资产管理公司、外国保险机构的代表机构以及与被调查事件有关的单位和个人的财务会计资料及其他相关文件和资料；对可能被转移、隐匿或者毁损的文件和资料予以封存；

（六）查询涉嫌违法经营的保险公司、保险代理人、保险经纪人、保险资产管理公司、外国保险机构的代表机构以及与涉嫌违法事项有关的单位和个人的银行账户；

（七）对有证据证明已经或者可能转移、隐匿违法资金等涉案财产或者隐匿、伪造、毁损重要证据的，经保险监督管理机构主要负责人批准，申请人民法院予以冻结或者查封。

保险监督管理机构采取前款第（一）项、第（二）项、第（五）项措施的，应当经保险监督管理机构负责人批准；采取第（六）项措施的，应当经国务院保险监督管理机构负责人批准。

保险监督管理机构依法进行监督检查或者调查，其监督检查、调查的人员不得少于二人，并应当出示合法证件和监督检查、调查通知书；监督检查、调查的人员少于二人或者未出示合法证件和监督检查、调查通知书的，被检查、调查的单位和个人有权拒绝。

第一百五十五条 保险监督管理机构依法履行职责，被检查、调查的单位和个人应当配合。

第一百五十六条 保险监督管理机构工作人员应当忠于职守，依法办事，公正廉洁，不得利用职务便利牟取不正当利益，不得泄露所知悉的有关单位和个人的商业秘密。

第一百五十七条 国务院保险监督管理机构应当与中国人民银行、国务院其他金融监督管理机构建立监督管理信息共享机制。

保险监督管理机构依法履行职责，进行监督检查、调查时，有关部门应当予以配合。

第七章 法律责任

P134
P141

第一百五十八条 违反本法规定，擅自设立保险公司、保险资产管理公司或者非法经营商业保险业务的，由保险监督管理机构予以取缔，没收违法所得，并处违法所得一倍以上五倍以下的罚款；没有违法所得或者违法所得不足二十万元的，处二十万元以上一百万元以下的罚款。

第一百五十九条　违反本法规定，擅自设立保险专业代理机构、保险经纪人，或者未取得经营保险代理业务许可证、保险经纪业务许可证从事保险代理业务、保险经纪业务的，由保险监督管理机构予以取缔，没收违法所得，并处违法所得一倍以上五倍以下的罚款；没有违法所得或者违法所得不足五万元的，处五万元以上三十万元以下的罚款。

第一百六十条　保险公司违反本法规定，超出批准的业务范围经营的，由保险监督管理机构责令限期改正，没收违法所得，并处违法所得一倍以上五倍以下的罚款；没有违法所得或者违法所得不足十万元的，处十万元以上五十万元以下的罚款。逾期不改正或者造成严重后果的，责令停业整顿或者吊销业务许可证。

第一百六十一条　保险公司有本法第一百一十六条规定行为之一的，由保险监督管理机构责令改正，处五万元以上三十万元以下的罚款；情节严重的，限制其业务范围、责令停止接受新业务或者吊销业务许可证。 𝒫25 𝒫191

第一百六十二条　保险公司违反本法第八十四条规定的，由保险监督管理机构责令改正，处一万元以上十万元以下的罚款。 𝒫20

第一百六十三条　保险公司违反本法规定，有下列行为之一的，由保险监督管理机构责令改正，处五万元以上三十万元以下的罚款：

（一）超额承保，情节严重的；

（二）为无民事行为能力人承保以死亡为给付保险金条件的保险的。

第一百六十四条　违反本法规定，有下列行为之一的，由保险监督管理机构责令改正，处五万元以上三十万元以下的罚款；情节严重的，可以限制其业务范围、责令停止接受新业务或者吊销业务许可证：

（一）未按照规定提存保证金或者违反规定动用保证金的；

（二）未按照规定提取或者结转各项责任准备金的；

（三）未按照规定缴纳保险保障基金或者提取公积金的；

（四）未按照规定办理再保险的；

（五）未按照规定运用保险公司资金的；

（六）未经批准设立分支机构的；

P190 （七）未按照规定申请批准保险条款、保险费率的。

P26 **第一百六十五条** 保险代理机构、保险经纪人有本法第一百二十一条规定行为之一的，由保险监督管理机构责令改正，处五万元以上三十万元以下的罚款；情节严重的，吊销业务许可证。

第一百六十六条 保险代理机构、保险经纪人违反本法规定，有下列行为之一的，由保险监督管理机构责令改正，处二万元以上十万元以下的罚款；情节严重的，责令停业整顿或者吊销业务许可证：

（一）未按照规定缴存保证金或者投保职业责任保险的；

（二）未按照规定设立专门账簿记载业务收支情况的。

第一百六十七条 违反本法规定，聘任不具有任职资格的人员的，由保险监督管理机构责令改正，处二万元以上十万元以下的罚款。

第一百六十八条 违反本法规定，转让、出租、出借业务许可证的，由保险监督管理机构处一万元以上十万元以下的罚款；情节严重的，责令停业整顿或者吊销业务许可证。

P190 **第一百六十九条** 违反本法规定，有下列行为之一的，由保险监督管理机构责令限期改正；逾期不改正的，处一万元以上十万元以下的罚款：

（一）未按照规定报送或者保管报告、报表、文件、资料的，或者未按照规定提供有关信息、资料的；

（二）未按照规定报送保险条款、保险费率备案的；

（三）未按照规定披露信息的。

P190 **第一百七十条** 违反本法规定，有下列行为之一的，由保险监督管理机构责令改正，处十万元以上五十万元以下的罚款；情节严重的，可以限制其业务范围、责令停止接受新业务或者吊销业务许可证：

（一）编制或者提供虚假的报告、报表、文件、资料的；

（二）拒绝或者妨碍依法监督检查的；

（三）未按照规定使用经批准或者备案的保险条款、保险费率的。

第一百七十一条　保险公司、保险资产管理公司、保险专业代理机构、保险经纪人违反本法规定的，保险监督管理机构除分别依照本法第一百六十条至第一百七十条的规定对该单位给予处 P33
罚外，对其直接负责的主管人员和其他直接责任人员给予警告， P34
并处一万元以上十万元以下的罚款；情节严重的，撤销任职资格。

第一百七十二条　个人保险代理人违反本法规定的，由保险 P27
监督管理机构给予警告，可以并处二万元以下的罚款；情节严重的，处二万元以上十万元以下的罚款。

第一百七十三条　外国保险机构未经国务院保险监督管理机构批准，擅自在中华人民共和国境内设立代表机构的，由国务院保险监督管理机构予以取缔，处五万元以上三十万元以下的罚款。

外国保险机构在中华人民共和国境内设立的代表机构从事保险经营活动的，由保险监督管理机构责令改正，没收违法所得，并处违法所得一倍以上五倍以下的罚款；没有违法所得或者违法所得不足二十万元的，处二十万元以上一百万元以下的罚款；对其首席代表可以责令撤换；情节严重的，撤销其代表机构。

第一百七十四条　投保人、被保险人或者受益人有下列行为 P64
之一，进行保险诈骗活动，尚不构成犯罪的，依法给予行政处罚：

（一）投保人故意虚构保险标的，骗取保险金的；

（二）编造未曾发生的保险事故，或者编造虚假的事故原因或者夸大损失程度，骗取保险金的；

（三）故意造成保险事故，骗取保险金的。

保险事故的鉴定人、评估人、证明人故意提供虚假的证明文件，为投保人、被保险人或者受益人进行保险诈骗提供条件的，依照前款规定给予处罚。

第一百七十五条 违反本法规定，给他人造成损害的，依法承担民事责任。

第一百七十六条 拒绝、阻碍保险监督管理机构及其工作人员依法行使监督检查、调查职权，未使用暴力、威胁方法的，依法给予治安管理处罚。

第一百七十七条 违反法律、行政法规的规定，情节严重的，国务院保险监督管理机构可以禁止有关责任人员一定期限直至终身进入保险业。

第一百七十八条 保险监督管理机构从事监督管理工作的人员有下列情形之一的，依法给予处分：

（一）违反规定批准机构的设立的；

（二）违反规定进行保险条款、保险费率审批的；

（三）违反规定进行现场检查的；

（四）违反规定查询账户或者冻结资金的；

（五）泄露其知悉的有关单位和个人的商业秘密的；

（六）违反规定实施行政处罚的；

（七）滥用职权、玩忽职守的其他行为。

P63 **第一百七十九条** 违反本法规定，构成犯罪的，依法追究刑事责任。

第八章　附　则

第一百八十条 保险公司应当加入保险行业协会。保险代理人、保险经纪人、保险公估机构可以加入保险行业协会。

保险行业协会是保险业的自律性组织，是社会团体法人。

第一百八十一条 保险公司以外的其他依法设立的保险组织

经营的商业保险业务，适用本法。

第一百八十二条　海上保险适用《中华人民共和国海商法》的有关规定；《中华人民共和国海商法》未规定的，适用本法的有关规定。 P54

第一百八十三条　中外合资保险公司、外资独资保险公司、外国保险公司分公司适用本法规定；法律、行政法规另有规定的，适用其规定。

第一百八十四条　国家支持发展为农业生产服务的保险事业。农业保险由法律、行政法规另行规定。 P226

强制保险，法律、行政法规另有规定的，适用其规定。 P232

第一百八十五条　本法自2009年10月1日起施行。

中华人民共和国合同法（节录）

（1999年3月15日第九届全国人民代表大会第二次会议通过　1999年3月15日中华人民共和国主席令第十五号公布　自1999年10月1日起施行）

总　则

第一章　一般规定

第一条　为了保护合同当事人的合法权益，维护社会经济秩序，促进社会主义现代化建设，制定本法。

第二条　本法所称合同是平等主体的自然人、法人、其他组织之间设立、变更、终止民事权利义务关系的协议。 P5

婚姻、收养、监护等有关身份关系的协议，适用其他法律的规定。

P5 **第三条** 合同当事人的法律地位平等，一方不得将自己的意志强加给另一方。

P5 **第四条** 当事人依法享有自愿订立合同的权利，任何单位和个人不得非法干预。

P5 **第五条** 当事人应当遵循公平原则确定各方的权利和义务。

P4 **第六条** 当事人行使权利、履行义务应当遵循诚实信用原则。

P4 **第七条** 当事人订立、履行合同，应当遵守法律、行政法规，尊重社会公德，不得扰乱社会经济秩序，损害社会公共利益。

第八条 依法成立的合同，对当事人具有法律约束力。当事人应当按照约定履行自己的义务，不得擅自变更或者解除合同。

依法成立的合同，受法律保护。

第二章 合同的订立

第九条 当事人订立合同，应当具有相应的民事权利能力和民事行为能力。

当事人依法可以委托代理人订立合同。

第十条 当事人订立合同，有书面形式、口头形式和其他形式。

法律、行政法规规定采用书面形式的，应当采用书面形式。当事人约定采用书面形式的，应当采用书面形式。

第十一条 书面形式是指合同书、信件和数据电文（包括电报、电传、传真、电子数据交换和电子邮件）等可以有形地表现所载内容的形式。

P7 **第十二条** 合同的内容由当事人约定，一般包括以下条款：

（一）当事人的名称或者姓名和住所；

（二）标的；

（三）数量；

（四）质量；

（五）价款或者报酬；

（六）履行期限、地点和方式；

（七）违约责任；

（八）解决争议的方法。

当事人可以参照各类合同的示范文本订立合同。

第十三条　当事人订立合同，采取要约、承诺方式。 P5

第十四条　要约是希望和他人订立合同的意思表示，该意思表示应当符合下列规定：

（一）内容具体确定；

（二）表明经受要约人承诺，要约人即受该意思表示约束。

第十五条　要约邀请是希望他人向自己发出要约的意思表示。寄送的价目表、拍卖公告、招标公告、招股说明书、商业广告等为要约邀请。

商业广告的内容符合要约规定的，视为要约。

第十六条　要约到达受要约人时生效。

采用数据电文形式订立合同，收件人指定特定系统接收数据电文的，该数据电文进入该特定系统的时间，视为到达时间；未指定特定系统的，该数据电文进入收件人的任何系统的首次时间，视为到达时间。

第十七条　要约可以撤回。撤回要约的通知应当在要约到达受要约人之前或者与要约同时到达受要约人。

第十八条　要约可以撤销。撤销要约的通知应当在受要约人发出承诺通知之前到达受要约人。

第十九条　有下列情形之一的，要约不得撤销：

（一）要约人确定了承诺期限或者以其他形式明示要约不可撤销；

（二）受要约人有理由认为要约是不可撤销的，并已经为履行合同作了准备工作。

第二十条　有下列情形之一的，要约失效：

（一）拒绝要约的通知到达要约人；

（二）要约人依法撤销要约；

（三）承诺期限届满，受要约人未作出承诺；

（四）受要约人对要约的内容作出实质性变更。

第二十一条 承诺是受要约人同意要约的意思表示。

第二十二条 承诺应当以通知的方式作出，但根据交易习惯或者要约表明可以通过行为作出承诺的除外。

第二十三条 承诺应当在要约确定的期限内到达要约人。

要约没有确定承诺期限的，承诺应当依照下列规定到达：

（一）要约以对话方式作出的，应当即时作出承诺，但当事人另有约定的除外；

（二）要约以非对话方式作出的，承诺应当在合理期限内到达。

第二十四条 要约以信件或者电报作出的，承诺期限自信件载明的日期或者电报交发之日开始计算。信件未载明日期的，自投寄该信件的邮戳日期开始计算。要约以电话、传真等快速通讯方式作出的，承诺期限自要约到达受要约人时开始计算。

第二十五条 承诺生效时合同成立。

第二十六条 承诺通知到达要约人时生效。承诺不需要通知的，根据交易习惯或者要约的要求作出承诺的行为时生效。

采用数据电文形式订立合同的，承诺到达的时间适用本法第十六条第二款的规定。

第二十七条 承诺可以撤回。撤回承诺的通知应当在承诺通知到达要约人之前或者与承诺通知同时到达要约人。

第二十八条 受要约人超过承诺期限发出承诺的，除要约人及时通知受要约人该承诺有效的以外，为新要约。

第二十九条 受要约人在承诺期限内发出承诺，按照通常情形能够及时到达要约人，但因其他原因承诺到达要约人时超过承诺期限的，除要约人及时通知受要约人因承诺超过期限不接受该承诺的以外，该承诺有效。

第三十条　承诺的内容应当与要约的内容一致。受要约人对要约的内容作出实质性变更的，为新要约。有关合同标的、数量、质量、价款或者报酬、履行期限、履行地点和方式、违约责任和解决争议方法等的变更，是对要约内容的实质性变更。

第三十一条　承诺对要约的内容作出非实质性变更的，除要约人及时表示反对或者要约表明承诺不得对要约的内容作出任何变更的以外，该承诺有效，合同的内容以承诺的内容为准。

第三十二条　当事人采用合同书形式订立合同的，自双方当事人签字或者盖章时合同成立。 $\mathscr{P}_{5}$ $\mathscr{P}_{69}$

第三十三条　当事人采用信件、数据电文等形式订立合同的，可以在合同成立之前要求签订确认书。签订确认书时合同成立。

第三十四条　承诺生效的地点为合同成立的地点。

采用数据电文形式订立合同的，收件人的主营业地为合同成立的地点；没有主营业地的，其经常居住地为合同成立的地点。当事人另有约定的，按照其约定。

第三十五条　当事人采用合同书形式订立合同的，双方当事人签字或者盖章的地点为合同成立的地点。

第三十六条　法律、行政法规规定或者当事人约定采用书面形式订立合同，当事人未采用书面形式但一方已经履行主要义务，对方接受的，该合同成立。

第三十七条　采用合同书形式订立合同，在签字或者盖章之前，当事人一方已经履行主要义务，对方接受的，该合同成立。 $\mathscr{P}_{69}$

第三十八条　国家根据需要下达指令性任务或者国家订货任务的，有关法人、其他组织之间应当依照有关法律、行政法规规定的权利和义务订立合同。

第三十九条　采用格式条款订立合同的，提供格式条款的一方应当遵循公平原则确定当事人之间的权利和义务，并采取合理的方式提请对方注意免除或者限制其责任的条款，按照对方的要求，对该条款予以说明。 $\mathscr{P}_{6}$

格式条款是当事人为了重复使用而预先拟定，并在订立合同时未与对方协商的条款。

$\mathscr{P}_7$ **第四十条** 格式条款具有本法第五十二条和第五十三条规定情形的，或者提供格式条款一方免除其责任、加重对方责任、排除对方主要权利的，该条款无效。

$\mathscr{P}_9$ **第四十一条** 对格式条款的理解发生争议的，应当按照通常理解予以解释。对格式条款有两种以上解释的，应当作出不利于提供格式条款一方的解释。格式条款和非格式条款不一致的，应当采用非格式条款。

第四十二条 当事人在订立合同过程中有下列情形之一，给对方造成损失的，应当承担损害赔偿责任：

（一）假借订立合同，恶意进行磋商；

（二）故意隐瞒与订立合同有关的重要事实或者提供虚假情况；

（三）有其他违背诚实信用原则的行为。

第四十三条 当事人在订立合同过程中知悉的商业秘密，无论合同是否成立，不得泄露或者不正当地使用。泄露或者不正当地使用该商业秘密给对方造成损失的，应当承担损害赔偿责任。

第三章　合同的效力

$\mathscr{P}_6$ **第四十四条** 依法成立的合同，自成立时生效。

法律、行政法规规定应当办理批准、登记等手续生效的，依照其规定。

$\mathscr{P}_6$ **第四十五条** 当事人对合同的效力可以约定附条件。附生效条件的合同，自条件成就时生效。附解除条件的合同，自条件成就时失效。

当事人为自己的利益不正当地阻止条件成就的，视为条件已成就；不正当地促成条件成就的，视为条件不成就。

$\mathscr{P}_6$ **第四十六条** 当事人对合同的效力可以约定附期限。附生效期限的合同，自期限届至时生效。附终止期限的合同，自期限届满时失效。

第四十七条　限制民事行为能力人订立的合同，经法定代理人追认后，该合同有效，但纯获利益的合同或者与其年龄、智力、精神健康状况相适应而订立的合同，不必经法定代理人追认。

相对人可以催告法定代理人在一个月内予以追认。法定代理人未作表示的，视为拒绝追认。合同被追认之前，善意相对人有撤销的权利。撤销应当以通知的方式作出。

第四十八条　行为人没有代理权、超越代理权或者代理权终止后以被代理人名义订立的合同，未经被代理人追认，对被代理人不发生效力，由行为人承担责任。

相对人可以催告被代理人在一个月内予以追认。被代理人未作表示的，视为拒绝追认。合同被追认之前，善意相对人有撤销的权利。撤销应当以通知的方式作出。

第四十九条　行为人没有代理权、超越代理权或者代理权终止后以被代理人名义订立合同，相对人有理由相信行为人有代理权的，该代理行为有效。

第五十条　法人或者其他组织的法定代表人、负责人超越权限订立的合同，除相对人知道或者应当知道其超越权限的以外，该代表行为有效。

第五十一条　无处分权的人处分他人财产，经权利人追认或者无处分权的人订立合同后取得处分权的，该合同有效。

第五十二条　有下列情形之一的，合同无效：

（一）一方以欺诈、胁迫的手段订立合同，损害国家利益；

（二）恶意串通，损害国家、集体或者第三人利益；

（三）以合法形式掩盖非法目的；

（四）损害社会公共利益；

（五）违反法律、行政法规的强制性规定。

第五十三条　合同中的下列免责条款无效：

（一）造成对方人身伤害的；

（二）因故意或者重大过失造成对方财产损失的。

第五十四条 下列合同，当事人一方有权请求人民法院或者仲裁机构变更或者撤销：

（一）因重大误解订立的；

（二）在订立合同时显失公平的。

一方以欺诈、胁迫的手段或者乘人之危，使对方在违背真实意思的情况下订立的合同，受损害方有权请求人民法院或者仲裁机构变更或者撤销。

当事人请求变更的，人民法院或者仲裁机构不得撤销。

第五十五条 有下列情形之一的，撤销权消灭：

（一）具有撤销权的当事人自知道或者应当知道撤销事由之日起一年内没有行使撤销权；

（二）具有撤销权的当事人知道撤销事由后明确表示或者以自己的行为放弃撤销权。

第五十六条 无效的合同或者被撤销的合同自始没有法律约束力。合同部分无效，不影响其他部分效力的，其他部分仍然有效。

第五十七条 合同无效、被撤销或者终止的，不影响合同中独立存在的有关解决争议方法的条款的效力。

第五十八条 合同无效或者被撤销后，因该合同取得的财产，应当予以返还；不能返还或者没有必要返还的，应当折价补偿。有过错的一方应当赔偿对方因此所受到的损失，双方都有过错的，应当各自承担相应的责任。

第五十九条 当事人恶意串通，损害国家、集体或者第三人利益的，因此取得的财产收归国家所有或者返还集体、第三人。

第四章　合同的履行

第六十条 当事人应当按照约定全面履行自己的义务。

当事人应当遵循诚实信用原则，根据合同的性质、目的和交易习惯履行通知、协助、保密等义务。

第六十一条　合同生效后，当事人就质量、价款或者报酬、履行地点等内容没有约定或者约定不明确的，可以协议补充；不能达成补充协议的，按照合同有关条款或者交易习惯确定。

第六十二条　当事人就有关合同内容约定不明确，依照本法第六十一条的规定仍不能确定的，适用下列规定：

（一）质量要求不明确的，按照国家标准、行业标准履行；没有国家标准、行业标准的，按照通常标准或者符合合同目的的特定标准履行。

（二）价款或者报酬不明确的，按照订立合同时履行地的市场价格履行；依法应当执行政府定价或者政府指导价的，按照规定履行。

（三）履行地点不明确，给付货币的，在接受货币一方所在地履行；交付不动产的，在不动产所在地履行；其他标的，在履行义务一方所在地履行。

（四）履行期限不明确的，债务人可以随时履行，债权人也可以随时要求履行，但应当给对方必要的准备时间。

（五）履行方式不明确的，按照有利于实现合同目的的方式履行。

（六）履行费用的负担不明确的，由履行义务一方负担。

第六十三条　执行政府定价或者政府指导价的，在合同约定的交付期限内政府价格调整时，按照交付时的价格计价。逾期交付标的物的，遇价格上涨时，按照原价格执行；价格下降时，按照新价格执行。逾期提取标的物或者逾期付款的，遇价格上涨时，按照新价格执行；价格下降时，按照原价格执行。

第六十四条　当事人约定由债务人向第三人履行债务的，债务人未向第三人履行债务或者履行债务不符合约定，应当向债权人承担违约责任。

第六十五条　当事人约定由第三人向债权人履行债务，第三人不履行债务或者履行债务不符合约定，债务人应当向债权人承担违约责任。

第六十六条 当事人互负债务，没有先后履行顺序的，应当同时履行。一方在对方履行之前有权拒绝其履行要求。一方在对方履行债务不符合约定时，有权拒绝其相应的履行要求。

第六十七条 当事人互负债务，有先后履行顺序，先履行一方未履行的，后履行一方有权拒绝其履行要求。先履行一方履行债务不符合约定的，后履行一方有权拒绝其相应的履行要求。

第六十八条 应当先履行债务的当事人，有确切证据证明对方有下列情形之一的，可以中止履行：

（一）经营状况严重恶化；

（二）转移财产、抽逃资金，以逃避债务；

（三）丧失商业信誉；

（四）有丧失或者可能丧失履行债务能力的其他情形。

当事人没有确切证据中止履行的，应当承担违约责任。

第六十九条 当事人依照本法第六十八条的规定中止履行的，应当及时通知对方。对方提供适当担保时，应当恢复履行。中止履行后，对方在合理期限内未恢复履行能力并且未提供适当担保的，中止履行的一方可以解除合同。

第七十条 债权人分立、合并或者变更住所没有通知债务人，致使履行债务发生困难的，债务人可以中止履行或者将标的物提存。

第七十一条 债权人可以拒绝债务人提前履行债务，但提前履行不损害债权人利益的除外。

债务人提前履行债务给债权人增加的费用，由债务人负担。

第七十二条 债权人可以拒绝债务人部分履行债务，但部分履行不损害债权人利益的除外。

债务人部分履行债务给债权人增加的费用，由债务人负担。

第七十三条 因债务人怠于行使其到期债权，对债权人造成损害的，债权人可以向人民法院请求以自己的名义代位行使债务人的债权，但该债权专属于债务人自身的除外。

代位权的行使范围以债权人的债权为限。债权人行使代位权的必要费用，由债务人负担。

第七十四条　因债务人放弃其到期债权或者无偿转让财产，对债权人造成损害的，债权人可以请求人民法院撤销债务人的行为。债务人以明显不合理的低价转让财产，对债权人造成损害，并且受让人知道该情形的，债权人也可以请求人民法院撤销债务人的行为。

撤销权的行使范围以债权人的债权为限。债权人行使撤销权的必要费用，由债务人负担。

第七十五条　撤销权自债权人知道或者应当知道撤销事由之日起一年内行使。自债务人的行为发生之日起五年内没有行使撤销权的，该撤销权消灭。

第七十六条　合同生效后，当事人不得因姓名、名称的变更或者法定代表人、负责人、承办人的变动而不履行合同义务。

第五章　合同的变更和转让

第七十七条　当事人协商一致，可以变更合同。 $\mathscr{P}_7$

法律、行政法规规定变更合同应当办理批准、登记等手续的，依照其规定。

第七十八条　当事人对合同变更的内容约定不明确的，推定为未变更。

第七十九条　债权人可以将合同的权利全部或者部分转让给第三人，但有下列情形之一的除外：

（一）根据合同性质不得转让；

（二）按照当事人约定不得转让；

（三）依照法律规定不得转让。

第八十条　债权人转让权利的，应当通知债务人。未经通知，该转让对债务人不发生效力。

债权人转让权利的通知不得撤销，但经受让人同意的除外。

第八十一条　债权人转让权利的，受让人取得与债权有关的从权利，但该从权利专属于债权人自身的除外。

第八十二条 债务人接到债权转让通知后，债务人对让与人的抗辩，可以向受让人主张。

第八十三条 债务人接到债权转让通知时，债务人对让与人享有债权，并且债务人的债权先于转让的债权到期或者同时到期的，债务人可以向受让人主张抵销。

第八十四条 债务人将合同的义务全部或者部分转移给第三人的，应当经债权人同意。

第八十五条 债务人转移义务的，新债务人可以主张原债务人对债权人的抗辩。

第八十六条 债务人转移义务的，新债务人应当承担与主债务有关的从债务，但该从债务专属于原债务人自身的除外。

第八十七条 法律、行政法规规定转让权利或者转移义务应当办理批准、登记等手续的，依照其规定。

第八十八条 当事人一方经对方同意，可以将自己在合同中的权利和义务一并转让给第三人。

第八十九条 权利和义务一并转让的，适用本法第七十九条、第八十一条至第八十三条、第八十五条至第八十七条的规定。

第九十条 当事人订立合同后合并的，由合并后的法人或者其他组织行使合同权利，履行合同义务。当事人订立合同后分立的，除债权人和债务人另有约定的以外，由分立的法人或者其他组织对合同的权利和义务享有连带债权，承担连带债务。

第六章 合同的权利义务终止

第九十一条 有下列情形之一的，合同的权利义务终止：

（一）债务已经按照约定履行；

（二）合同解除；

（三）债务相互抵销；

（四）债务人依法将标的物提存；

（五）债权人免除债务；

（六）债权债务同归于一人；

（七）法律规定或者当事人约定终止的其他情形。

第九十二条　合同的权利义务终止后，当事人应当遵循诚实信用原则，根据交易习惯履行通知、协助、保密等义务。

第九十三条　当事人协商一致，可以解除合同。 $\mathscr{P}_6$

当事人可以约定一方解除合同的条件。解除合同的条件成就时，解除权人可以解除合同。

第九十四条　有下列情形之一的，当事人可以解除合同：

（一）因不可抗力致使不能实现合同目的；

（二）在履行期限届满之前，当事人一方明确表示或者以自己的行为表明不履行主要债务；

（三）当事人一方迟延履行主要债务，经催告后在合理期限内仍未履行；

（四）当事人一方迟延履行债务或者有其他违约行为致使不能实现合同目的；

（五）法律规定的其他情形。 $\mathscr{P}_6$

第九十五条　法律规定或者当事人约定解除权行使期限，期限届满当事人不行使的，该权利消灭。

法律没有规定或者当事人没有约定解除权行使期限，经对方催告后在合理期限内不行使的，该权利消灭。

第九十六条　当事人一方依照本法第九十三条第二款、第九十四条的规定主张解除合同的，应当通知对方。合同自通知到达对方时解除。对方有异议的，可以请求人民法院或者仲裁机构确认解除合同的效力。

法律、行政法规规定解除合同应当办理批准、登记等手续的，依照其规定。

第九十七条　合同解除后，尚未履行的，终止履行；已经履行的，根据履行情况和合同性质，当事人可以要求恢复原状、采取其他补救措施、并有权要求赔偿损失。

第九十八条　合同的权利义务终止，不影响合同中结算和清理条款的效力。

第九十九条 当事人互负到期债务，该债务的标的物种类、品质相同的，任何一方可以将自己的债务与对方的债务抵销，但依照法律规定或者按照合同性质不得抵销的除外。

当事人主张抵销的，应当通知对方。通知自到达对方时生效。抵销不得附条件或者附期限。

第一百条 当事人互负债务，标的物种类、品质不相同的，经双方协商一致，也可以抵销。

第一百零一条 有下列情形之一，难以履行债务的，债务人可以将标的物提存：

（一）债权人无正当理由拒绝受领；

（二）债权人下落不明；

（三）债权人死亡未确定继承人或者丧失民事行为能力未确定监护人；

（四）法律规定的其他情形。

标的物不适于提存或者提存费用过高的，债务人依法可以拍卖或者变卖标的物，提存所得的价款。

第一百零二条 标的物提存后，除债权人下落不明的以外，债务人应当及时通知债权人或者债权人的继承人、监护人。

第一百零三条 标的物提存后，毁损、灭失的风险由债权人承担。提存期间，标的物的孳息归债权人所有。提存费用由债权人负担。

第一百零四条 债权人可以随时领取提存物，但债权人对债务人负有到期债务的，在债权人未履行债务或者提供担保之前，提存部门根据债务人的要求应当拒绝其领取提存物。

债权人领取提存物的权利，自提存之日起五年内不行使而消灭，提存物扣除提存费用后归国家所有。

第一百零五条 债权人免除债务人部分或者全部债务的，合同的权利义务部分或者全部终止。

第一百零六条 债权和债务同归于一人的，合同的权利义务终止，但涉及第三人利益的除外。

第七章　违约责任

第一百零七条　当事人一方不履行合同义务或者履行合同义务不符合约定的，应当承担继续履行、采取补救措施或者赔偿损失等违约责任。

第一百零八条　当事人一方明确表示或者以自己的行为表明不履行合同义务的，对方可以在履行期限届满之前要求其承担违约责任。

第一百零九条　当事人一方未支付价款或者报酬的，对方可以要求其支付价款或者报酬。

第一百一十条　当事人一方不履行非金钱债务或者履行非金钱债务不符合约定的，对方可以要求履行，但有下列情形之一的除外：

（一）法律上或者事实上不能履行；

（二）债务的标的不适于强制履行或者履行费用过高；

（三）债权人在合理期限内未要求履行。

第一百一十一条　质量不符合约定的，应当按照当事人的约定承担违约责任。对违约责任没有约定或者约定不明确，依照本法第六十一条的规定仍不能确定的，受损害方根据标的的性质以及损失的大小，可以合理选择要求对方承担修理、更换、重作、退货、减少价款或者报酬等违约责任。

第一百一十二条　当事人一方不履行合同义务或者履行合同义务不符合约定的，在履行义务或者采取补救措施后，对方还有其他损失的，应当赔偿损失。

第一百一十三条　当事人一方不履行合同义务或者履行合同义务不符合约定，给对方造成损失的，损失赔偿额应当相当于因违约所造成的损失，包括合同履行后可以获得的利益，但不得超过违反合同一方订立合同时预见到或者应当预见到的因违反合同可能造成的损失。

经营者对消费者提供商品或者服务有欺诈行为的，依照《中华人民共和国消费者权益保护法》的规定承担损害赔偿责任。

第一百一十四条 当事人可以约定一方违约时应当根据违约情况向对方支付一定数额的违约金，也可以约定因违约产生的损失赔偿额的计算方法。

约定的违约金低于造成的损失的，当事人可以请求人民法院或者仲裁机构予以增加；约定的违约金过分高于造成的损失的，当事人可以请求人民法院或者仲裁机构予以适当减少。

当事人就迟延履行约定违约金的，违约方支付违约金后，还应当履行债务。

第一百一十五条 当事人可以依照《中华人民共和国担保法》约定一方向对方给付定金作为债权的担保。债务人履行债务后，定金应当抵作价款或者收回。给付定金的一方不履行约定的债务的，无权要求返还定金；收受定金的一方不履行约定的债务的，应当双倍返还定金。

第一百一十六条 当事人既约定违约金，又约定定金的，一方违约时，对方可以选择适用违约金或者定金条款。

第一百一十七条 因不可抗力不能履行合同的，根据不可抗力的影响，部分或者全部免除责任，但法律另有规定的除外。当事人迟延履行后发生不可抗力的，不能免除责任。

本法所称不可抗力，是指不能预见、不能避免并不能克服的客观情况。

第一百一十八条 当事人一方因不可抗力不能履行合同的，应当及时通知对方，以减轻可能给对方造成的损失，并应当在合理期限内提供证明。

第一百一十九条 当事人一方违约后，对方应当采取适当措施防止损失的扩大；没有采取适当措施致使损失扩大的，不得就扩大的损失要求赔偿。

当事人因防止损失扩大而支出的合理费用，由违约方承担。

第一百二十条 当事人双方都违反合同的，应当各自承担相应的责任。

第一百二十一条　当事人一方因第三人的原因造成违约的，应当向对方承担违约责任。当事人一方和第三人之间的纠纷，依照法律规定或者按照约定解决。

第一百二十二条　因当事人一方的违约行为，侵害对方人身、财产权益的，受损害方有权选择依照本法要求其承担违约责任或者依照其他法律要求其承担侵权责任。

第八章　其他规定

第一百二十三条　其他法律对合同另有规定的，依照其规定。

第一百二十四条　本法分则或者其他法律没有明文规定的合同，适用本法总则的规定，并可以参照本法分则或者其他法律最相类似的规定。

第一百二十五条　当事人对合同条款的理解有争议的，应当 𝒫9
按照合同所使用的词句、合同的有关条款、合同的目的、交易习惯以及诚实信用原则，确定该条款的真实意思。

合同文本采用两种以上文字订立并约定具有同等效力的，对各文本使用的词句推定具有相同含义。各文本使用的词句不一致的，应当根据合同的目的予以解释。

第一百二十六条　涉外合同的当事人可以选择处理合同争议所适用的法律，但法律另有规定的除外。涉外合同的当事人没有选择的，适用与合同有最密切联系的国家的法律。

在中华人民共和国境内履行的中外合资经营企业合同、中外合作经营企业合同、中外合作勘探开发自然资源合同，适用中华人民共和国法律。

第一百二十七条　工商行政管理部门和其他有关行政主管部门在各自的职权范围内，依照法律、行政法规的规定，对利用合同危害国家利益、社会公共利益的违法行为，负责监督处理；构成犯罪的，依法追究刑事责任。

第一百二十八条 当事人可以通过和解或者调解解决合同争议。

当事人不愿和解、调解或者和解、调解不成的，可以根据仲裁协议向仲裁机构申请仲裁。涉外合同的当事人可以根据仲裁协议向中国仲裁机构或者其他仲裁机构申请仲裁。当事人没有订立仲裁协议或者仲裁协议无效的，可以向人民法院起诉。当事人应当履行发生法律效力的判决、仲裁裁决、调解书；拒不履行的，对方可以请求人民法院执行。

第一百二十九条 因国际货物买卖合同和技术进出口合同争议提起诉讼或者申请仲裁的期限为四年，自当事人知道或者应当知道其权利受到侵害之日起计算。因其他合同争议提起诉讼或者申请仲裁的期限，依照有关法律的规定。

中华人民共和国海商法（节录）

（1992 年 11 月 7 日第七届全国人民代表大会常务委员会第二十八次会议通过　1992 年 11 月 7 日中华人民共和国主席令第六十四号公布　自 1993 年 7 月 1 日起施行）

第一章　总　则

第三条 本法所称船舶，是指海船和其他海上移动式装置，但是用于军事的、政府公务的船舶和 20 总吨以下的小型船艇除外。

前款所称船舶，包括船舶属具。

第十二章　海上保险合同

第一节　一般规定

第二百一十六条 海上保险合同，是指保险人按照约定，对被保险人遭受保险事故造成保险标的的损失和产生的责任负责赔偿，而由被保险人支付保险费的合同。

前款所称保险事故，是指保险人与被保险人约定的任何海上事故，包括与海上航行有关的发生于内河或者陆上的事故。$\mathscr{P}_{83}$

第二百一十七条 海上保险合同的内容，主要包括下列各项：$\mathscr{P}_{7}$

（一）保险人名称；

（二）被保险人名称；

（三）保险标的；

（四）保险价值；

（五）保险金额；

（六）保险责任和除外责任；

（七）保险期间；

（八）保险费。

第二百一十八条 下列各项可以作为保险标的：

（一）船舶；

（二）货物；

（三）船舶营运收入，包括运费、租金、旅客票款；

（四）货物预期利润；

（五）船员工资和其他报酬；

（六）对第三人的责任；

（七）由于发生保险事故可能受到损失的其他财产和产生的责任、费用。

保险人可以将对前款保险标的的保险进行再保险。除合同另有约定外，原被保险人不得享有再保险的利益。

第二百一十九条 保险标的的保险价值由保险人与被保险人约定。$\mathscr{P}_{14}$

保险人与被保险人未约定保险价值的，保险价值依照下列规定计算：

（一）船舶的保险价值，是保险责任开始时船舶的价值，包括船壳、机器、设备的价值，以及船上燃料、物料、索具、给养、淡水的价值和保险费的总和；

（二）货物的保险价值，是保险责任开始时货物在起运地的发票价格或者非贸易商品在起运地的实际价值以及运费和保险费的总和；

（三）运费的保险价值，是保险责任开始时承运人应收运费总额和保险费的总和；

（四）其他保险标的的保险价值，是保险责任开始时保险标的的实际价值和保险费的总和。

第二百二十条 保险金额由保险人与被保险人约定。保险金额不得超过保险价值；超过保险价值的，超过部分无效。

第二节 合同的订立、解除和转让

第二百二十一条 被保险人提出保险要求，经保险人同意承保，并就海上保险合同的条款达成协议后，合同成立。保险人应当及时向被保险人签发保险单或者其他保险单证，并在保险单或者其他保险单证中载明当事人双方约定的合同内容。

P83
第二百二十二条 合同订立前，被保险人应当将其知道的或者在通常业务中应当知道的有关影响保险人据以确定保险费率或者确定是否同意承担的重要情况，如实告知保险人。

保险人知道或者在通常业务中应当知道的情况，保险人没有询问的，被保险人无需告知。

第二百二十三条 由于被保险人的故意，未将本法第二百二十二条第一款规定的重要情况如实告知保险人的，保险人有权解除合同，并不退还保险费。合同解除前发生保险事故造成损失的，保险人不负赔偿责任。

不是由于被保险人的故意，未将本法第二百二十二条第一款规定的重要情况如实告知保险人的，保险人有权解除合同或者要求相应增加保险费。保险人解除合同的，对于合同解除前发生保险事故造成的损失，保险人应当负赔偿责任；但是，未告知或者错误告知的重要情况对保险事故的发生有影响的除外。

第二百二十四条　订立合同时，被保险人已经知道或者应当知道保险标的已经因发生保险事故而遭受损失的，保险人不负赔偿责任，但是有权收取保险费；保险人已经知道或者应当知道保险标的已经不可能因发生保险事故而遭受损失的，被保险人有权收回已经支付的保险费。$\mathscr{P}_{83}$

第二百二十五条　被保险人对同一保险标的就同一保险事故向几个保险人重复订立合同，而使该保险标的的保险金额总和超过保险标的的价值的，除合同另有约定外，被保险人可以向任何保险人提出赔偿请求。被保险人获得的赔偿金额总和不得超过保险标的的受损价值。各保险人按照其承保的保险金额同保险金额总和的比例承担赔偿责任。任何一个保险人支付的赔偿金额超过其应当承担的赔偿责任的，有权向未按照其应当承担赔偿责任支付赔偿金额的保险人追偿。$\mathscr{P}_{15}$

第二百二十六条　保险责任开始前，被保险人可以要求解除合同，但是应当向保险人支付手续费，保险人应当退还保险费。$\mathscr{P}_{14}$

第二百二十七条　除合同另有约定外，保险责任开始后，被保险人和保险人均不得解除合同。

根据合同约定在保险责任开始后可以解除合同的，被保险人要求解除合同，保险人有权收取自保险责任开始之日起至合同解除之日止的保险费，剩余部分予以退还；保险人要求解除合同，应当将自合同解除之日起至保险期间届满之日止的保险费退还被保险人。

第二百二十八条　虽有本法第二百二十七条规定，货物运输和船舶的航次保险，保险责任开始后，被保险人不得要求解除合同。

第二百二十九条　海上货物运输保险合同可以由被保险人背书或者以其他方式转让，合同的权利、义务随之转移。合同转让时尚未支付保险费的，被保险人和合同受让人负连带支付责任。

第二百三十条　因船舶转让而转让船舶保险合同的，应当取得保险人同意。未经保险人同意，船舶保险合同从船舶转让时起$\mathscr{P}_{13}$ $\mathscr{P}_{83}$

解除；船舶转让发生在航次之中的，船舶保险合同至航次终了时解除。

合同解除后，保险人应当将自合同解除之日起至保险期间届满之日止的保险费退还被保险人。

第二百三十一条 被保险人在一定期间分批装运或者接受货物的，可以与保险人订立预约保险合同。预约保险合同应当由保险人签发预约保险单证加以确认。

第二百三十二条 应被保险人要求，保险人应当对依据预约保险合同分批装运的货物分别签发保险单证。

保险人分别签发的保险单证的内容与预约保险单证的内容不一致的，以分别签发的保险单证为准。

第二百三十三条 被保险人知道经预约保险合同保险的货物已经装运或者到达的情况时，应当立即通知保险人。通知的内容包括装运货物的船名、航线、货物价值和保险金额。

第三节 被保险人的义务

P83 **第二百三十四条** 除合同另有约定外，被保险人应当在合同订立后立即支付保险费；被保险人支付保险费前，保险人可以拒绝签发保险单证。

P83 **第二百三十五条** 被保险人违反合同约定的保证条款时，应当立即书面通知保险人。保险人收到通知后，可以解除合同，也可以要求修改承保条件、增加保险费。

P7 **第二百三十六条** 一旦保险事故发生，被保险人应当立即通
P15 知保险人，并采取必要的合理措施，防止或者减少损失。被保险人收到保险人发出的有关采取防止或者减少损失的合理措施的特别通知的，应当按照保险人通知的要求处理。

对于被保险人违反前款规定所造成的扩大的损失，保险人不负赔偿责任。

第四节 保险人的责任

第二百三十七条 发生保险事故造成损失后，保险人应当及

时向被保险人支付保险赔偿。

第二百三十八条 保险人赔偿保险事故造成的损失，以保险 P15
金额为限。保险金额低于保险价值的，在保险标的发生部分损失时，保险人按照保险金额与保险价值的比例负赔偿责任。

第二百三十九条 保险标的在保险期间发生几次保险事故所造成的损失，即使损失金额的总和超过保险金额，保险人也应当赔偿。但是，对发生部分损失后未经修复又发生全部损失的，保险人按照全部损失赔偿。

第二百四十条 被保险人为防止或者减少根据合同可以得到 P15
赔偿的损失而支出的必要的合理费用，为确定保险事故的性质、程 P84
度而支出的检验、估价的合理费用，以及为执行保险人的特别通知而支出的费用，应当由保险人在保险标的损失赔偿之外另行支付。

保险人对前款规定的费用的支付，以相当于保险金额的数额为限。

保险金额低于保险价值的，除合同另有约定外，保险人应当按照保险金额与保险价值的比例，支付本条规定的费用。

第二百四十一条 保险金额低于共同海损分摊价值的，保险人按照保险金额同分摊价值的比例赔偿共同海损分摊。

第二百四十二条 对于被保险人故意造成的损失，保险人不负赔偿责任。

第二百四十三条 除合同另有约定外，因下列原因之一造成货物损失的，保险人不负赔偿责任：

（一）航行迟延、交货迟延或者行市变化；

（二）货物的自然损耗、本身的缺陷和自然特性；

（三）包装不当。

第二百四十四条 除合同另有约定外，因下列原因之一造成保险船舶损失的，保险人不负赔偿责任：

（一）船舶开航时不适航，但是在船舶定期保险中被保险人不知道的除外；

（二）船舶自然磨损或者锈蚀。

运费保险比照适用本条的规定。

第五节 保险标的的损失和委付

第二百四十五条 保险标的发生保险事故后灭失，或者受到严重损坏完全失去原有形体、效用，或者不能再归被保险人所拥有的，为实际全损。

第二百四十六条 船舶发生保险事故后，认为实际全损已经不可避免，或者为避免发生实际全损所需支付的费用超过保险价值的，为推定全损。

货物发生保险事故后，认为实际全损已经不可避免，或者为避免发生实际全损所需支付的费用与继续将货物运抵目的地的费用之和超过保险价值的，为推定全损。

第二百四十七条 不属于实际全损和推定全损的损失，为部分损失。

第二百四十八条 船舶在合理时间内未从被获知最后消息的地点抵达目的地，除合同另有约定外，满两个月后仍没有获知其消息的，为船舶失踪。船舶失踪视为实际全损。

第二百四十九条 保险标的发生推定全损，被保险人要求保险人按照全部损失赔偿的，应当向保险人委付保险标的。保险人可以接受委付，也可以不接受委付，但是应当在合理的时间内将接受委付或者不接受委付的决定通知被保险人。

委付不得附带任何条件。委付一经保险人接受，不得撤回。

第二百五十条 保险人接受委付的，被保险人对委付财产的全部权利和义务转移给保险人。

第六节 保险赔偿的支付

P8 **第二百五十一条** 保险事故发生后，保险人向被保险人支付保险赔偿前，可以要求被保险人提供与确认保险事故性质和损失程度有关的证明和资料。

P15 **第二百五十二条** 保险标的发生保险责任范围内的损失是由
P84 第三人造成的，被保险人向第三人要求赔偿的权利，自保险人支

付赔偿之日起，相应转移给保险人。 P85

被保险人应当向保险人提供必要的文件和其所需要知道的情 P109
况，并尽力协助保险人向第三人追偿。

第二百五十三条　被保险人未经保险人同意放弃向第三人要 P16
求赔偿的权利，或者由于过失致使保险人不能行使追偿权利的，保险人可以相应扣减保险赔偿。

第二百五十四条　保险人支付保险赔偿时，可以从应支付的赔偿额中相应扣减被保险人已经从第三人取得的赔偿。

保险人从第三人取得的赔偿，超过其支付的保险赔偿的，超过部分应当退还给被保险人。

第二百五十五条　发生保险事故后，保险人有权放弃对保险标的的权利，全额支付合同约定的保险赔偿，以解除对保险标的的义务。

保险人行使前款规定的权利，应当自收到被保险人有关赔偿损失的通知之日起的七日内通知被保险人；被保险人在收到通知前，为避免或者减少损失而支付的必要的合理费用，仍然应当由保险人偿还。

第二百五十六条　除本法第二百五十五条的规定外，保险标的发生全损，保险人支付全部保险金额的，取得对保险标的的全部权利；但是，在不足额保险的情况下，保险人按照保险金额与保险价值的比例取得对保险标的的部分权利。

第十三章　时　效

第二百六十四条　根据海上保险合同向保险人要求保险赔偿的请求权，时效期间为二年，自保险事故发生之日起计算。

第二百六十六条　在时效期间的最后六个月内，因不可抗力或者其他障碍不能行使请求权的，时效中止。自中止时效的原因消除之日起，时效期间继续计算。

第二百六十七条　时效因请求人提起诉讼、提交仲裁或者被请求人同意履行义务而中断。但是，请求人撤回起诉、撤回仲裁或者起诉被裁定驳回的，时效不中断。

请求人申请扣船的，时效自申请扣船之日起中断。

自中断时起，时效期间重新计算。

第十四章　涉外关系的法律适用

第二百六十八条　中华人民共和国缔结或者参加的国际条约同本法有不同规定的，适用国际条约的规定；但是，中华人民共和国声明保留的条款除外。

中华人民共和国法律和中华人民共和国缔结或者参加的国际条约没有规定的，可以适用国际惯例。

第二百六十九条　合同当事人可以选择合同适用的法律，法律另有规定的除外。合同当事人没有选择的，适用与合同有最密切联系的国家的法律。

第二百七十六条　依照本章规定适用外国法律或者国际惯例，不得违背中华人民共和国的社会公共利益。

第十五章　附　则

第二百七十七条　本法所称计算单位，是指国际货币基金组织规定的特别提款权；其人民币数额为法院判决之日、仲裁机构裁决之日或者当事人协议之日，按照国家外汇主管机关规定的国际货币基金组织的特别提款权对人民币的换算办法计算得出的人民币数额。

中华人民共和国刑法（节录）

（1979年7月1日第五届全国人民代表大会第二次会议通过　1997年3月14日第八届全国人民代表大会第五次会议修订通过　自1997年10月1日起施行　根据1998年12月29日第八届全国人民代表大会常务委员会第六次会议通过的《关于惩治骗购外汇、逃汇和非法买卖外汇犯罪的决定》及十部刑法修正案修正）

第一百八十三条　保险公司的工作人员利用职务上的便利， 𝒫25
故意编造未曾发生的保险事故进行虚假理赔，骗取保险金归自己
所有的，依照本法第二百七十一条的规定定罪处罚。 𝒫65

国有保险公司工作人员和国有保险公司委派到非国有保险公
司从事公务的人员有前款行为的，依照本法第三百八十二条、第 𝒫66
三百八十三条的规定定罪处罚。

第一百八十五条[①]　商业银行、证券交易所、期货交易所、 𝒫25
证券公司、期货经纪公司、保险公司或者其他金融机构的工作人
员利用职务上的便利，挪用本单位或者客户资金的，依照本法第
二百七十二条的规定定罪处罚。 𝒫65

国有商业银行、证券交易所、期货交易所、证券公司、期货经纪公司、保险公司或者其他国有金融机构的工作人员和国有商

---

① 本条经1999年12月25日《刑法修正案》第七条修改。

1997年刑法第一百八十五条原规定：“银行或者其他金融机构的工作人员利用职务上的便利，挪用本单位或者客户资金的，依照本法第二百七十二条的规定定罪处罚。

“国有金融机构工作人员和国有金融机构委派到非国有金融机构从事公务的人员有前款行为的，依照本法第三百八十四条的规定定罪处罚。”

业银行、证券交易所、期货交易所、证券公司、期货经纪公司、保险公司或者其他国有金融机构委派到前款规定中的非国有机构从事公务的人员有前款行为的，依照本法第三百八十四条的规定定罪处罚。

𝒫67

第一百八十五条之一① 商业银行、证券交易所、期货交易所、证券公司、期货经纪公司、保险公司或者其他金融机构，违背受托义务，擅自运用客户资金或者其他委托、信托的财产，情节严重的，对单位判处罚金，并对其直接负责的主管人员和其他直接责任人员，处三年以下有期徒刑或者拘役，并处三万元以上三十万元以下罚金；情节特别严重的，处三年以上十年以下有期徒刑，并处五万元以上五十万元以下罚金。

社会保障基金管理机构、住房公积金管理机构等公众资金管理机构，以及保险公司、保险资产管理公司、证券投资基金管理公司，违反国家规定运用资金的，对其直接负责的主管人员和其他直接责任人员，依照前款的规定处罚。

𝒫9

第一百九十八条 有下列情形之一，进行保险诈骗活动，数额较大的，处五年以下有期徒刑或者拘役，并处一万元以上十万元以下罚金；数额巨大或者有其他严重情节的，处五年以上十年以下有期徒刑，并处二万元以上二十万元以下罚金；数额特别巨大或者有其他特别严重情节的，处十年以上有期徒刑，并处二万元以上二十万元以下罚金或者没收财产：

（一）投保人故意虚构保险标的，骗取保险金的；

（二）投保人、被保险人或者受益人对发生的保险事故编造虚假的原因或者夸大损失的程度，骗取保险金的；

（三）投保人、被保险人或者受益人编造未曾发生的保险事故，骗取保险金的；

（四）投保人、被保险人故意造成财产损失的保险事故，骗取保险金的；

---

① 本条为2006年6月29日《刑法修正案（六）》第十二条增加。

（五）投保人、受益人故意造成被保险人死亡、伤残或者疾病，骗取保险金的。

有前款第四项、第五项所列行为，同时构成其他犯罪的，依照数罪并罚的规定处罚。

单位犯第一款罪的，对单位判处罚金，并对其直接负责的主管人员和其他直接责任人员，处五年以下有期徒刑或者拘役；数额巨大或者有其他严重情节的，处五年以上十年以下有期徒刑；数额特别巨大或者有其他特别严重情节的，处十年以上有期徒刑。

保险事故的鉴定人、证明人、财产评估人故意提供虚假的证明文件，为他人诈骗提供条件的，以保险诈骗的共犯论处。

第二百七十一条　公司、企业或者其他单位的人员，利用职务上的便利，将本单位财物非法占为己有，数额较大的，处五年以下有期徒刑或者拘役；数额巨大的，处五年以上有期徒刑，可以并处没收财产。

国有公司、企业或者其他国有单位中从事公务的人员和国有公司、企业或者其他国有单位委派到非国有公司、企业以及其他单位从事公务的人员有前款行为的，依照本法第三百八十二条、第三百八十三条的规定定罪处罚。

第二百七十二条　公司、企业或者其他单位的工作人员，利用职务上的便利，挪用本单位资金归个人使用或者借贷给他人，数额较大、超过三个月未还的，或者虽未超过三个月，但数额较大、进行营利活动的，或者进行非法活动的，处三年以下有期徒刑或者拘役；挪用本单位资金数额巨大的，或者数额较大不退还的，处三年以上十年以下有期徒刑。

国有公司、企业或者其他国有单位中从事公务的人员和国有公司、企业或者其他国有单位委派到非国有公司、企业以及其他单位从事公务的人员有前款行为的，依照本法第三百八十四条的规定定罪处罚。

第三百八十二条　国家工作人员利用职务上的便利，侵吞、窃取、骗取或者以其他手段非法占有公共财物的，是贪污罪。

受国家机关、国有公司、企业、事业单位、人民团体委托管理、经营国有财产的人员，利用职务上的便利，侵吞、窃取、骗取或者以其他手段非法占有国有财物的，以贪污论。

与前两款所列人员勾结，伙同贪污的，以共犯论处。

第三百八十三条[①] 对犯贪污罪的，根据情节轻重，分别依照下列规定处罚：

（一）贪污数额较大或者有其他较重情节的，处三年以下有期徒刑或者拘役，并处罚金。

（二）贪污数额巨大或者有其他严重情节的，处三年以上十年以下有期徒刑，并处罚金或者没收财产。

（三）贪污数额特别巨大或者有其他特别严重情节的，处十年以上有期徒刑或者无期徒刑，并处罚金或者没收财产；数额特别巨大，并使国家和人民利益遭受特别重大损失的，处无期徒刑或者死刑，并处没收财产。

对多次贪污未经处理的，按照累计贪污数额处罚。

犯第一款罪，在提起公诉前如实供述自己罪行、真诚悔罪、积极退赃，避免、减少损害结果的发生，有第一项规定情形的，可以从轻、减轻或者免除处罚；有第二项、第三项规定情形的，可以从轻处罚。

---

① 本条经2015年8月29日《刑法修正案（九）》第四十四条修改。

1997年刑法第三百八十三条原规定：“对犯贪污罪的，根据情节轻重，分别依照下列规定处罚：

“（一）个人贪污数额在十万元以上的，处十年以上有期徒刑或者无期徒刑，可以并处没收财产；情节特别严重的，处死刑，并处没收财产。

“（二）个人贪污数额在五万元以上不满十万元的，处五年以上有期徒刑，可以并处没收财产；情节特别严重的，处无期徒刑，并处没收财产。

“（三）个人贪污数额在五千元以上不满五万元的，处一年以上七年以下有期徒刑；情节严重的，处七年以上十年以下有期徒刑。个人贪污数额在五千元以上不满一万元，犯罪后有悔改表现、积极退赃的，可以减轻处罚或者免予刑事处罚，由其所在单位或者上级主管机关给予行政处分。

“（四）个人贪污数额不满五千元，情节较重的，处二年以下有期徒刑或者拘役；情节较轻的，由其所在单位或者上级主管机关酌情给予行政处分。

“对多次贪污未经处理的，按照累计贪污数额处罚。”

犯第一款罪，有第三项规定情形被判处死刑缓期执行的，人民法院根据犯罪情节等情况可以同时决定在其死刑缓期执行二年期满依法减为无期徒刑后，终身监禁，不得减刑、假释。

第三百八十四条　国家工作人员利用职务上的便利，挪用公款归个人使用，进行非法活动的，或者挪用公款数额较大、进行营利活动的，或者挪用公款数额较大、超过三个月未还的，是挪用公款罪，处五年以下有期徒刑或者拘役；情节严重的，处五年以上有期徒刑。挪用公款数额巨大不退还的，处十年以上有期徒刑或者无期徒刑。

挪用用于救灾、抢险、防汛、优抚、扶贫、移民、救济款物归个人使用的，从重处罚。

二、相关司法解释、司法文件

最高人民法院

关于适用《中华人民共和国保险法》若干问题的解释（一）

法释〔2009〕12号

（2009年9月14日最高人民法院审判委员会第1473次会议通过　2009年9月21日最高人民法院公告公布　自2009年10月1日起施行）

为正确审理保险合同纠纷案件，切实维护当事人的合法权益，现就人民法院适用2009年2月28日第十一届全国人大常委会第七次会议修订的《中华人民共和国保险法》（以下简称保险法）的有关问题规定如下：

第一条 保险法施行后成立的保险合同发生的纠纷，适用保险法的规定。保险法施行前成立的保险合同发生的纠纷，除本解释另有规定外，适用当时的法律规定；当时的法律没有规定的，参照适用保险法的有关规定。

认定保险合同是否成立，适用合同订立时的法律。

第二条 对于保险法施行前成立的保险合同，适用当时的法律认定无效而适用保险法认定有效的，适用保险法的规定。

第三条 保险合同成立于保险法施行前而保险标的转让、保险事故、理赔、代位求偿等行为或事件，发生于保险法施行后的，适用保险法的规定。

第四条 保险合同成立于保险法施行前，保险法施行后，保险人以投保人未履行如实告知义务或者申报被保险人年龄不真实为由，主张解除合同的，适用保险法的规定。

第五条 保险法施行前成立的保险合同，下列情形下的期间自 2009 年 10 月 1 日起计算：

$\mathscr{P}_{8}$ （一）保险法施行前，保险人收到赔偿或者给付保险金的请求，保险法施行后，适用保险法第二十三条规定的三十日的；

$\mathscr{P}_{6}$ （二）保险法施行前，保险人知道解除事由，保险法施行后，
$\mathscr{P}_{10}$ 按照保险法第十六条、第三十二条的规定行使解除权，适用保险法第十六条规定的三十日的；

（三）保险法施行后，保险人按照保险法第十六条第二款的规定请求解除合同，适用保险法第十六条规定的二年的；

（四）保险法施行前，保险人收到保险标的转让通知，保险法施行后，以保险标的转让导致危险程度显著增加为由请求按照
$\mathscr{P}_{13}$ 合同约定增加保险费或者解除合同，适用保险法第四十九条规定的三十日的。

第六条 保险法施行前已经终审的案件，当事人申请再审或者按照审判监督程序提起再审的案件，不适用保险法的规定。

最高人民法院
关于适用《中华人民共和国保险法》若干问题的解释（二）

法释〔2013〕14号

（2013年5月6日最高人民法院审判委员会第1577次会议通过　2013年5月31日最高人民法院公告公布　自2013年6月8日起施行）

为正确审理保险合同纠纷案件，切实维护当事人的合法权益，根据《中华人民共和国保险法》《中华人民共和国合同法》《中华人民共和国民事诉讼法》等法律规定，结合审判实践，就保险法中关于保险合同一般规定部分有关法律适用问题解释如下：

第一条　财产保险中，不同投保人就同一保险标的分别投 𝒫13
保，保险事故发生后，被保险人在其保险利益范围内依据保险合 𝒫285
同主张保险赔偿的，人民法院应予支持。 𝒫5

第二条　人身保险中，因投保人对被保险人不具有保险利益 𝒫10
导致保险合同无效，投保人主张保险人退还扣减相应手续费后的 𝒫286
保险费的，人民法院应予支持。

第三条　投保人或者投保人的代理人订立保险合同时没有亲 𝒫41
自签字或者盖章，而由保险人或者保险人的代理人代为签字或者 𝒫286
盖章的，对投保人不生效。但投保人已经交纳保险费的，视为其对代签字或者盖章行为的追认。

保险人或者保险人的代理人代为填写保险单证后经投保人签字或者盖章确认的，代为填写的内容视为投保人的真实意思表
示。但有证据证明保险人或者保险人的代理人存在保险法第一百 𝒫25
一十六条、第一百三十一条相关规定情形的除外。 𝒫27

P5 P6 P288

第四条 保险人接受了投保人提交的投保单并收取了保险费，尚未作出是否承保的意思表示，发生保险事故，被保险人或者受益人请求保险人按照保险合同承担赔偿或者给付保险金责任，符合承保条件的，人民法院应予支持；不符合承保条件的，保险人不承担保险责任，但应当退还已经收取的保险费。

保险人主张不符合承保条件的，应承担举证责任。

P6 P289

第五条 保险合同订立时，投保人明知的与保险标的或者被保险人有关的情况，属于保险法第十六条第一款规定的投保人“应当如实告知”的内容。

P6 P289

第六条 投保人的告知义务限于保险人询问的范围和内容。当事人对询问范围及内容有争议的，保险人负举证责任。

保险人以投保人违反了对投保单询问表中所列概括性条款的如实告知义务为由请求解除合同的，人民法院不予支持。但该概括性条款有具体内容的除外。

P6 P289

第七条 保险人在保险合同成立后知道或者应当知道投保人未履行如实告知义务，仍然收取保险费，又依照保险法第十六条第二款的规定主张解除合同的，人民法院不予支持。

P6 P290

第八条 保险人未行使合同解除权，直接以存在保险法第十六条第四款、第五款规定的情形为由拒绝赔偿的，人民法院不予支持。但当事人就拒绝赔偿事宜及保险合同存续另行达成一致的情况除外。

P6 P291

第九条 保险人提供的格式合同文本中的责任免除条款、免赔额、免赔率、比例赔付或者给付等免除或者减轻保险人责任的条款，可以认定为保险法第十七条第二款规定的“免除保险人责任的条款”。

保险人因投保人、被保险人违反法定或者约定义务，享有解除合同权利的条款，不属于保险法第十七条第二款规定的“免除保险人责任的条款”。

P6

第十条 保险人将法律、行政法规中的禁止性规定情形作为保险合同免责条款的免责事由，保险人对该条款作出提示后，投保人、被保险人或者受益人以保险人未履行明确说明义务为由主张该条款不生效的，人民法院不予支持。

第十一条　保险合同订立时，保险人在投保单或者保险单等其他保险凭证上，对保险合同中免除保险人责任的条款，以足以引起投保人注意的文字、字体、符号或者其他明显标志作出提示的，人民法院应当认定其履行了保险法第十七条第二款规定的提示义务。 𝒫6 𝒫292

保险人对保险合同中有关免除保险人责任条款的概念、内容及其法律后果以书面或者口头形式向投保人作出常人能够理解的解释说明的，人民法院应当认定保险人履行了保险法第十七条第二款规定的明确说明义务。

第十二条　通过网络、电话等方式订立的保险合同，保险人以网页、音频、视频等形式对免除保险人责任条款予以提示和明确说明的，人民法院可以认定其履行了提示和明确说明义务。 𝒫6 𝒫292

第十三条　保险人对其履行了明确说明义务负举证责任。 𝒫6 𝒫293

投保人对保险人履行了符合本解释第十一条第二款要求的明确说明义务在相关文书上签字、盖章或者以其他形式予以确认的，应当认定保险人履行了该项义务。但另有证据证明保险人未履行明确说明义务的除外。

第十四条　保险合同中记载的内容不一致的，按照下列规则认定： 𝒫7

（一）投保单与保险单或者其他保险凭证不一致的，以投保单为准。但不一致的情形系经保险人说明并经投保人同意的，以投保人签收的保险单或者其他保险凭证载明的内容为准；

（二）非格式条款与格式条款不一致的，以非格式条款为准；

（三）保险凭证记载的时间不同的，以形成时间在后的为准；

（四）保险凭证存在手写和打印两种方式的，以双方签字、盖章的手写部分的内容为准。

第十五条　保险法第二十三条规定的三十日核定期间，应自保险人初次收到索赔请求及投保人、被保险人或者受益人提供的 𝒫8 𝒫293

有关证明和资料之日起算。

P8

保险人主张扣除投保人、被保险人或者受益人补充提供有关证明和资料期间的，人民法院应予支持。扣除期间自保险人根据保险法第二十二条规定作出的通知到达投保人、被保险人或者受益人之日起，至投保人、被保险人或者受益人按照通知要求补充提供的有关证明和资料到达保险人之日止。

P15

第十六条 保险人应以自己的名义行使保险代位求偿权。

P294

根据保险法第六十条第一款的规定，保险人代位求偿权的诉讼时效期间应自其取得代位求偿权之日起算。

P10

第十七条 保险人在其提供的保险合同格式条款中对非保险术语所作的解释符合专业意义，或者虽不符合专业意义，但有利于投保人、被保险人或者受益人的，人民法院应予认可。

P8

第十八条 行政管理部门依据法律规定制作的交通事故认定书、火灾事故认定书等，人民法院应当依法审查并确认其相应的证明力，但有相反证据能够推翻的除外。

P295 P15 P16

第十九条 保险事故发生后，被保险人或者受益人起诉保险人，保险人以被保险人或者受益人未要求第三者承担责任为由抗辩不承担保险责任的，人民法院不予支持。

财产保险事故发生后，被保险人就其所受损失从第三者取得赔偿后的不足部分提起诉讼，请求保险人赔偿的，人民法院应予依法受理。

第二十条 保险公司依法设立并取得营业执照的分支机构属于《中华人民共和国民事诉讼法》第四十八条规定的其他组织，可以作为保险合同纠纷案件的当事人参加诉讼。

第二十一条 本解释施行后尚未终审的保险合同纠纷案件，适用本解释；本解释施行前已经终审，当事人申请再审或者按照审判监督程序决定再审的案件，不适用本解释。

最高人民法院

关于适用《中华人民共和国保险法》若干问题的解释（三）

法释〔2015〕21号

（2015年9月21日最高人民法院审判委员会第1661次会议通过　2015年11月25日最高人民法院公告公布　自2015年12月1日起施行）

为正确审理保险合同纠纷案件，切实维护当事人的合法权益，根据《中华人民共和国保险法》、《中华人民共和国合同法》、《中华人民共和国民事诉讼法》等法律规定，结合审判实践，就保险法中关于保险合同章人身保险部分有关法律适用问题解释如下： P296

第一条　当事人订立以死亡为给付保险金条件的合同，根据保险法第三十四条的规定，“被保险人同意并认可保险金额”可以采取书面形式、口头形式或者其他形式；可以在合同订立时作出，也可以在合同订立后追认。 P10 P297

有下列情形之一的，应认定为被保险人同意投保人为其订立保险合同并认可保险金额：

（一）被保险人明知他人代其签名同意而未表示异议的；

（二）被保险人同意投保人指定的受益人的；

（三）有证据足以认定被保险人同意投保人为其投保的其他情形。

第二条　被保险人以书面形式通知保险人和投保人撤销其依据保险法第三十四条第一款规定所作出的同意意思表示的，可认 P10 P298

定为保险合同解除。

P10 P301

第三条 人民法院审理人身保险合同纠纷案件时，应主动审查投保人订立保险合同时是否具有保险利益，以及以死亡为给付保险金条件的合同是否经过被保险人同意并认可保险金额。

P10 P300

第四条 保险合同订立后，因投保人丧失对被保险人的保险利益，当事人主张保险合同无效的，人民法院不予支持。

P6 P302

第五条 保险合同订立时，被保险人根据保险人的要求在指定医疗服务机构进行体检，当事人主张投保人如实告知义务免除的，人民法院不予支持。

保险人知道被保险人的体检结果，仍以投保人未就相关情况履行如实告知义务为由要求解除合同的，人民法院不予支持。

P10 P299

第六条 未成年人父母之外的其他履行监护职责的人为未成年人订立以死亡为给付保险金条件的合同，当事人主张参照保险法第三十三条第二款、第三十四条第三款的规定认定该合同有效的，人民法院不予支持，但经未成年人父母同意的除外。

P6 P303

第七条 当事人以被保险人、受益人或者他人已经代为支付保险费为由，主张投保人对应的交费义务已经履行的，人民法院应予支持。

P11 P304

第八条 保险合同效力依照保险法第三十六条规定中止，投保人提出恢复效力申请并同意补交保险费的，除被保险人的危险程度在中止期间显著增加外，保险人拒绝恢复效力的，人民法院不予支持。

保险人在收到恢复效力申请后，三十日内未明确拒绝的，应认定为同意恢复效力。

保险合同自投保人补交保险费之日恢复效力。保险人要求投保人补交相应利息的，人民法院应予支持。

P11 P306

第九条 投保人指定受益人未经被保险人同意的，人民法院应认定指定行为无效。

当事人对保险合同约定的受益人存在争议，除投保人、被保险人在保险合同之外另有约定外，按以下情形分别处理：

（一）受益人约定为“法定”或者“法定继承人”的，以继承法规定的法定继承人为受益人；

（二）受益人仅约定为身份关系，投保人与被保险人为同一主体的，根据保险事故发生时与被保险人的身份关系确定受益人；投保人与被保险人为不同主体的，根据保险合同成立时与被保险人的身份关系确定受益人；

（三）受益人的约定包括姓名和身份关系，保险事故发生时身份关系发生变化的，认定为未指定受益人。

第十条 投保人或者被保险人变更受益人，当事人主张变更 𝒫12 𝒫307
行为自变更意思表示发出时生效的，人民法院应予支持。

投保人或者被保险人变更受益人未通知保险人，保险人主张变更对其不发生效力的，人民法院应予支持。

投保人变更受益人未经被保险人同意，人民法院应认定变更行为无效。

第十一条 投保人或者被保险人在保险事故发生后变更受益 𝒫12 𝒫308
人，变更后的受益人请求保险人给付保险金的，人民法院不予支持。

第十二条 投保人或者被保险人指定数人为受益人，部分受 𝒫11 𝒫309
益人在保险事故发生前死亡、放弃受益权或者依法丧失受益权的，该受益人应得的受益份额按照保险合同的约定处理；保险合同没有约定或者约定不明的，该受益人应得的受益份额按照以下情形分别处理：

（一）未约定受益顺序及受益份额的，由其他受益人平均享有；

（二）未约定受益顺序但约定受益份额的，由其他受益人按照相应比例享有；

（三）约定受益顺序但未约定受益份额的，由同顺序的其他受益人平均享有；同一顺序没有其他受益人的，由后一顺序的受益人平均享有；

（四）约定受益顺序和受益份额的，由同顺序的其他受益人按照相应比例享有；同一顺序没有其他受益人的，由后一顺序的受益人按照相应比例享有。

第十三条　保险事故发生后，受益人将与本次保险事故相对应的全部或者部分保险金请求权转让给第三人，当事人主张该转让行为有效的，人民法院应予支持，但根据合同性质、当事人约定或者法律规定不得转让的除外。

P12 **第十四条**　保险金根据保险法第四十二条规定作为被保险人遗产，被保险人的继承人要求保险人给付保险金，保险人以其已向持有保险单的被保险人的其他继承人给付保险金为由抗辩的，人民法院应予支持。

P12 **第十五条**　受益人与被保险人存在继承关系，在同一事件中死亡且不能确定死亡先后顺序的，人民法院应依据保险法第四十二条第二款的规定推定受益人死亡在先，并按照保险法及本解释的相关规定确定保险金归属。

P13 **第十六条**　保险合同解除时，投保人与被保险人、受益人为P309不同主体，被保险人或者受益人要求退还保险单的现金价值的，人民法院不予支持，但保险合同另有约定的除外。

P12 投保人故意造成被保险人死亡、伤残或者疾病，保险人依照P312保险法第四十三条规定退还保险单的现金价值的，其他权利人按照被保险人、被保险人的继承人的顺序确定。

第十七条　投保人解除保险合同，当事人以其解除合同未经P13被保险人或者受益人同意为由主张解除行为无效的，人民法院不P312予支持，但被保险人或者受益人已向投保人支付相当于保险单现金价值的款项并通知保险人的除外。

第十八条　保险人给付费用补偿型的医疗费用保险金时，主P313张扣减被保险人从公费医疗或者社会医疗保险取得的赔偿金额的，应当证明该保险产品在厘定医疗费用保险费率时已经将公费医疗或者社会医疗保险部分相应扣除，并按照扣减后的标准收取保险费。

P296 **第十九条**　保险合同约定按照基本医疗保险的标准核定医疗

费用，保险人以被保险人的医疗支出超出基本医疗保险范围为由拒绝给付保险金的，人民法院不予支持；保险人有证据证明被保险人支出的费用超过基本医疗保险同类医疗费用标准，要求对超出部分拒绝给付保险金的，人民法院应予支持。 𝒫315

第二十条　保险人以被保险人未在保险合同约定的医疗服务机构接受治疗为由拒绝给付保险金的，人民法院应予支持，但被保险人因情况紧急必须立即就医的除外。 𝒫316

第二十一条　保险人以被保险人自杀为由拒绝给付保险金的，由保险人承担举证责任。 𝒫12

受益人或者被保险人的继承人以被保险人自杀时无民事行为能力为由抗辩的，由其承担举证责任。

第二十二条　保险法第四十五条规定的“被保险人故意犯罪”的认定，应当以刑事侦查机关、检察机关和审判机关的生效法律文书或者其他结论性意见为依据。 𝒫12

第二十三条　保险人主张根据保险法第四十五条的规定不承担给付保险金责任的，应当证明被保险人的死亡、伤残结果与其实施的故意犯罪或者抗拒依法采取的刑事强制措施的行为之间存在因果关系。 𝒫12

被保险人在羁押、服刑期间因意外或者疾病造成伤残或者死亡，保险人主张根据保险法第四十五条的规定不承担给付保险金责任的，人民法院不予支持。

第二十四条　投保人为被保险人订立以死亡为给付保险金条件的保险合同，被保险人被宣告死亡后，当事人要求保险人按照保险合同约定给付保险金的，人民法院应予支持。

被保险人被宣告死亡之日在保险责任期间之外，但有证据证明下落不明之日在保险责任期间之内，当事人要求保险人按照保险合同约定给付保险金的，人民法院应予支持。

第二十五条　被保险人的损失系由承保事故或者非承保事故、免责事由造成难以确定，当事人请求保险人给付保险金的，人民法院可以按照相应比例予以支持。 𝒫8

第二十六条 本解释自2015年12月1日起施行。本解释施行后尚未终审的保险合同纠纷案件，适用本解释；本解释施行前已经终审，当事人申请再审或者按照审判监督程序决定再审的案件，不适用本解释。

最高人民法院

关于适用《中华人民共和国保险法》若干问题的解释（四）

法释〔2018〕13号

（2018年5月14日最高人民法院审判委员会第1738次会议通过 2018年7月31日最高人民法院公告公布 自2018年9月1日起施行）

𝒫316

为正确审理保险合同纠纷案件，切实维护当事人的合法权益，根据《中华人民共和国保险法》《中华人民共和国合同法》《中华人民共和国民事诉讼法》等法律规定，结合审判实践，就保险法中财产保险合同部分有关法律适用问题解释如下：

𝒫13 𝒫317

第一条 保险标的已交付受让人，但尚未依法办理所有权变更登记，承担保险标的毁损灭失风险的受让人，依照保险法第四十八条、第四十九条的规定主张行使被保险人权利的，人民法院应予支持。

𝒫6 𝒫317

第二条 保险人已向投保人履行了保险法规定的提示和明确说明义务，保险标的受让人以保险标的转让后保险人未向其提示或者明确说明为由，主张免除保险人责任的条款不生效的，人民法院不予支持。

𝒫13 𝒫317

第三条 被保险人死亡，继承保险标的的当事人主张承继被保险人的权利和义务的，人民法院应予支持。

第四条　人民法院认定保险标的是否构成保险法第四十九条、第五十二条规定的“危险程度显著增加”时，应当综合考虑以下因素： 𝒫13 𝒫14 𝒫318

（一）保险标的用途的改变；

（二）保险标的使用范围的改变；

（三）保险标的所处环境的变化；

（四）保险标的因改装等原因引起的变化；

（五）保险标的使用人或者管理人的改变；

（六）危险程度增加持续的时间；

（七）其他可能导致危险程度显著增加的因素。

保险标的危险程度虽然增加，但增加的危险属于保险合同订立时保险人预见或者应当预见的保险合同承保范围的，不构成危险程度显著增加。

第五条　被保险人、受让人依法及时向保险人发出保险标的转让通知后，保险人作出答复前，发生保险事故，被保险人或者受让人主张保险人按照保险合同承担赔偿保险金的责任的，人民法院应予支持。 𝒫13

第六条　保险事故发生后，被保险人依照保险法第五十七条的规定，请求保险人承担为防止或者减少保险标的的损失所支付的必要、合理费用，保险人以被保险人采取的措施未产生实际效果为由抗辩的，人民法院不予支持。 𝒫15 𝒫318 𝒫84

第七条　保险人依照保险法第六十条的规定，主张代位行使被保险人因第三者侵权或者违约等享有的请求赔偿的权利的，人民法院应予支持。 𝒫15 𝒫318

第八条　投保人和被保险人为不同主体，因投保人对保险标的的损害而造成保险事故，保险人依法主张代位行使被保险人对投保人请求赔偿的权利的，人民法院应予支持，但法律另有规定或者保险合同另有约定的除外。 𝒫15 𝒫318

第九条　在保险人以第三者为被告提起的代位求偿权之诉中，第三者以被保险人在保险合同订立前已放弃对其请求赔偿的 𝒫16

权利为由进行抗辩，人民法院认定上述放弃行为合法有效，保险人就相应部分主张行使代位求偿权的，人民法院不予支持。

𝒫16 保险合同订立时，保险人就是否存在上述放弃情形提出询问，投保人未如实告知，导致保险人不能代位行使请求赔偿的权利，保险人请求返还相应保险金的，人民法院应予支持，但保险人知道或者应当知道上述情形仍同意承保的除外。

𝒫16 𝒫318 **第十条** 因第三者对保险标的的损害而造成保险事故，保险人获得代位请求赔偿的权利的情况未通知第三者或者通知到达第三者前，第三者在被保险人已经从保险人处获赔的范围内又向被保险人作出赔偿，保险人主张代位行使被保险人对第三者请求赔偿的权利的，人民法院不予支持。保险人就相应保险金主张被保险人返还的，人民法院应予支持。

保险人获得代位请求赔偿的权利的情况已经通知到第三者，第三者又向被保险人作出赔偿，保险人主张代位行使请求赔偿的权利，第三者以其已经向被保险人赔偿为由抗辩的，人民法院不予支持。

𝒫16 **第十一条** 被保险人因故意或者重大过失未履行保险法第六十三条规定的义务，致使保险人未能行使或者未能全部行使代位请求赔偿的权利，保险人主张在其损失范围内扣减或者返还相应保险金的，人民法院应予支持。

𝒫16 **第十二条** 保险人以造成保险事故的第三者为被告提起代位求偿权之诉的，以被保险人与第三者之间的法律关系确定管辖法院。

𝒫16 **第十三条** 保险人提起代位求偿权之诉时，被保险人已经向第三者提起诉讼的，人民法院可以依法合并审理。

保险人行使代位求偿权时，被保险人已经向第三者提起诉讼，保险人向受理该案的人民法院申请变更当事人，代位行使被保险人对第三者请求赔偿的权利，被保险人同意的，人民法院应予准许；被保险人不同意的，保险人可以作为共同原告参加诉讼。

第十四条　具有下列情形之一的，被保险人可以依照保险法第六十五条第二款的规定请求保险人直接向第三者赔偿保险金： 𝒫16

（一）被保险人对第三者所负的赔偿责任经人民法院生效裁判、仲裁裁决确认；

（二）被保险人对第三者所负的赔偿责任经被保险人与第三者协商一致；

（三）被保险人对第三者应负的赔偿责任能够确定的其他情形。

前款规定的情形下，保险人主张按照保险合同确定保险赔偿责任的，人民法院应予支持。

第十五条　被保险人对第三者应负的赔偿责任确定后，被保险人不履行赔偿责任，且第三者以保险人为被告或者以保险人与被保险人为共同被告提起诉讼时，被保险人尚未向保险人提出直接向第三者赔偿保险金的请求的，可以认定为属于保险法第六十五条第二款规定的“被保险人怠于请求”的情形。 𝒫16 𝒫319

第十六条　责任保险的被保险人因共同侵权依法承担连带责任，保险人以该连带责任超出被保险人应承担的责任份额为由，拒绝赔付保险金的，人民法院不予支持。保险人承担保险责任后，主张就超出被保险人责任份额的部分向其他连带责任人追偿的，人民法院应予支持。 𝒫16 𝒫319

第十七条　责任保险的被保险人对第三者所负的赔偿责任已经生效判决确认并已进入执行程序，但未获得清偿或者未获得全部清偿，第三者依法请求保险人赔偿保险金，保险人以前述生效判决已进入执行程序为由抗辩的，人民法院不予支持。 𝒫16 𝒫319

第十八条　商业责任险的被保险人向保险人请求赔偿保险金的诉讼时效期间，自被保险人对第三者应负的赔偿责任确定之日起计算。

第十九条　责任保险的被保险人与第三者就被保险人的赔偿责任达成和解协议且经保险人认可，被保险人主张保险人在保险合同范围内依据和解协议承担保险责任的，人民法院应予支持。

被保险人与第三者就被保险人的赔偿责任达成和解协议，未经保险人认可，保险人主张对保险责任范围以及赔偿数额重新予以核定的，人民法院应予支持。

第二十条 责任保险的保险人在被保险人向第三者赔偿之前P16向被保险人赔偿保险金，第三者依照保险法第六十五条第二款的规定行使保险金请求权时，保险人以其已向被保险人赔偿为由拒绝赔偿保险金的，人民法院不予支持。保险人向第三者赔偿后，请求被保险人返还相应保险金的，人民法院应予支持。

第二十一条 本解释自2018年9月1日起施行。

本解释施行后人民法院正在审理的一审、二审案件，适用本解释；本解释施行前已经终审，当事人申请再审或者按照审判监督程序决定再审的案件，不适用本解释。

最高人民法院

关于审理海上保险纠纷案件若干问题的规定

法释〔2006〕10号

（2006年11月13日最高人民法院审判委员会第1405次会议通过 2006年11月23日最高人民法院公告公布 自2007年1月1日起施行）

P319为正确审理海上保险纠纷案件，依照《中华人民共和国海商法》、《中华人民共和国保险法》、《中华人民共和国海事诉讼特别程序法》和《中华人民共和国民事诉讼法》的相关规定，制定本规定。

P54 P3 P37**第一条** 审理海上保险合同纠纷案件，适用海商法的规定；海商法没有规定的，适用保险法的有关规定；海商法、保险法均没有规定的，适用合同法等其他相关法律的规定。

第二条 审理非因海上事故引起的港口设施或者码头作为保险标的的保险合同纠纷案件，适用保险法等法律的规定。 P55 P320

第三条 审理保险人因发生船舶触碰港口设施或者码头等保险事故，行使代位请求赔偿权利向造成保险事故的第三人追偿的案件，适用海商法的规定。 P55

第四条 保险人知道被保险人未如实告知海商法第二百二十二条第一款规定的重要情况，仍收取保险费或者支付保险赔偿，保险人又以被保险人未如实告知重要情况为由请求解除合同的，人民法院不予支持。 P56 P322

第五条 被保险人未按照海商法第二百三十四条的规定向保险人支付约定的保险费的，保险责任开始前，保险人有权解除保险合同，但保险人已经签发保险单证的除外；保险责任开始后，保险人以被保险人未支付保险费请求解除合同的，人民法院不予支持。 P58 P323

第六条 保险人以被保险人违反合同约定的保证条款未立即书面通知保险人为由，要求从违反保证条款之日起解除保险合同的，人民法院应予支持。 P58 P323

第七条 保险人收到被保险人违反合同约定的保证条款书面通知后仍支付保险赔偿，又以被保险人违反合同约定的保证条款为由请求解除合同的，人民法院不予支持。 P58 P324

第八条 保险人收到被保险人违反合同约定的保证条款的书面通知后，就修改承保条件、增加保险费等事项与被保险人协商未能达成一致的，保险合同于违反保证条款之日解除。 P58 P324

第九条 在航次之中发生船舶转让的，未经保险人同意转让的船舶保险合同至航次终了时解除。船舶转让时起至航次终了时止的船舶保险合同的权利、义务由船舶出让人享有、承担，也可以由船舶受让人继受。 P57 P325

船舶受让人根据前款规定向保险人请求赔偿时，应当提交有效的保险单证及船舶转让合同的证明。

第十条 保险人与被保险人在订立保险合同时均不知道保险 P57

P327 标的已经发生保险事故而遭受损失，或者保险标的已经不可能因发生保险事故而遭受损失的，不影响保险合同的效力。

P109 P328

第十一条 海上货物运输中因承运人无正本提单交付货物造成的损失不属于保险人的保险责任范围。保险合同当事人另有约定的，依约定。

P59 P328 P79

第十二条 发生保险事故后，被保险人为防止或者减少损失而采取的合理措施没有效果，要求保险人支付由此产生的合理费用的，人民法院应予支持。

P60 P329

第十三条 保险人在行使代位请求赔偿权利时，未依照海事诉讼特别程序法的规定，向人民法院提交其已经向被保险人实际支付保险赔偿凭证的，人民法院不予受理；已经受理的，裁定驳回起诉。

P60 P329

第十四条 受理保险人行使代位请求赔偿权利纠纷案件的人民法院应当仅就造成保险事故的第三人与被保险人之间的法律关系进行审理。

P60 P85 P331

第十五条 保险人取得代位请求赔偿权利后，以被保险人向第三人提起诉讼、提交仲裁、申请扣押船舶或者第三人同意履行义务为由主张诉讼时效中断的，人民法院应予支持。

P60

第十六条 保险人取得代位请求赔偿权利后，主张享有被保险人因申请扣押船舶取得的担保权利的，人民法院应予支持。

第十七条 本规定自 2007 年 1 月 1 日起施行。

最高人民法院

关于海上保险合同的保险人行使代位请求赔偿权利的诉讼时效期间起算日的批复

法释〔2014〕15号

（2014年10月27日最高人民法院审判委员会第1628次会议通过 2014年12月25日最高人民法院公告公布 自2014年12月26日起施行）

上海市高级人民法院：

你院《关于海事诉讼中保险人代位求偿的诉讼时效期间起算日相关法律问题的请示》（沪高法〔2014〕89号）收悉。经研究，批复如下：

依照《中华人民共和国海商法》及《最高人民法院关于审理海上保险纠纷案件若干问题的规定》关于保险人行使代位请求赔偿权利的相关规定，结合海事审判实践，海上保险合同的保险人行使代位请求赔偿权利的诉讼时效期间起算日，应按照《中华人民共和国海商法》第十三章规定的相关请求权之诉讼时效起算时间确定。 𝒫84 𝒫61

此复。

最高人民法院

关于审理道路交通事故损害赔偿案件适用法律若干问题的解释

法释〔2012〕19号

（2012年9月17日最高人民法院审判委员会第1556次会议通过　2012年11月27日最高人民法院公告公布　自2012年12月21日起施行）

为正确审理道路交通事故损害赔偿案件，根据《中华人民共和国侵权责任法》《中华人民共和国合同法》《中华人民共和国道路交通安全法》《中华人民共和国保险法》《中华人民共和国民事诉讼法》等法律的规定，结合审判实践，制定本解释。

一、关于主体责任的认定

第一条　机动车发生交通事故造成损害，机动车所有人或者管理人有下列情形之一，人民法院应当认定其对损害的发生有过错，并适用侵权责任法第四十九条的规定确定其相应的赔偿责任：

（一）知道或者应当知道机动车存在缺陷，且该缺陷是交通事故发生原因之一的；

（二）知道或者应当知道驾驶人无驾驶资格或者未取得相应驾驶资格的；

（三）知道或者应当知道驾驶人因饮酒、服用国家管制的精神药品或者麻醉药品，或者患有妨碍安全驾驶机动车的疾病等依法不能驾驶机动车的；

（四）其他应当认定机动车所有人或者管理人有过错的。

第二条 未经允许驾驶他人机动车发生交通事故造成损害，当事人依照侵权责任法第四十九条的规定请求由机动车驾驶人承担赔偿责任的，人民法院应予支持。机动车所有人或者管理人有过错的，承担相应的赔偿责任，但具有侵权责任法第五十二条规定情形的除外。

第三条 以挂靠形式从事道路运输经营活动的机动车发生交通事故造成损害，属于该机动车一方责任，当事人请求由挂靠人和被挂靠人承担连带责任的，人民法院应予支持。

第四条 被多次转让但未办理转移登记的机动车发生交通事故造成损害，属于该机动车一方责任，当事人请求由最后一次转让并交付的受让人承担赔偿责任的，人民法院应予支持。

第五条 套牌机动车发生交通事故造成损害，属于该机动车一方责任，当事人请求由套牌机动车的所有人或者管理人承担赔偿责任的，人民法院应予支持；被套牌机动车所有人或者管理人同意套牌的，应当与套牌机动车的所有人或者管理人承担连带责任。

第六条 拼装车、已达到报废标准的机动车或者依法禁止行驶的其他机动车被多次转让，并发生交通事故造成损害，当事人请求由所有的转让人和受让人承担连带责任的，人民法院应予支持。

第七条 接受机动车驾驶培训的人员，在培训活动中驾驶机动车发生交通事故造成损害，属于该机动车一方责任，当事人请求驾驶培训单位承担赔偿责任的，人民法院应予支持。

第八条 机动车试乘过程中发生交通事故造成试乘人损害，当事人请求提供试乘服务者承担赔偿责任的，人民法院应予支持。试乘人有过错的，应当减轻提供试乘服务者的赔偿责任。

第九条 因道路管理维护缺陷导致机动车发生交通事故造成损害，当事人请求道路管理者承担相应赔偿责任的，人民法院应予支持，但道路管理者能够证明已按照法律、法规、规章、国家标准、行业标准或者地方标准尽到安全防护、警示等管理维护义务的除外。

依法不得进入高速公路的车辆、行人，进入高速公路发生交通事故造成自身损害，当事人请求高速公路管理者承担赔偿责任的，适用侵权责任法第七十六条的规定。

第十条 因在道路上堆放、倾倒、遗撒物品等妨碍通行的行为，导致交通事故造成损害，当事人请求行为人承担赔偿责任的，人民法院应予支持。道路管理者不能证明已按照法律、法规、规章、国家标准、行业标准或者地方标准尽到清理、防护、警示等义务的，应当承担相应的赔偿责任。

第十一条 未按照法律、法规、规章或者国家标准、行业标准、地方标准的强制性规定设计、施工，致使道路存在缺陷并造成交通事故，当事人请求建设单位与施工单位承担相应赔偿责任的，人民法院应予支持。

第十二条 机动车存在产品缺陷导致交通事故造成损害，当事人请求生产者或者销售者依照侵权责任法第五章的规定承担赔偿责任的，人民法院应予支持。

第十三条 多辆机动车发生交通事故造成第三人损害，当事人请求多个侵权人承担赔偿责任的，人民法院应当区分不同情况，依照侵权责任法第十条、第十一条或者第十二条的规定，确定侵权人承担连带责任或者按份责任。

二、关于赔偿范围的认定

P233 P333
第十四条 道路交通安全法第七十六条规定的“人身伤亡”，是指机动车发生交通事故侵害被侵权人的生命权、健康权等人身权益所造成的损害，包括侵权责任法第十六条和第二十二条规定的各项损害。

P333
道路交通安全法第七十六条规定的“财产损失”，是指因机动车发生交通事故侵害被侵权人的财产权益所造成的损失。

P333
第十五条 因道路交通事故造成下列财产损失，当事人请求侵权人赔偿的，人民法院应予支持：

（一）维修被损坏车辆所支出的费用、车辆所载物品的损失、车辆施救费用；

（二）因车辆灭失或者无法修复，为购买交通事故发生时与被损坏车辆价值相当的车辆重置费用；

（三）依法从事货物运输、旅客运输等经营性活动的车辆，因无法从事相应经营活动所产生的合理停运损失；

（四）非经营性车辆因无法继续使用，所产生的通常替代性交通工具的合理费用。

三、关于责任承担的认定

P232

第十六条 同时投保机动车第三者责任强制保险（以下简称P16“交强险”）和第三者责任商业保险（以下简称“商业三者险”）P336的机动车发生交通事故造成损害，当事人同时起诉侵权人和保险公司的，人民法院应当按照下列规则确定赔偿责任：

（一）先由承保交强险的保险公司在责任限额范围内予以赔偿；

（二）不足部分，由承保商业三者险的保险公司根据保险合同予以赔偿；

（三）仍有不足的，依照道路交通安全法和侵权责任法的相关规定由侵权人予以赔偿。

被侵权人或者其近亲属请求承保交强险的保险公司优先赔偿精神损害的，人民法院应予支持。

第十七条 投保人允许的驾驶人驾驶机动车致使投保人遭受P337损害，当事人请求承保交强险的保险公司在责任限额范围内予以赔偿的，人民法院应予支持，但投保人为本车上人员的除外。

第十八条 有下列情形之一导致第三人人身损害，当事人请P336求保险公司在交强险责任限额范围内予以赔偿，人民法院应予支持：

（一）驾驶人未取得驾驶资格或者未取得相应驾驶资格的；

（二）醉酒、服用国家管制的精神药品或者麻醉药品后驾驶机动车发生交通事故的；

（三）驾驶人故意制造交通事故的。

保险公司在赔偿范围内向侵权人主张追偿权的，人民法院应予支持。追偿权的诉讼时效期间自保险公司实际赔偿之日起计算。

$\mathscr{P}_{338}$

第十九条 未依法投保交强险的机动车发生交通事故造成损害，当事人请求投保义务人在交强险责任限额范围内予以赔偿的，人民法院应予支持。

投保义务人和侵权人不是同一人，当事人请求投保义务人和侵权人在交强险责任限额范围内承担连带责任的，人民法院应予支持。

$\mathscr{P}_{16}$ $\mathscr{P}_{338}$

第二十条 具有从事交强险业务资格的保险公司违法拒绝承保、拖延承保或者违法解除交强险合同，投保义务人在向第三人承担赔偿责任后，请求该保险公司在交强险责任限额范围内承担相应赔偿责任的，人民法院应予支持。

$\mathscr{P}_{16}$ $\mathscr{P}_{100}$ $\mathscr{P}_{334}$ $\mathscr{P}_{335}$

第二十一条 多辆机动车发生交通事故造成第三人损害，损失超出各机动车交强险责任限额之和的，由各保险公司在各自责任限额范围内承担赔偿责任；损失未超出各机动车交强险责任限额之和，当事人请求由各保险公司按照其责任限额与责任限额之和的比例承担赔偿责任的，人民法院应予支持。

依法分别投保交强险的牵引车和挂车连接使用时发生交通事故造成第三人损害，当事人请求由各保险公司在各自的责任限额范围内平均赔偿的，人民法院应予支持。

$\mathscr{P}_{338}$

多辆机动车发生交通事故造成第三人损害，其中部分机动车未投保交强险，当事人请求先由已承保交强险的保险公司在责任限额范围内予以赔偿的，人民法院应予支持。保险公司就超出其应承担的部分向未投保交强险的投保义务人或者侵权人行使追偿权的，人民法院应予支持。

$\mathscr{P}_{16}$

第二十二条 同一交通事故的多个被侵权人同时起诉的，人民法院应当按照各被侵权人的损失比例确定交强险的赔偿数额。

第二十三条　机动车所有权在交强险合同有效期内发生变动，保险公司在交通事故发生后，以该机动车未办理交强险合同变更手续为由主张免除赔偿责任的，人民法院不予支持。 P16

机动车在交强险合同有效期内发生改装、使用性质改变等导致危险程度增加的情形，发生交通事故后，当事人请求保险公司在责任限额范围内予以赔偿的，人民法院应予支持。

前款情形下，保险公司另行起诉请求投保义务人按照重新核定后的保险费标准补足当期保险费的，人民法院应予支持。

第二十四条　当事人主张交强险人身伤亡保险金请求权转让或者设定担保的行为无效的，人民法院应予支持。

四、关于诉讼程序的规定

第二十五条　人民法院审理道路交通事故损害赔偿案件，应当将承保交强险的保险公司列为共同被告。但该保险公司已经在交强险责任限额范围内予以赔偿且当事人无异议的除外。 P16 P339

人民法院审理道路交通事故损害赔偿案件，当事人请求将承保商业三者险的保险公司列为共同被告的，人民法院应予准许。 P340

第二十六条　被侵权人因道路交通事故死亡，无近亲属或者近亲属不明，未经法律授权的机关或者有关组织向人民法院起诉主张死亡赔偿金的，人民法院不予受理。

侵权人以已向未经法律授权的机关或者有关组织支付死亡赔偿金为理由，请求保险公司在交强险责任限额范围内予以赔偿的，人民法院不予支持。 P16

被侵权人因道路交通事故死亡，无近亲属或者近亲属不明，支付被侵权人医疗费、丧葬费等合理费用的单位或者个人，请求保险公司在交强险责任限额范围内予以赔偿的，人民法院应予支持。

第二十七条　公安机关交通管理部门制作的交通事故认定书，人民法院应依法审查并确认其相应的证明力，但有相反证据推翻的除外。

五、关于适用范围的规定

第二十八条 机动车在道路以外的地方通行时引发的损害赔偿案件，可以参照适用本解释的规定。

第二十九条 本解释施行后尚未终审的案件，适用本解释；本解释施行前已经终审，当事人申请再审或者按照审判监督程序决定再审的案件，不适用本解释。

最高人民法院

关于审理出口信用保险合同纠纷案件适用相关法律问题的批复

法释〔2013〕13号

（2013年4月15日最高人民法院审判委员会第1575次会议通过 2013年5月2日最高人民法院公告公布 自2013年5月8日起施行）

广东省高级人民法院：

你院《关于出口信用保险合同法律适用问题的请示》（粤高法〔2012〕442号）收悉。经研究，批复如下：

对出口信用保险合同的法律适用问题，保险法没有作出明确规定。鉴于出口信用保险的特殊性，人民法院审理出口信用保险合同纠纷案件，可以参照适用保险法的相关规定；出口信用保险合同另有约定的，从其约定。

最高人民法院　中国保险监督管理委员会

关于全面推进保险纠纷诉讼与调解对接机制建设的意见

2016 年 11 月 4 日　　法〔2016〕374 号

开展保险纠纷诉讼与调解对接（下称诉调对接）机制建设，是贯彻落实党的十八大和十八届三中、四中、五中、六中全会精神完善多元化纠纷解决机制推进社会治理现代化的重要举措。自 2012 年最高人民法院和中国保监会联合下发《关于在全国部分地区开展建立保险纠纷诉讼与调解对接机制试点工作的通知》（法〔2012〕307 号）以来，试点地区人民法院与保险监管机构加强协同运作，发挥预防和化解社会矛盾的积极作用，促进保险纠纷依法、公正、高效解决，有效维护各方当事人合法权益，圆满完成各项试点任务。为贯彻落实《中共中央关于全面推进依法治国若干重大问题的决定》（中发〔2014〕10 号）有关完善多元化纠纷解决机制精神及《最高人民法院关于人民法院进一步深化多元化纠纷解决机制改革的意见》（法发〔2016〕14 号），现就进一步推进保险纠纷诉调对接机制建设工作提出以下意见：

一、总体要求

（一）指导思想

全面贯彻党的十八大和十八届三中、四中、五中、六中全会精神，以邓小平理论、“三个代表”重要思想、科学发展观为指导，深入贯彻习近平总书记系列重要讲话精神，紧紧围绕协调推进“四个全面”战略布局和“五大发展理念”，切实落实党中央国务院关于完善矛盾纠纷多元化解机制的要求，充分发挥人民法院、保险监管机构、保险行业组织预防和化解社会矛盾纠纷的积极作用，依法、公正、高效化解保险纠纷，不断提高调解公信力，为保险纠纷当事人提供便捷、高效、低成本的纠纷解决途径。

（二）基本原则

一是坚持依法公正。保险纠纷诉调对接工作应当依法、公正进行，严格遵守法律、行政法规和司法解释规定的程序，不得损害当事人及其他利害关系人的合法权益，不得违反法律的基本原则，不得损害社会公共利益。二是坚持调解自愿。开展保险纠纷诉调对接工作必须充分尊重各方当事人意愿，不得强制调解，保障当事人依法行使自己的民事权利和诉讼权利。三是坚持高效便民。开展保险纠纷诉调对接工作应注重工作效率，根据纠纷的实际情况，灵活确定调解方式方法，充分运用信息化手段，尽可能方便当事人。

（三）目标任务

1. 建立完善的保险纠纷多元化解决机制，为保险纠纷当事人提供更多可选择的纠纷解决渠道，实现诉调对接工作制度健全，机制运转顺畅，调解组织管理规范，调解程序合法公正，调解队伍专业稳定，依法、公正、高效化解矛盾纠纷，切实保护各方当事人的合法权益。

2. 积极扩大开展地区范围。除前期试点地区继续开展诉调对接工作外，保险纠纷诉调对接工作扩展至所有直辖市和省会（自治区首府）城市。各省、自治区、直辖市高级人民法院和保险监管机构应本着积极稳妥的原则，适时将保险纠纷诉调对接机制扩展到有纠纷化解需求、工作基础较好的地区。

二、加强平台建设

（四）完善平台设置

开展地区法院要将保险纠纷诉调对接平台建设与诉讼服务中

心建设结合起来，有条件的地区要积极设立保险纠纷调解室，供特邀调解组织、特邀调解员开展工作；要建立特邀调解组织名册、特邀调解员名册，向保险纠纷当事人提供完整、准确的调解组织和调解员信息，供当事人自愿选择。保险监管机构要结合辖区实际，指导当地保险行业协会建立健全保险纠纷调解组织，有条件的地区可以建立第三方保险纠纷调解组织，推动调解组织的规范化、标准化。保险行业协会应将本地区保险纠纷调解组织、调解员名单报当地保监局、保监分局备案，并由保监局、保监分局提供给对接法院建立本辖区调解组织、调解员名册。

（五）规范调解组织建设

保险行业协会要制定调解组织管理制度，建立调解组织的评价机制；筹集并管理调解组织运行经费，制定经费使用规范及费用支付标准；指导调解组织制定并完善调解组织的调解规则、档案管理、报表统计等制度，加强调解组织软硬件建设，实现调解组织规范化、标准化。

（六）加强调解员队伍建设

调解组织要建立和完善调解员的遴选、认证、培训、考核、奖惩、退出等制度；挑选业务熟练、经验丰富的人员专职负责调解工作的组织和实施；组建调解专家库，组织相关专业人员为具体纠纷调解工作提供指导；将调解员培训纳入年度工作计划，提高调解员的职业道德、法律知识、保险知识和调解技能水平。开展地区法院要加强对调解员的指导，并通过观摩法庭审判、开展法律知识讲座等形式对调解员进行培训，促进保险纠纷诉调对接工作持续开展。

（七）积极推动建立“一站式”纠纷解决模式

开展地区法院和保险纠纷调解组织应积极推动引导交通事故纠纷处理、医疗纠纷处理等领域建立“一站式”纠纷解决模式，推进纠纷的快速处理，切实减轻当事人负担。

三、规范运作程序

（八）明确案件范围

开展地区法院要按照《最高人民法院关于建立健全诉讼与非诉讼相衔接的矛盾纠纷解决机制的若干意见》（法发〔2009〕45号）和《最高人民法院关于人民法院进一步深化多元化纠纷解决机制改革的意见》的相关规定，有序开展保险纠纷诉调对接工作。保险纠纷诉调对接的案件范围为最高人民法院《民事案件案由规定》（法〔2011〕41号）中规定的保险纠纷以及其他与保险有关的民商事纠纷。开展地区可视情况在上述纠纷案件范围内开展诉调对接工作。

（九）完善立案前委派调解对接流程

1. 诉前引导。在收到保险纠纷起诉状或者口头起诉之后、登记立案之前，人民法院立案部门应引导当事人选择调解方式解决纠纷。当事人同意进行诉前调解的，应填写《立案前（诉前）调解申请书》等并签字确认，或者由人民法院向当事人出具《立案前（诉前）调解建议书》《立案前（诉前）调解确认书》等文件并由当事人签字确认。当事人明确表示不同意调解的，人民法院应当依法登记立案。

2. 委派调解。人民法院向保险纠纷调解组织发送立案前委派调解函及相关材料。

3. 组织调解。调解员根据调解程序依法开展调解工作。双方达成一致意见的，调解组织应制作调解协议书，由调解员和双方当事人签字确认；调解不成的，调解组织应及时函复人民法院，其中当事人申请立案的，人民法院应当依法登记立案。

4. 司法确认。当事人申请对调解协议进行司法确认的，人民法院应当根据《最高人民法院关于建立健全诉讼与非诉讼相衔接的矛盾纠纷解决机制的若干意见》《最高人民法院关于人民法院进一步深化多元化纠纷解决机制改革的意见》以及民事诉讼法相关规定，及时对调解协议进行审查，依法确认调解协议的效力。

（十）完善立案后委托调解对接流程

1. 委托调解。保险纠纷已经登记立案的，开展地区法院根据案件情况，经双方当事人同意，可以委托保险纠纷调解组织调解。由人民法院出具委托调解函，写明委托法院和承办法官、双方当事人、案由及案情简介等，连同起诉书、答辩状、主要证据材料复印件及清单等材料移送调解组织。

2. 组织调解。调解员根据调解程序依法开展调解工作。双方达成一致意见的，由调解组织制作调解协议书，调解员和双方当事人签字确认。调解组织应将调解结果及相关文件及时书面报送委托法院，人民法院依法审查后出具民事调解书。调解不成的，保险纠纷案件应及时恢复审理。

（十一）严格调解时限

人民法院委派或者委托调解的保险纠纷案件，调解组织应当自接受案件之日起二十个工作日内调解完毕（不包含伤残鉴定、损失评估等时间）。经双方当事人同意，可以适当延长，但最长不得超过七个工作日。

四、健全工作机制

（十二）构建多层次的保险纠纷诉调对接沟通联系机制

开展地区法院、保险监管机构等相关方应当定期召开保险纠纷诉调对接联席会议，沟通工作情况，协调重大典型保险纠纷案件调解，推进保险纠纷诉调对接工作深入有效开展。开展地区法院、保险监管机构、保险纠纷调解组织应当加强日常性联系沟通，及时就保险纠纷诉调对接工作中遇到的具体问题进行协调，提高工作质量和效率。

（十三）建立保险纠纷诉调对接信息共享机制

开展地区法院、保险监管机构、保险纠纷调解组织应健全保险纠纷诉调对接工作信息和数据的统计汇总制度，并定期交流信息和数据。对审判工作中发现的保险纠纷共性问题，人民法院应向保险监管机构、保险行业协会发出司法建议。

（十四）建立疑难纠纷指导机制

保险纠纷调解组织可以就保险纠纷调解中遇到的疑难问题和涉及的法律适用问题向人民法院提出咨询，人民法院应及时予以指导和答复。

（十五）探索建立在线调解机制

开展地区法院和保险纠纷调解组织应积极发挥信息技术手段对诉调对接机制建设的支持作用，依托互联网探索建立保险纠纷在线调解模式，促进保险纠纷诉调对接机制的信息化发展。

五、强化措施保障

（十六）加强组织领导

开展地区法院、保险监管机构要加大对保险纠纷诉调对接工作的领导和指导力度，根据具体实际联合制定保险纠纷诉调对接工作细则。开展地区法院所在辖区的高级人民法院、中级人民法院应指导、督促辖区内的诉调对接工作，推动诉调对接工作顺利开展。开展地区法院应明确由一个庭室统一负责保险纠纷诉调对接工作的对外协调，各相关庭室要积极参与配合保险纠纷诉调对接工作，注重沟通协作。保险监管机构应加强对调解组织的指导和监督，鼓励保险公司建立调解权限动态授予、异地授权、及时应调、快速审批等机制，保障基层分支机构能够通过调解解决保险纠纷。保险行业协会应通过组织会员公司签订行业自律公约的形式督促保险公司各级机构积极参与调解并及时履行调解协议。开展地区法院、保险监管机构和保险行业协会可以对保险纠纷诉调对接工作中表现突出的集体和个人予以表彰和宣传。

（十七）保障经费来源

开展地区法院、保险监管机构要积极争取当地党委、政府对保险纠纷诉调对接工作的支持，将诉调对接工作纳入当地矛盾纠纷多元化解工作经费保障范围。鼓励保险行业协会依法采取增加专项会费或者根据各会员公司调解案件数量收取费用等方式落实诉调对接机制经费保障，确保诉调对接工作有效进行。

（十八）完善司法确认程序

经保险纠纷调解组织主持调解达成具有民事合同性质的调解协议，当事人可以向调解组织所在地基层人民法院或者人民法庭依法申请确认其效力。登记立案前委派给保险纠纷调解组织调解达成的协议，当事人申请司法确认的，由调解组织所在地或者委派调解的基层人民法院管辖。

六、加强政策引导与宣传教育

（十九）注重政策引导

开展地区法院、保险监管机构、保险行业协会要积极引导当事人通过调解解决矛盾纠纷。人民法院要向当事人告知保险纠纷诉调对接的相关情况。保险监管机构、保险行业协会应督促保险公司在投保提示、索赔告知书、投诉处理告知书及保险合同中添加通过调解方式解决纠纷的内容，保险监管机构应在投诉处理告知书中添加通过调解方式解决纠纷的内容。

（二十）重视宣传教育

开展地区法院、保险监管机构、保险行业协会要加大宣传力度。人民法院应将保险纠纷诉调对接纳入法律宣传活动体系，保险监管机构、保险行业协会应将保险纠纷诉调对接机制纳入消费者教育体系，提升保险纠纷当事人以及社会公众对保险纠纷诉调对接机制的知晓度和信任度，增进社会公众对诉调对接工作的参与度，形成有利于推进诉调对接工作的良好氛围。

最高人民法院

关于在道路交通事故损害赔偿纠纷案件中机动车交通事故责任强制保险中的分项限额能否突破的请示的答复

2012年5月29日　　〔2012〕民一他字第17号

辽宁省高级人民法院：

你院〔2012〕辽民一他字第1号《关于在道路交通事故损害赔偿纠纷案件中，机动车交通事故责任强制保险中的分项限额能否突破的请示》已收悉，经研究，答复如下：

根据《中华人民共和国道路交通安全法》第十七条、《机动
P90 车交通事故责任强制保险条例》第二十三条，机动车发生交通事故后，受害人请求承保机动车第三者责任强制保险的保险公司对超出机动车第三者责任强制保险分项限额范围予以赔偿的，人民法院不予支持。

最高人民法院

关于保证保险合同纠纷案件法律适用问题的答复

2010年6月24日　　〔2006〕民二他字第43号

辽宁省高级人民法院：

你院《关于保证保险问题的请示报告》[〔2006〕辽高法疑

字第4号〕收悉。经研究答复如下：

汽车消费贷款保证保险是保险公司开办的一种保险业务。在该险种的具体实施中，由于合同约定的具体内容并不统一，在保险公司、银行和汽车销售代理商、购车人之间会形成多种法律关系。在当时法律规定尚不明确的情况下，应依据当事人意思自治原则确定合同的性质。你院请示所涉中国建设银行股份有限公司葫芦岛分行诉中国人民保险股份有限公司葫芦岛分公司保证保险合同纠纷案，在相关协议、合同中，保险人没有作出任何担保承诺的意思表示。因此，此案所涉保险单虽名为保证保险单，但性质上应属于保险合同。同意你院审判委员会多数意见，此案的保证保险属于保险性质。

此复

最高人民法院

关于对安徽省高级人民法院如何理解和适用《机动车交通事故责任强制保险条例》第二十二条的请示的复函

𝒫236

2009年10月20日　　〔2009〕民立他字第42号

安徽省高级人民法院：

你院二〇〇九年五月十九日报请的（2008）皖民申字第0440号《关于如何理解和适用〈机动车交通事故责任强制保险条例〉第二十二条的请示》收悉。经研究，答复如下：

同意你院审判委员会的少数人意见。

此复。

附：

安徽省高级人民法院
关于如何理解和适用《机动车交通事故责任强制保险条例》第二十二条的请示

2009年5月19日　　〔2008〕皖民申字第440号

最高人民法院：

本院在办理申请再审人董家玲与被申请人中国平安财产保险股份有限公司阜阳中心支公司财产保险合同纠纷一案时，对《机动车交通事故责任强制保险条例》第二十二条的理解和适用产生分歧。现将有关情况报告如下：

一、案件由来与审理经过

董家玲与中国平安财产保险股份有限公司阜阳中心支公司（简称平保阜阳公司）保险合同纠纷案，阜南县人民法院于2007年9月11日作出（2007）南民一初字第1238号民事判决。平保阜阳公司不服，提出上诉。牟阳市中级人民法院2007年12月7日作出的（2007）阜民二终字第120号民事判决，董家玲不服，于2008年9月24日向本院提出再审申请。本院立案受理并依法组成合议庭审查。

二、当事人基本情况

申请再审人（一审原告、二审被上诉人）：董家玲，女，1973年9月17日出生，汉族，安徽省阜南县人，市民，住阜南县城关镇苗寺家属院。

被申请人（一审被告、二审上诉人）：中国平安财产保险股份有限公司阜阳中心支公司。住所地阜阳市清河东路241号。

法定代表人：王跃华，经理。

三、原判情况

阜南县人民法院认定：2006 年 12 月 26 日，董家玲与平保阜阳公司签订了机动车交通事故责任强制保险合同，为其所有的皖 K43335 号松花江中型客车投保了交强险，保险期间自 2006 年 12 月 27 日起至 2007 年 12 月 26 日止。2007 年 1 月 26 日，孙世峰驾驶该车，将行人曹庆玲撞伤致死并逃离现场。公安交通部门认定，孙世峰醉酒后驾驶致使发生交通事故并驾车逃逸，应承担事故的全部责任，死者曹庆玲无责任。后董家玲及驾驶员孙世峰与受害人曹庆玲的近亲属达成民事赔偿协议，共同赔偿死亡赔偿金、丧葬费、赡养费等共计 11 万元，已履行完毕。阜南县人民法院制作了刑事附带民事调解书对上述协议予以确认。2007 年 6 月 11 日，阜南县人民法院以交通肇事罪判处孙世峰有期徒刑三年，缓刑五年。后董家玲以平保阜阳公司拒绝理赔为由提起诉讼，请求判令赔付交强险理赔款 5 万元。

该院认为：原、被告订立的机动车交通事故强制保险合同不违反法律规定，应为有效，双方均应按照合同的约定履行各自的权利义务。孙世峰醉酒后驾驶保险车辆在保险期限内发生交通事故致人死亡，且公安交通部门认定其车辆负事故全部责任、受害人无责任，依照《机动车交通事故强制保险条例》（简称《条例》）第二十一条“被保险机动车发生道路交通事故造成本车人员、被保险人以外的受害人人身伤亡、财产损失的，由保险公司依法在机动车交通事故责任强制保险责任限额范围内予以赔偿……”的规定，平保阜阳公司应赔偿因受害人死亡所造成的损失，即死亡赔偿金 5 万元。经人民法院调解，原告已赔偿了受害人近亲属包括死亡赔偿限额 5 万元在内所有损失，该事实诉辩双方均无异议。根据《条例》第三十一条“保险公司可以向被保险人赔偿保险金，也可以直接向受害人赔偿保险金”的规定，原告有权向被告索赔。虽被告辩称原告驾驶员醉酒发生交通事故不属于强制保险赔偿范围，但《条例》第二十二条规定：“有下列情形之一的，保险公司在机动车交通事故责任强制保险限额范围内垫付抢救费用，并有权向致害人追偿：（一）驾驶人未取得驾驶资格或者醉酒的……；有前款所列情形之一，发生道路交通事故的，造成受害人财产损失，保险公司不承担责任。”因此，在醉酒驾驶情况下，保险公司在交强险中的免赔范围仅限于财产损失，不包括造成受害人死亡、伤残时的死亡、伤残赔偿金。《中华人民共和国保险法》第三十一条规定：“对于保险合同的条款，保险人与投保人，被保险人和受益人发生争议时，人民法院或者仲裁机关应作出有利于被保险人和受益人的解释。”据此，阜南县人民法院判决平保阜阳公司给付董家玲死亡赔偿金5万元。平保阜阳公司不服，提出上诉。

阜阳市中级人民法院二审认为：本案的焦点问题是在投保交强险后，醉酒驾车致本车人员、被保险人以外的受害人死亡，保险公司是否应该赔偿受害人死亡赔偿金。根据《条例》第二十二条规定，对于醉酒驾车造成交通事故的，保险公司仅应在机动车交通事故责任强制保险责任限额范围内垫付抢救费用，而不包括其他费用，并且在垫付后还有权向致害人追偿。该规定实质上是保险公司免除承担保险责任的规定。垫付抢救期间的医疗费仅是为了能及时救助受害人，在受害人脱离危险以后，保险公司不承担其他责任，此在作为合同组成部分的《机动车交通事故责任强制保险条款》第九条亦有明确规定。《机动车交通事故责任强制保险条款》系保监会制定发布作为执行交强险的具体依据，保监会系国务院直属机构，其所发布的条款作为保险合同的组成部分，理应予以遵守。所以，本案中车主在承担责任后无权向保险公司主张索赔。原判适用法律不当，应予纠正。阜阳市中级人民法院依照《中华人民共和国民事诉讼法》第一百五十三条第一款第（二）项的规定，判决撤销阜南县人民法院一审判决，驳回董家玲的诉讼请求。

四、申请人董家玲申请再审的理由

董家玲申请再审称：原判适用法律错误。（1）原判曲解了《条例》第二十二条的立法本意。该条第二款仅规定醉酒驾驶发生交通事故造成受害人的财产损失保险公司不承担赔偿责任，并未规定对受害人的人身损害损失保险公司不承担赔偿责任。（2）原判适用的《机动车交通事故责任强制保险条款》的效力不及国务院颁布的《条例》。依据《中华人民共和国民事诉讼法》第一百七十九条第一款第（六）项的规定，请求对本案进行再审。

五、本院审委会意见

案经审委会讨论，形成两种意见：

第一种意见认为：原判适用法律错误。董家玲的再审申请符合《中华人民共和国民事诉讼法》第一百七十九条第一款第（六）项规定的情形，依法应裁定本案由本院提审；再审期间，中止原判决的执行。理由是：

1.《中华人民共和国道路交通安全法》第七十六条关于“机动车发生交通事故造成人身伤亡、财产损失的，由保险公司在机动车第三者责任强制保险责任限额范围内予以赔偿”的规定，明确了保险公司应对保险事故承担无过失赔偿责任，即投保交强险的机动车发生交通事故，致第三人人身伤亡及财产损失的，保险人应在责任限额内予以赔偿。

2.《条例》第二十二条就醉酒驾车等情形的免赔范围作出了限制性规定。该条第一款规定：“有下列情形之一的，保险公司在机动车交通事故责任强制保险限额范围内垫付抢救费用，并有权向致害人追偿：（一）驾驶人未取得驾驶资格或者醉酒的……”第二款规定：“有前款所列情形之一，发生道路交通事故的，造成受害人财产损失，保险公司不承担责任。”从《条例》第二十一条规定的人身伤亡、财产损失两种情形看，第二十二条第二款中的“财产损失”只应作限制性理解，不应包括死亡伤残赔偿金等项目。因此，本案中保险公司对受害人的财产损失依法不承担赔偿责任，但不能免除其支付受害人的死亡赔偿金的法定义务。

3.《条例》系国务院制定的行政法规，保监会制定的《机动车交通事故责任强制保险条款》第九条与《条例》相关条款发生法律冲突，应以《条例》为处理依据。

第二种意见认为：原判适用法律正确。董家玲的再审申请不符合《中华人民共和国民事诉讼法》第一百七十九条第一款第（六）项的规定，依法应裁定驳回其再审申请。理由是：

1. 对《条例》第二十二条中的“财产损失”应作广义理解。从《最高人民法院关于审理人身损害赔偿案件适用法律若干问题的解释》第一条“因生命、健康、身体遭受侵害，赔偿权利人起诉请求赔偿义务人赔偿财产损失和精神损害的，人民法院应予受理”的规定来看，“财产损失”系指与精神损害相对应的广义上的财产损失，因此，《条例》第二十二条的免赔范围包括因人身伤亡产生的各项经济损失，如伤残赔偿金、死亡赔偿金等。

2.《机动车交通事故责任强制保险条款》第九条规定：“被保险车辆在本条（一）至（四）之一的情形下发生的交通事故，造成受害人受伤需抢救的，保险人在接到公安机关交通管理部门的书面通知和医疗机构出具的抢救费用清单后，按照国务院卫生主管部门组织制定的交通事故人员创伤临床诊疗指南和国家基本医疗费用赔偿限额内垫付。被保险人在交通事故中无责任的，保险人在无责任医疗费用赔偿限额内垫付。对于其他损失和费用，保险人不负垫付和赔偿。（一）驾驶人未取得驾驶资格的；（二）驾驶人醉酒的；对于垫付的抢救费用，保险人有权向致害人追偿。”本案中，驾驶人醉酒驾车致人死亡，保险公司对受害人的死亡赔偿金依法不予理赔。

审委会倾向性意见：同意第一种意见，请示钧院。

最高人民法院研究室

关于新的人身损害赔偿审理标准是否适用于未到期机动车第三者责任保险合同问题的答复

P17

2004年6月4日　　法研〔2004〕81号

中国保险监督管理委员会办公厅：

你厅《关于新的人身损害赔偿审理标准是否适用于未到期机动车第三者责任保险合同问题的函》（保监厅函〔2004〕90号）收悉。经研究，答复如下：

《合同法》第四条规定："当事人依法享有自愿订立合同的权利，任何单位和个人不得非法干预。"《合同法》本条所确定的自愿原则是合同法中一项基本原则，应当适用于保险合同的订立。《保险法》第四条也规定，从事保险活动必须遵循自愿原则。因此，投保人与保险人在保险合同中有关"保险人按照《道路交通事故处理办法》规定的人身损害赔偿范围、项目和标准以及保险合同的约定，在保险单载明的责任限额内承担赔偿责任"的约定只是保险人应承担的赔偿责任的计算方法，而不是强制执行的标准，它不因《道路交通事故的处理办法》的失效而无效。我院《关于审理人身损害赔偿案件适用法律若干问题的解释》施行后，保险合同的当事人既可以继续履行2004年5月1日前签订的机动车辆第三者责任保险合同，也可以经协商依法变更保险合同。

最高人民法院
关于如何理解《中华人民共和国保险法》第六十五条“自杀”含义的请示的答复

2002 年 3 月 6 日　　〔2001〕民二他字第 18 号

江西省高级人民法院：

你院（2001）赣经请字第 3 号关于如何理解《中华人民共和国保险法》第六十五条“自杀”含义的请示收悉，经研究答复如下：

𝒫12 本案被保险人在投保后两年内因患精神病，在不能控制自己行为的情况下溺水身亡，不属于主动剥夺自己生命的行为，亦不具有骗取保险金的目的，故保险人应按合同约定承担保险责任。

此复

最高人民法院
关于中国上海抽纱进出口公司与中国太平洋保险公司上海分公司海上货物运输保险合同纠纷请示的复函

2001 年 1 月 3 日　　〔2000〕交他字第 8 号

上海市高级人民法院：

你院〔2000〕沪高经终字第 280 号关于《中国抽纱上海进出

口公司与中国太平洋保险公司上海分公司海上货物运输保险合同纠纷一案的请示》收悉。经研究，答复如下：

1. 关于无单放货是否属于保险理赔的责任范围问题。我们认 𝒫84
为，根据保险条款，保险条款一切险中的“提货不着”险并不是指所有的提货不着。无单放货是承运人违反凭单交货义务的行为，是其自愿承担的一种商业风险，而非货物在海运途中因外来原因所致的风险，不是保险合同约定由保险人应承保的风险；故无单放货不属于保险理赔的责任范围。

2. 关于在承运人和保险人均有赔偿责任的情况下，保险人 𝒫61
取得代位求偿权后，向承运人代位求偿的诉讼时效如何计算的问 𝒫295
题。我们认为，保险人取得的代位求偿权是被保险人移转的债权，保险人取代被保险人的法律地位后，对承运人享有的权利范围不得超过被保险人；凡承运人得以对抗被保险人而享有的抗辩权同样可以对抗保险人，该抗辩权包括因诉讼时效超过而拒绝赔付的抗辩权。保险人只能在被保险人有权享有的时效期间提起诉讼，即保险人取代被保险人向承运人代位求偿的诉讼时效亦为1年，应自承运人交付或应当交付货物之日起计算。

此复

最高人民法院

关于人民法院能否提取投保人在保险公司所投的第三人责任险应得的保险赔偿款问题的复函

2000年7月13日　　〔2000〕执他字第15号

江苏省高级人民法院：

你院〔1999〕苏法执他字第15号《关于人民法院能否提取投保人在保险公司所投的第三人责任险应得的保险赔偿款的请

示》收悉。经研究，答复如下：

𝒫16 人民法院受理此类申请执行案件，如投保人不履行义务时，人民法院可以依据债权人（或受益人）的申请向保险公司发出协助执行通知书，由保险公司依照有关规定理赔，并给付申请执行人；申请执行人对保险公司理赔数额有异议的，可通过诉讼予以解决；如保险公司无正当理由拒绝理赔的，人民法院可依法予以强制执行。

附：

江苏省高级人民法院
关于人民法院能否提取投保人在保险公司所投的第三人责任险应得的保险赔偿款问题的请示

1999年6月25日　　〔1999〕苏法执他字第15号

最高人民法院：

一、案件主要事实

近来，我省一些基层法院受理了不少交通事故损害赔偿申请执行案件，因投保人肇事后逃逸躲藏，下落不明，法院在裁定提取投保人在保险公司应得的第三人责任险赔偿款时，保险公司以投保人未索取，无法确定理赔数额为由，拒绝协助提取，造成类似案件无法执行，第三人的合法权益无法实现。

二、我院的意见

我院研究认为，根据《保险法》第五十条第一款的规定："保险人对责任保险的被保险人给第三者造成的损害，可以依照法律的规定或者合同的约定，直接向第三者赔偿保险金"，《合同法》第七十三条第一款规定："因债务人怠于行使到期债权，对债权人造成损害的，债权人可以向人民法院请求以自己名义代位行使债务人的债权，但该债权专属于债务人自身的除外”，以及《最高人民法院关于执行工作若干问题的规定（试行）》第三十六条的规定：“被执行人在有关单位的收入尚未支取的人民法院应当作出裁定，向该单位发出协助执行通知书，由其协助扣留或提取”，此类案件在执行过程中，人民法院向保险公司发出协助执行通知书，保险公司应予协助。

现予请示，请批复。

最高人民法院研究室

关于对《保险法》第十七条规定的“明确说明”应如何理解的问题的答复 P6

2000 年 1 月 24 日　　　　　　法研〔2000〕5 号

甘肃省高级人民法院：

你院甘高法研〔1999〕06 号《关于金昌市旅游局诉中保财产保险公司金川区支公司保险赔偿一案的请示报告》收悉。经研究，答复如下：

《中华人民共和国保险法》第十七条规定：“保险合同中规定有保险责任免除条款的，保险人应当向投保人明确说明，未明确说明的，该条款不发生法律效力。”这里所规定的“明确说明”，是指保险人在与投保人签订保险合同之前或者签订保险合同之时，对于保险合同中所约定的免责条款，除了在保险单上提示投保人注意外，还应当对有关免责条款的概念、内容及其法律后果等，以书面或者口头形式向投保人或其代理人作出解释，以使投保人明了该条款的真实含义和法律后果。

最高人民法院

𝒫12

关于保险金能否作为被保险人遗产的批复

1988 年 3 月 24 日　　　　　　〔1987〕民他字第 52 号

河北省高级人民法院：

你院冀法民〔1987〕1 号请示报告收悉。据报告称：栾城县南焦村个体三轮摩托车司机孙文兴于 1986 年 5 月 26 日运送货主张新国及其货物（锡锭）时，在京广铁路窦妪道口与火车相撞，致孙文兴、张新国双亡，三轮摩托车毁损。这次事故应由孙文兴负责。孙文兴生前在本县保险公司除投保了车损险（保险金为 3500 元），还投保了人身意外伤害险（保险金为 5000 元），并指定了受益人。现托运人张新国之妻梁聚芬向栾城县人民法院起诉，要求承运人孙文兴之妻郭香荣给予赔偿。

经征求有关部门的意见，现将你院请示关于人身保险金能否作为被保险人的遗产进行赔偿的问题，答复如下：

一、根据我国保险法规有关条文规定的精神，人身保险金能否列入被保险人的遗产，取决于被保险人是否指定了受益人。指定了受益人的，被保险人死亡后，其人身保险金应付给受益人；未指定受益人的，被保险人死亡后，其人身保险金应作为遗产处理，可以用来清偿债务或者赔偿。

二、财产保险与人身保险不同。财产保险不存在指定受益人的问题。因而，财产保险金属于被保险人的遗产。孙文兴投保的车损险是财产保险，属于他的遗产，可以用来清偿债务或者赔偿。

在处理本案时，应本着上述原则，适当注意保护债权人的利益，合情合理解决。

三、相关行政法规、部门规章、部门规范性文件

（一）综合

保险公司股权管理办法

（2018 年 3 月 2 日保监会令〔2018〕5 号公布
自 2018 年 4 月 10 日起实施）

第一章　总　则

第一条　为了加强保险公司股权监管，规范保险公司股东行为，保护投保人、被保险人、受益人的合法权益，维护保险市场秩序，根据《中华人民共和国公司法》《中华人民共和国保险法》等法律、行政法规，制定本办法。

第二条　保险公司股权管理遵循以下原则：

（一）资质优良，关系清晰；

（二）结构合理，行为规范；

（三）公开透明，流转有序。

第三条　中国保险监督管理委员会（以下简称中国保监会）按照实质重于形式的原则，依法对保险公司股权实施穿透式监管和分类监管。

股权监管贯穿于以下环节：

（一）投资设立保险公司；

（二）变更保险公司注册资本；

（三）变更保险公司股权；

（四）保险公司上市；

（五）保险公司合并、分立；

（六）保险公司治理；

（七）保险公司风险处置或者破产清算。

𝒫17 **第四条** 根据持股比例、资质条件和对保险公司经营管理的影响，保险公司股东分为以下四类：

（一）财务Ⅰ类股东。是指持有保险公司股权不足百分之五的股东。

（二）财务Ⅱ类股东。是指持有保险公司股权百分之五以上，但不足百分之十五的股东。

（三）战略类股东。是指持有保险公司股权百分之十五以上，但不足三分之一的股东，或者其出资额、持有的股份所享有的表决权已足以对保险公司股东（大）会的决议产生重大影响的股东。

（四）控制类股东。是指持有保险公司股权三分之一以上，或者其出资额、持有的股份所享有的表决权已足以对保险公司股东（大）会的决议产生控制性影响的股东。

第五条 中国保监会鼓励具备风险管理、科技创新、健康管理、养老服务等专业能力的投资人投资保险业，促进保险公司转型升级和优化服务。

第二章　股东资质

𝒫17 **第六条** 符合本办法规定条件的以下投资人，可以成为保险公司股东：

（一）境内企业法人；

（二）境内有限合伙企业；

（三）境内事业单位、社会团体；

（四）境外金融机构。

事业单位和社会团体只能成为保险公司财务Ⅰ类股东，国务院另有规定的除外。

自然人只能通过购买上市保险公司股票成为保险公司财务Ⅰ

类股东。中国保监会另有规定的除外。

第七条　资产管理计划、信托产品可以通过购买公开发行股票的方式投资上市保险公司。单一资产管理计划或者信托产品持有上市保险公司股票的比例不得超过该保险公司股本总额的百分之五。具有关联关系、委托同一或者关联机构投资保险公司的，投资比例合并计算。

第八条　财务Ⅰ类股东，应当具备以下条件：

（一）经营状况良好，有合理水平的营业收入；

（二）财务状况良好，最近一个会计年度盈利；

（三）纳税记录良好，最近三年内无偷漏税记录；

（四）诚信记录良好，最近三年内无重大失信行为记录；

（五）合规状况良好，最近三年内无重大违法违规记录；

（六）法律、行政法规以及中国保监会规定的其他条件。

第九条　财务Ⅱ类股东，除符合本办法第八条规定外，还应当具备以下条件：

（一）信誉良好，投资行为稳健，核心主业突出；

（二）具有持续出资能力，最近二个会计年度连续盈利；

（三）具有较强的资金实力，净资产不低于二亿元人民币；

（四）法律、行政法规以及中国保监会规定的其他条件。

第十条　战略类股东，除符合本办法第八条、第九条规定外，还应当具备以下条件：

（一）具有持续出资能力，最近三个会计年度连续盈利；

（二）净资产不低于十亿元人民币；

（三）权益性投资余额不得超过净资产；

（四）法律、行政法规以及中国保监会规定的其他条件。

第十一条　控制类股东，除符合本办法第八条、第九条、第十条规定外，还应当具备以下条件：

（一）总资产不低于一百亿元人民币；

（二）最近一年末净资产不低于总资产的百分之三十；

（三）法律、行政法规以及中国保监会规定的其他条件。

国家另有规定的，金融机构可以不受前款第二项限制。

第十二条 投资人为境内有限合伙企业的，除符合本办法第八条、第九条规定外，还应当具备以下条件：

（一）其普通合伙人应当诚信记录良好，最近三年内无重大违法违规记录；

（二）设有存续期限的，应当承诺在存续期限届满前转让所持保险公司股权；

（三）层级简单，结构清晰。

境内有限合伙企业不得发起设立保险公司。

第十三条 投资人为境内事业单位、社会团体的，除符合本办法第八条规定外，还应当具备以下条件：

（一）主营业务或者主要事务与保险业相关；

（二）不承担行政管理职能；

（三）经上级主管机构批准同意。

第十四条 投资人为境内金融机构的，还应当符合法律、行政法规的规定和所在行业金融监管机构的监管要求。

第十五条 投资人为境外金融机构的，除符合上述股东资质要求规定外，还应当具备以下条件：

（一）最近三个会计年度连续盈利；

（二）最近一年末总资产不低于二十亿美元；

（三）最近三年内国际评级机构对其长期信用评级为 A 级以上；

（四）符合所在地金融监管机构的监管要求。

𝒫17 **第十六条** 保险公司发起设立保险公司，或者成为保险公司控制类股东的，应当具备以下条件：

（一）开业三年以上；

（二）公司治理良好，内控健全；

（三）最近一个会计年度盈利；

（四）最近一年内总公司无重大违法违规记录；

（五）最近三年内无重大失信行为记录；

（六）净资产不低于三十亿元人民币；

（七）最近四个季度核心偿付能力充足率不低于百分之七十五，综合偿付能力充足率不低于百分之一百五十，风险综合评级不低于 B 类；

（八）中国保监会规定的其他条件。

第十七条　关联方、一致行动人合计持股达到财务Ⅱ类、战略类或者控制类股东标准的，其持股比例最高的股东应当符合本办法规定的相应类别股东的资质条件，并报中国保监会批准。

自投资入股协议签订之日前十二个月内具有关联关系的，视为关联方。

第十八条　投资人有下列情形之一的，不得成为保险公司的股东：

（一）因严重失信行为被国家有关单位确定为失信联合惩戒对象且应当在保险领域受到相应惩戒；

（二）股权结构不清晰或者存在权属纠纷；

（三）曾经委托他人或者接受他人委托持有保险公司股权；

（四）曾经投资保险业，存在提供虚假材料或者作不实声明的行为；

（五）曾经投资保险业，对保险公司经营失败负有重大责任未逾三年；

（六）曾经投资保险业，对保险公司重大违规行为负有重大责任；

（七）曾经投资保险业，拒不配合中国保监会监督检查。

第十九条　投资人成为保险公司的控制类股东，应当具备投资保险业的资本实力、风险管控能力和审慎投资理念。投资人有下列情形之一的，不得成为保险公司的控制类股东：

（一）现金流量波动受经济景气影响较大；

（二）经营计划不具有可行性；

（三）财务能力不足以支持保险公司持续经营；

（四）核心主业不突出且其经营范围涉及行业过多；

（五）公司治理结构与机制存在明显缺陷；

（六）关联企业众多、股权关系复杂且不透明、关联交易频繁且异常；

（七）在公开市场上有不良投资行为记录；

（八）曾经有不诚信商业行为，造成恶劣影响；

（九）曾经被有关部门查实存在不正当行为；

（十）其他对保险公司产生重大不利影响的情况。

保险公司实际控制人适用前款规定。

第三章　股权取得

第二十条　投资人可以通过以下方式取得保险公司股权：

（一）发起设立保险公司；

（二）认购保险公司发行的非上市股权；

（三）以协议方式受让其他股东所持有的保险公司股权；

（四）以竞价方式取得其他股东公开转让的保险公司股权；

（五）从股票市场购买上市保险公司股权；

（六）购买保险公司可转换债券，在符合合同约定条件下，取得保险公司股权；

（七）作为保险公司股权的质权人，在符合有关规定的条件下，取得保险公司股权；

（八）参与中国保监会对保险公司的风险处置取得股权；

（九）通过行政划拨取得保险公司股权；

（十）中国保监会认可的其他方式。

第二十一条　保险公司的投资人应当充分了解保险行业的经营特点、业务规律和作为保险公司股东所应当承担的责任和义务，知悉保险公司的经营管理状况和潜在风险等信息。

投资人投资保险公司的，应当出资意愿真实，并且履行必要的内部决策程序。

第二十二条　以发起设立保险公司方式取得保险公司股权的，应当按照《中华人民共和国保险法》和《保险公司管理规定》等规定的条件和程序，完成保险公司的筹建和开业。

第二十三条　认购保险公司发行的股权或者受让其他股东所持有的保险公司股权的，应当按照保险公司章程的约定，经保险公司履行相应内部审查和决策程序后，按照本办法规定报中国保监会批准或者备案。

保险公司章程约定股东对其他股东的股权有优先购买权的，转让股权的股东应当主动要求保险公司按照章程约定，保障其他股东行使优先购买权。

第二十四条　保险公司股权采取协议或者竞价方式转让的，保险公司应当事先向投资人告知本办法的有关规定。

参加竞价的投资人应当符合本办法有关保险公司股东资格条件的规定。竞得保险公司股权后，应当按照本办法的规定，报中国保监会批准或者备案。不予批准的，相关投资人应当自不予批准之日起一年内转出。

第二十五条　投资人从股票市场购买上市保险公司股票，所持股权达到本办法第五十五条规定比例的，应当报中国保监会批准。不予批准的，应当自不予批准之日起五十个交易日内转出。如遇停牌，应当自复牌之日起十个交易日内转出。

第二十六条　投资人通过购买保险公司可转换债券，按照合同条件转为股权的，或者通过质押权实现取得保险公司股权的，应当按照本办法规定报中国保监会批准或者备案。

第二十七条　股权转让涉及国有资产的，应当符合国有资产管理的有关规定。

通过行政划拨等方式对保险公司国有股权合并管理的，应当符合本办法关于持股比例和投资人条件的规定，国家另有规定的除外。

第二十八条　通过参与员工持股计划取得股权的，持股方式和持股比例由中国保监会另行规定。

第二十九条　保险公司股东持股比例除符合本办法第四条、第六条规定外，还应当符合以下要求：

（一）单一股东持股比例不得超过保险公司注册资本的三分之一；

（二）单一境内有限合伙企业持股比例不得超过保险公司注册资本的百分之五，多个境内有限合伙企业合计持股比例不得超过保险公司注册资本的百分之十五。

保险公司因为业务创新、专业化或者集团化经营需要投资设立或者收购保险公司的，其出资或者持股比例上限不受限制。

股东与其关联方、一致行动人的持股比例合并计算。

第三十条 投资人及其关联方、一致行动人只能成为一家经营同类业务的保险公司的控制类股东。投资人为保险公司的，不得投资设立经营同类业务的保险公司。

投资人及其关联方、一致行动人，成为保险公司控制类和战略类股东的家数合计不得超过两家。

保险公司因为业务创新或者专业化经营投资设立保险公司的，不受本条第一款、第二款限制，但不得转让其设立保险公司的控制权。成为两家以上保险公司控制类股东的，不得成为其他保险公司的战略类股东。

根据国务院授权持有保险公司股权的投资主体，以及经中国保监会批准参与保险公司风险处置的公司和机构不受本条第一款和第二款限制。

第三十一条 投资人不得委托他人或者接受他人委托持有保险公司股权。

第四章 入股资金

P17 **第三十二条** 投资人取得保险公司股权，应当使用来源合法的自有资金。中国保监会另有规定的除外。

本办法所称自有资金以净资产为限。投资人不得通过设立持股机构、转让股权预期收益权等方式变相规避自有资金监管规定。根据穿透式监管和实质重于形式原则，中国保监会可以对自有资金来源向上追溯认定。

$\mathscr{P}_{17}$

第三十三条　投资人应当用货币出资，不得用实物、知识产权、土地使用权等非货币财产作价出资。

中国保监会对保险集团（控股）公司另有规定的除外。

第三十四条　投资人为保险公司的，不得利用其注册资本向其子公司逐级重复出资。

第三十五条　投资人不得直接或者间接通过以下资金取得保险公司股权：

（一）与保险公司有关的借款；

（二）以保险公司存款或者其他资产为担保获取的资金；

（三）不当利用保险公司的财务影响力，或者与保险公司的不正当关联关系获取的资金；

（四）以中国保监会禁止的其他方式获取的资金。

严禁挪用保险资金，或者以保险公司投资信托计划、私募基金、股权投资等获取的资金对保险公司进行循环出资。

第三十六条　保险公司和保险公司筹备组，应当按照国家有关规定，开立和使用验资账户。

投资人向保险公司出资，应当经会计师事务所验资并出具验资证明。

第五章　股东行为

第三十七条　保险公司的股权结构应当清晰、合理，并且应当向中国保监会说明实际控制人情况。

第三十八条　保险公司股东应当按照《中华人民共和国公司法》的规定，以及保险公司章程的约定，依法行使股东权利，履行股东义务。

第三十九条　保险公司应当在章程中约定，股东有下列情形之一的，不得行使股东（大）会参会权、表决权、提案权等股东权利，并承诺接受中国保监会的处置措施：

（一）股东变更未经中国保监会批准或者备案；

（二）股东的实际控制人变更未经中国保监会备案；

（三）委托他人或者接受他人委托持有保险公司股权；

（四）通过接受表决权委托、收益权转让等方式变相控制股权；

（五）利用保险资金直接或者间接自我注资、虚假增资；

（六）其他不符合监管规定的出资行为、持股行为。

第四十条 保险公司股东应当建立有效的风险隔离机制，防止风险在股东、保险公司以及其他关联机构之间传染和转移。

第四十一条 保险公司股东不得与保险公司进行不正当的关联交易，不得利用其对保险公司经营管理的影响力获取不正当利益。

第四十二条 保险公司需要采取增资方式解决偿付能力不足的，股东负有增资的义务。不能增资或者不增资的股东，应当同意其他股东或者投资人采取合理方案增资。

第四十三条 保险公司发生风险事件或者重大违法违规行为，被中国保监会采取接管等风险处置措施的，股东应当积极配合。

第四十四条 保险公司控制类股东应当严格依法行使对保险公司的控制权，不得利用其控制地位损害保险公司及其他利益相关方的合法权益。

第四十五条 保险公司控股股东对保险公司行使股东权利义务的，应当符合中国保监会关于控股股东的规定。

保险集团（控股）公司对其控股保险公司行使股东权利义务的，应当符合中国保监会关于保险集团（控股）公司的规定。

第四十六条 保险公司股东应当如实向保险公司报告财务信息、股权结构、入股保险公司的资金来源、控股股东、实际控制人、关联方、一致行动人等信息。

保险公司股东的控股股东、实际控制人发生变化的，该股东应当及时将变更情况、变更后的关联方及关联关系情况、一致行动人情况书面通知保险公司。

第四十七条 保险公司股东依法披露的信息应当真实、准确、完整，不得有虚假记载、误导性陈述或者重大遗漏。

第四十八条　保险公司股东应当自发生以下情况之日起十五个工作日内，书面通知保险公司：

（一）所持保险公司股权被采取诉讼保全措施或者被强制执行；

（二）所持有的保险公司股权被质押或者解质押；

（三）股权变更取得中国保监会许可后未在三个月内完成变更手续；

（四）名称变更；

（五）合并、分立；

（六）解散、破产、关闭、被接管；

（七）其他可能导致所持保险公司股权发生变化的情况。

第四十九条　保险公司股东质押其持有的保险公司股权的，不得损害其他股东和保险公司的利益。

保险公司股东不得利用股权质押形式，代持保险公司股权、违规关联持股以及变相转移股权。

保险公司股东质押股权时，不得与质权人约定债务人不履行到期债务时被质押的保险公司股权归债权人所有，不得约定由质权人或者其关联方行使表决权等股东权利，也不得采取股权收益权转让等其他方式转移保险公司股权的控制权。

第五十条　投资人自成为控制类股东之日起五年内不得转让所持有的股权，自成为战略类股东之日起三年内不得转让所持有的股权，自成为财务Ⅱ类股东之日起二年内不得转让所持有的股权，自成为财务Ⅰ类股东之日起一年内不得转让所持有的股权。

经中国保监会批准进行风险处置的，中国保监会责令依法转让股权的，或者在同一控制人控制的不同主体之间转让股权等特殊情形除外。

第六章　股权事务

第五十一条　保险公司董事会办公室是保险公司处理股权事

务的办事机构。

保险公司董事长和董事会秘书是保险公司处理股权事务的直接责任人。

第五十二条 行政许可申请、事项报告或者资料报送等股权事务，由保险公司负责办理。必要时经中国保监会同意可以由股东直接提交相关材料。

发起设立保险公司的，由全部发起人或者经授权的发起人向中国保监会提交相关材料。

𝒫20 **第五十三条** 保险公司变更持有百分之五以上股权的股东，应当经中国保监会批准。

保险公司变更持有不足百分之五股权的股东，应当报中国保监会备案，并在保险公司官方网站以及中国保监会指定网站公开披露，上市保险公司除外。

保险公司股东的实际控制人变更，保险公司股东持有的保险公司股权价值占该股东总资产二分之一以上的，实际控制人应当符合本办法关于股东资质的相关要求，并向保险公司及时提供相关材料，保险公司应当在变更前二十个工作日内将相关情况报中国保监会备案。

第五十四条 保险公司应当自股东签署股权转让协议书之日起三个月内，报中国保监会批准或者备案。

第五十五条 投资人购买上市保险公司股票，其所持股权比例达到保险公司股本总额的百分之五、百分之十五和三分之一的，应当自交易之日起五个工作日内向保险公司书面报告，保险公司应当在收到报告后十个工作日内报中国保监会批准。

第五十六条 保险公司的股东及其控股股东或者实际控制人发生本办法第四十六条第二款或者第四十八条规定情形的，保险公司应当自知悉之日起十个工作日内，向中国保监会书面报告。

第五十七条 保险公司应当按照有关监管规定，及时、真实、准确、完整地披露保险公司相关股权信息，披露内容包括：

（一）股权结构及变动情况；

（二）持股百分之五以上股东及其控股股东及实际控制人情况；

（三）财务Ⅱ类股东、战略类股东、控制类股东及其控股股东、实际控制人、关联方、一致行动人变更情况；

（四）相关股东出质保险公司股权情况；

（五）股东提名董事、监事情况；

（六）中国保监会规定的其他信息。

第五十八条　投资人成为保险公司控制类股东的，保险公司应当修改公司章程，对董事提名和选举规则，中小股东和投保人、被保险人、受益人利益保护作出合理安排。

第五十九条　保险公司应当加强股东股权管理，对股东及其控股股东、实际控制人、关联方及一致行动人信息进行核实并掌握其变动情况，就股东对保险公司经营决策的影响进行判断，依法及时、准确、完整地报告或者披露相关信息。

第六十条　保险公司应当自中国保监会核准或者备案之日起三个月内完成章程变更和工商登记手续。

未在规定时间内完成变更的，保险公司应当及时向中国保监会书面报告。

第六十一条　保险公司应当加强对股权质押和解质押的管理，在股东名册上记载质押相关信息，并及时协助股东向有关机构办理出质登记。

第七章　材料申报

第六十二条　申请发起设立或者投资入股保险公司的，保险 P17
公司或者投资人应当按照中国保监会的要求提交申报材料，申报材料必须真实、准确、完整。

申报材料包括基本情况类、财务信息类、公司治理类、附属信息类以及中国保监会要求提交的其他相关材料。

第六十三条　基本情况类材料包括以下具体文件：

（一）营业执照复印件；

（二）经营范围的说明；

（三）组织管理架构图；

（四）对外长期股权投资的说明；

（五）自身以及关联机构投资入股其他金融机构等情况的说明。

第六十四条 财务信息类材料包括以下具体文件：

（一）财务Ⅰ类股东经会计师事务所审计的最近一年的财务会计报告，财务Ⅱ类股东经会计师事务所审计的最近二年的财务会计报告，境外金融机构、战略类股东、控制类股东经会计师事务所审计的最近三年的财务会计报告；

（二）关于入股资金来源的说明；

（三）最近三年的纳税证明；

（四）由征信机构出具的投资人征信记录；

（五）国际评级机构对境外金融机构最近三年的长期信用评级；

（六）最近四个季度的偿付能力报告。

第六十五条 公司治理类材料包括以下具体文件：

（一）逐级披露股权结构至最终权益持有人的说明；

（二）股权信息公开披露的相关证明材料；

（三）控股股东、实际控制人及其最近一年内的变更情况的说明；

（四）投资人共同签署的股权认购协议书或者转让方与受让方共同签署的股权转让协议；

（五）股东（大）会或者董事会同意其投资的证明材料；

（六）投资人及其实际控制人与保险公司其他投资人之间关联关系、一致行动的情况说明，新设保险机构还应当提供关联方的基本情况说明；

（七）保险公司实际控制人，或者控制类股东实际控制人的履职经历、经营记录、既往投资情况等说明材料；

（八）控制类股东关于公司治理、经营计划、后续资金安排等情况的说明。

第六十六条　附属信息类材料包括以下具体文件：

（一）投资人关于报送材料的授权委托书；

（二）主管机构同意其投资的证明材料；

（三）金融机构审慎监管指标报告；

（四）金融监管机构出具的监管意见；

（五）无重大违法违规记录的声明；

（六）中国保监会要求出具的其他声明或者承诺书。

第六十七条　境内有限合伙企业向保险公司投资入股，除提交本办法第六十三条至第六十六条规定的有关材料外，还应当提交以下材料：

（一）资金来源和合伙人名称或者姓名、国籍、经营范围或者职业、出资额等背景情况的说明材料；

（二）负责执行事务的合伙人关于资金来源不违反反洗钱有关规定的承诺；

（三）合伙人与保险公司其他投资人之间的关联关系的说明。

第六十八条　保险公司变更注册资本，应当向中国保监会提出书面申请，并应当提交以下材料：

（一）公司股东（大）会通过的增加或者减少注册资本的决议；

（二）增加或者减少注册资本的方案和可行性研究报告；

（三）增加或者减少注册资本后的股权结构；

（四）验资报告和股东出资或者减资证明；

（五）参与增资股东经会计师事务所审计的财务会计报告；

（六）退股股东的名称、基本情况以及减资金额；

（七）中国保监会规定的其他材料。

保险公司新增股东的，应当提交本办法第六十三条至第六十六条规定的有关材料。

第六十九条　股东转让保险公司股权的，保险公司应当报中国保监会批准或者备案，并提交股权转让协议和受让方经会计师事务所审计的财务会计报告。

受让方为新增股东的，保险公司还应当提交本办法第六十三条至第六十六条规定的有关材料。

第七十条 保险公司向中国保监会报告股权被采取诉讼保全或者被强制执行时，应当提交有关司法文件。

第七十一条 保险公司向中国保监会报告股权质押或者解质押时，应当提交以下材料：

（一）质押和解质押有关情况的书面报告；

（二）质押或者解质押合同；

（三）主债权债务合同或者股权收益权转让合同；

（四）有关部门出具的登记文件；

（五）出质人与债务人关系的说明；

（六）股东关于质押行为符合公司章程和监管要求的声明，并承诺如提供不实声明将自愿接受监管部门对其所持股权采取处置措施；

（七）截至报告日股权质押的全部情况；

（八）中国保监会规定的其他材料。

其中，书面报告应当包括出质人、债务人、质权人基本情况，被担保债权的种类和数额，债务人履行债务的期限，出质股权的数量，担保的范围，融入资金的用途，资金偿还能力以及相关安排，可能引发的风险以及应对措施等内容。质权人为非金融企业的，还应当说明质权人融出资金的来源，以及质权人与出质人的关联关系情况。

第七十二条 保险公司向中国保监会报告股东更名时，应当提交股东更名后的营业执照和有关部门出具的登记文件。

第八章 监督管理

第七十三条 中国保监会加强对保险公司股东的穿透监管和审查，可以对保险公司股东及其实际控制人、关联方、一致行动人进行实质认定。

中国保监会采取以下措施对保险公司股权实施监管：

（一）依法对股权取得或者变更实施审查；

（二）根据有关规定或者监管需要，要求保险公司报告股权有关事项；

（三）要求保险公司在指定媒体披露相关股权信息；

（四）委托专业中介机构对保险公司提供的财务报告等资料信息进行审查；

（五）与保险公司董事、监事、高级管理人员以及其他相关当事人进行监管谈话，要求其就相关情况作出说明；

（六）对股东涉及保险公司股权的行为进行调查或者公开质询；

（七）要求股东报送审计报告、经营管理信息、股权信息等材料；

（八）查询、复制股东及相关单位和人员的财务会计报表等文件、资料；

（九）对保险公司进行检查，并依法对保险公司和有关责任人员实施行政处罚；

（十）中国保监会依法可以采取的其他监管措施。

第七十四条　中国保监会对保险公司股权取得或者变更实施行政许可，重点审查以下内容：

（一）申报材料的完备性；

（二）保险公司决策程序的合规性；

（三）股东资质及其投资行为的合规性；

（四）资金来源的合规性；

（五）股东之间的关联关系；

（六）中国保监会认为需要审查的其他内容。

申请人应当如实提交有关材料和反映真实情况，并对其申请材料实质内容的真实性负责。

第七十五条　中国保监会对保险公司股权取得或者变更实施行政许可，可以采取以下方式进行审查：

（一）对申报材料进行审核；

（二）根据审慎监管的需要，要求保险公司或者股东提交证明材料；

（三）对保险公司或者相关股东进行监管谈话、公开问询；

（四）要求相关股东逐级披露其股东或者实际控制人；

（五）根据审慎监管的需要，要求相关股东逐级向上声明关联关系和资金来源；

（六）向相关机构查阅有关账户或者了解相关信息；

（七）实地走访股东或者调查股东经营情况等；

（八）中国保监会认为需要采取的其他审查方式。

第七十六条 在行政许可过程中，投资人、保险公司或者股东有下列情形之一的，中国保监会可以中止审查：

（一）相关股权存在权属纠纷；

（二）被举报尚需调查；

（三）因涉嫌违法违规被有关部门调查，或者被司法机关侦查，尚未结案；

（四）被起诉尚未判决；

（五）中国保监会认定的其他情形。

第七十七条 在实施行政许可或者履行其他监管职责时，中国保监会可以要求保险公司或者股东就其提供的有关资质、关联关系或者入股资金等信息的真实性作出声明，并就提供虚假信息或者不实声明所应当承担的后果作出承诺。

第七十八条 保险公司或者股东提供虚假材料或者不实声明，情节严重的，中国保监会将依法撤销行政许可。被撤销行政许可的投资人，应当按照入股价格和每股净资产价格的孰低者退出，承接的机构应当符合中国保监会的相关要求。

第七十九条 保险公司未遵守本办法规定进行股权管理的，中国保监会可以调整该保险公司公司治理评价结果或者分类监管评价类别。

第八十条 中国保监会建立保险公司股权管理不良记录，并纳入保险业企业信用信息系统，通过全国信用信息共享平台与政府机构共享信息。

第八十一条　保险公司及其董事和高级管理人员在股权管理中弄虚作假、失职渎职，严重损害保险公司利益的，中国保监会依法对其实施行政处罚，或者要求保险公司撤换有关当事人。

第八十二条　保险公司股东或者相关当事人违反本办法规定的，中国保监会可以采取以下监管措施：

（一）通报批评并责令改正；

（二）公开谴责并向社会披露；

（三）限制其在保险公司的有关权利；

（四）依法责令其转让或者拍卖其所持股权。股权转让完成前，限制其股东权利。限期未完成转让的，由符合中国保监会相关要求的投资人按照评估价格受让股权；

（五）限制其在保险业的投资活动，并向其他金融监管机构通报；

（六）依法限制保险公司分红、发债、上市等行为；

（七）中国保监会可以依法采取的其他措施。

第八十三条　中国保监会建立保险公司投资人市场准入负面清单，记录投资人违法违规情况，并正式函告保险公司和投资人。中国保监会根据投资人违法违规情节，可以限制其五年以上直至终身不得再次投资保险业。涉嫌犯罪的，依法移送司法机关。

第八十四条　中国保监会建立会计师事务所等第三方中介机构诚信档案，记载会计师事务所、律师事务所及其从业人员的执业质量。第三方中介机构出具不具有公信力的评估报告或者有其他不诚信行为的，自行为发生之日起五年内中国保监会对其再次出具的报告不予认可，并向社会公布。

第九章　附　则

第八十五条　本办法适用于中华人民共和国境内依法登记注

册的中资保险公司。

全部外资股东持股比例占公司注册资本百分之二十五以上的保险公司，参照适用本办法有关规定。

第八十六条 保险集团（控股）公司、保险资产管理公司的股权管理参照适用本办法，法律、行政法规或者中国保监会另有规定的，从其规定。

第八十七条 金融监管机构对非金融企业投资金融机构另有规定的，从其规定。

第八十八条 经中国保监会批准，参与保险公司风险处置的，或者由指定机构承接股权的，不受本办法关于股东资质、持股比例、入股资金等规定的限制。

第八十九条 通过购买上市保险公司股票成为保险公司财务Ⅰ类股东的，不受本办法第八条、第十二条、第十三条、第十五条、第五十条、第五十三条第三款、第六十二条、第六十七条、第六十九条的限制。

第九十条 在全国中小企业股份转让系统挂牌的保险公司参照适用本办法有关上市保险公司的规定。

第九十一条 本办法所称“以上”“不低于”均含本数，“不足”“超过”不含本数。

第九十二条 本办法所称“一致行动”，是指投资人通过协议、其他安排，与其他投资人共同扩大其所能够支配的一个保险公司表决权数量的行为或者事实。

在保险公司相关股权变动活动中有一致行动情形的投资人，互为一致行动人。如无相反证据，投资人有下列情形之一的，为一致行动人：

（一）投资人的董事、监事或者高级管理人员中的主要成员，同时担任另一投资人的董事、监事或者高级管理人员；

（二）投资人通过银行以外的其他投资人提供的融资安排取得相关股权；

（三）投资人之间存在合伙、合作、联营等其他经济利益关系；

（四）中国保监会规定的其他情形。

投资人认为其与他人不应被视为一致行动人的，可以向中国保监会提供相反证据。

第九十三条　本办法由中国保监会负责解释。

第九十四条　本办法自2018年4月10日起施行。中国保监会2010年5月4日发布的《保险公司股权管理办法》（保监会令2010年第6号）、2014年4月15日发布的《中国保险监督管理委员会关于修改〈保险公司股权管理办法〉的决定》（保监会令2014年第4号）、2013年4月9日发布的《中国保监会关于〈保险公司股权管理办法〉第四条有关问题的通知》（保监发〔2013〕29号）、2013年4月17日发布的《中国保监会关于规范有限合伙式股权投资企业投资入股保险公司有关问题的通知》（保监发〔2013〕36号）、2014年3月21日发布的《中国保险监督管理委员会关于印发〈保险公司收购合并管理办法〉的通知》（保监发〔2014〕26号）同时废止。

中国保险监督管理委员会行政处罚程序规定 P32

（2017年1月25日保监会令〔2017〕1号公布
自2017年3月31日起实施）

第一章　总　则

第一条　为了规范和保障中国保险监督管理委员会（以下简称中国保监会）及中国保监会派出机构（以下简称派出机构）依法实施行政处罚，维护保险市场秩序，保护保险机构、保险资产管理机构、保险中介机构、外国保险机构驻华代表机构、保险从业人员、其他组织和公民（以下简称当事人）的合法权益，根据《中华人民共和国行政处罚法》（以下简称《行政处罚法》）、《中华人民共和国保险法》（以下简称《保险法》）及其他有关法律、行政法规，制定本规定。

第二条 当事人违反有关保险管理的法律、行政法规和中国保监会规定的，中国保监会及派出机构应当依法查处，并依法作出下列行政处罚：

（一）警告；

（二）罚款；

（三）没收违法所得；

（四）限制业务范围；

（五）责令停止接受新业务；

（六）责令停业整顿；

（七）吊销业务许可证；

（八）撤销外国保险机构驻华代表机构；

（九）撤销任职资格；

（十）责令撤换外国保险机构驻华代表机构的首席代表；

（十一）禁止进入保险业；

（十二）法律、行政法规规定的其他行政处罚。

中国保监会及派出机构实施前款所列的行政处罚，应当遵循本规定的程序，中国保监会另有规定的除外。

没有法定依据或者不遵守法定程序的，行政处罚无效。

第三条 中国保监会及派出机构实施行政处罚，应当遵循以下原则：

（一）公正、公开；

（二）保护当事人的合法权益；

（三）处罚与教育相结合；

（四）事实清楚，证据确凿，定性准确，适用依据正确，处罚适当；

（五）程序合法。

第四条　中国保监会及派出机构实施行政处罚，依法实行回避制度。

监管人员与当事人有直接利害关系或者其他关系，可能影响公正执法的，应当回避。

第五条　中国保监会及派出机构实施行政处罚，实行立案、调查与审理、决定相分离的制度。

第六条　中国保监会及派出机构在作出行政处罚决定之前，应当告知当事人作出行政处罚决定的事实、理由及依据，并告知当事人依法享有的权利。

第七条　当事人对中国保监会及派出机构所给予的行政处罚，享有陈述权、申辩权；对行政处罚不服的，有权依法申请行政复议或者提起行政诉讼。

当事人因中国保监会及派出机构违法给予行政处罚受到损害的，有权依法提出赔偿要求。

第八条　中国保监会及派出机构必须充分听取当事人的意见，复核当事人提出的事实、理由和证据；当事人提出的事实、理由或者证据成立的，应当采纳。

第九条　本规定所称保险机构，是指经保险监督管理机构批准设立，并依法登记注册的保险公司及其分支机构。

本规定所称保险资产管理机构，是指经保险监督管理机构批准设立，并依法登记注册的保险资产管理公司及其分支机构。

本规定所称保险中介机构，是指保险代理机构、保险经纪机构和保险公估机构及其分支机构。保险代理机构包括保险专业代理机构和保险兼业代理机构。

第二章　管　辖

第十条　派出机构负责对辖区内下列机构、人员的保险违法行为实施行政处罚：

（一）保险公司分支机构及其从业人员；

（二）保险中介机构及其从业人员；

（三）保监会规定的其他机构、人员。

第十一条 派出机构负责对辖区内下列违法行为依法实施行政处罚：

（一）擅自设立保险公司的；

（二）非法从事商业保险业务活动的；

（三）擅自设立保险资产管理公司的；

（四）擅自设立保险专业代理机构、保险经纪机构、保险公估机构的；

（五）非法从事保险代理业务或者经纪业务活动的。

派出机构对上述违法行为实施行政处罚时，应当依照《保险法》《非法金融机构和非法金融业务活动取缔办法》及中国保监会的有关规定执行。

第十二条 派出机构实施下列行政处罚，应当报中国保监会批准：

（一）吊销由中国保监会颁发的业务许可证；

（二）撤销由中国保监会核准的任职资格。

第十三条 派出机构管辖以外的保险违法行为，由中国保监会管辖。

第十四条 中国保监会可以直接查处派出机构管辖的保险违法行为。

中国保监会可以委托派出机构负责中国保监会管辖的保险违法行为的调查和处罚文书送达等工作，派出机构应当将有关情况及时向中国保监会报告。

第十五条 异地实施保险违法行为的，由违法行为发生地的派出机构管辖。违法行为发生地的派出机构应当及时通知实施违法行为主体所在地的派出机构。实施违法行为主体所在地的派出机构应当积极配合违法行为的查处。

第十六条 派出机构管辖的电话销售保险违法行为，原则上按照下列要求确定具体管辖地：

（一）在对电话销售业务日常监管中发现的违法行为，由呼出地派出机构查处；

（二）在投诉、举报等工作中发现的违法行为，由受话地或者投保人住所地派出机构查处，经与呼出地派出机构协商一致，也可以由呼出地派出机构查处。

第十七条　两个以上派出机构对同一保险违法行为都有管辖权的或者保险违法行为地难以查明的，由最先立案的派出机构管辖。

两个以上派出机构因管辖权发生争议的，应当报请中国保监会指定管辖。

第十八条　派出机构发现所查处的保险违法行为不属于自己管辖时，应当及时将案件并相关材料移送有管辖权的派出机构。受移送的派出机构对管辖权有异议的，不得自行移送，应当报请中国保监会指定管辖。

第三章　立案与调查

第一节　立　案

第十九条　中国保监会及派出机构发现当事人涉嫌违反有关保险法律、行政法规和中国保监会规定，依法应当受到行政处罚且有权管辖的，应当予以立案。

第二十条　立案应当填写《行政处罚立案审批表》，由中国保监会案件调查部门负责人或者派出机构负责人批准。

立案前已经依法开展调查，经调查发现当事人依法应予行政处罚的，也应当填写《行政处罚立案审批表》。

第二十一条　中国保监会或者派出机构应当及时指定案件调查人员。

案件调查人员的回避由中国保监会案件调查部门负责人或者派出机构负责人决定。

第二节　调查取证

第二十二条　调查人员应当对案件事实进行全面、客观、公正的调查，并依法充分收集证据。

行政处罚立案以前依法调查获取的证明材料符合行政处罚证据要求的，可以直接作为行政处罚案件的证据。

第二十三条 调查人员调查取证时，不得少于两人，并应当向当事人或者有关人员出示中国保监会或者派出机构合法证件和监督检查、调查通知书。

调查人员少于两人或者未出示合法证件和监督检查、调查通知书的，被检查单位和个人有权拒绝。

第二十四条 行政处罚证据包括：

（一）书证；

（二）物证；

（三）视听资料；

（四）电子数据；

（五）证人证言；

（六）当事人陈述；

（七）鉴定意见；

（八）勘验笔录、现场笔录。

第二十五条 调查人员应当收集、调取与案件有关的原始凭证作为书证。调取原始证据有困难的，可以收集复制件、影印件、节录本等，并直接标明或者以适当方式标明“经核对与原件无误”，由出具人签名或者盖章，必要时附有复制过程、复制人等情况的说明。

第二十六条 调查人员收集视听资料，应当提取视听资料的原始载体，并应当符合下列要求：

（一）附有制作过程、时间、制作人等内容的说明，并由原始载体持有人签字或者盖章；

（二）声音资料，还应当附有该声音内容的相关文字记录。

提供原始载体有困难的，可以提供复制件，但应当附有复制过程、复制人等情况的说明。

第二十七条 调查人员收集电子数据，应当提取电子数据原始载体，附有数据内容、收集时间和地点、收集过程、收集人等情况的说明，由原始数据持有人签名或者盖章。

无法提取原始载体或者提取确有困难的，可以提供电子数据复制件，但应当附有复制过程、复制人、原始载体存放地点等情况的说明。

第二十八条 调查人员可以依法要求当事人及证人提供证明材料或者与违法行为有关的其他材料，并由材料提供人在有关材料上签名或者盖章。

当事人拒绝的，调查人员应当在相关材料上注明情况，可以同时请在场的其他人员签名或者盖章，并可以视情形采取下列措施：

（一）邀请无利害关系的第三方见证并载明情况，由第三方签名或者盖章；

（二）依法运用录音、录像等视听资料加以证明，并附有相关录音、录像制作说明，由制作人签名或者盖章。

第二十九条 调查人员可以询问当事人及证人。询问应当个别进行，不得同时询问两个或者两个以上当事人、证人。询问前应当告知其有如实陈述事实、提供证据的义务。

询问应当制作《调查笔录》，《调查笔录》应当交被调查人核对；对没有阅读能力的，应当向其宣读。笔录如有差错、遗漏，应当允许其更正或者补充。经核对无误后，由被调查人逐页签名或者盖章。调查人员应当在笔录上签名。被调查人拒绝签名或者盖章的，调查人员应当在笔录上注明。

第三十条 调查人员对涉嫌违法的物品进行现场勘验时，应当有当事人在场，并制作现场勘验笔录；当事人拒绝到场的，应当在现场勘验笔录中注明。

第三十一条 抽样取证，应当有当事人在场，并开具物品清单，由调查人员和当事人签名或者盖章。

第三十二条 对可能被转移、隐匿或者毁损的文件和资料可以予以封存。

第三十三条 在证据可能灭失或者以后难以取得的情况下，可以采取先行登记保存措施。

采取先行登记保存措施，应当填写《先行登记保存证据审批书》，并由中国保监会负责人或者派出机构负责人批准。

第三十四条 先行登记保存证据的，应当签发《先行登记保存证物通知书》，填写《登记保存物品清单》，由当事人签字或者盖章确认，并加封中国保监会或者派出机构先行登记保存封条，就地由当事人保存。

登记保存证据期间，当事人或者有关人员不得损毁、销毁或者转移证据。

对于先行登记保存的证据，应当在7日内作出处理决定。

第三十五条 委托相关派出机构协助调查、取证的，必须出具书面委托证明，受委托的派出机构应当积极予以协助。

第三十六条 案件调查可以聘请资信良好的会计师事务所和律师事务所等社会中介机构参与，但必须要求其出具专业报告。

第三十七条 对有证据证明已经或者可能转移、隐匿违法资金等涉案财产或者隐匿、伪造、损毁重要证据的，经中国保监会主要负责人或者派出机构主要负责人批准，可以申请人民法院予以冻结或者查封。

第三十八条 案件调查终结，应当制作案件调查报告，案件调查报告至少包括下列内容：

（一）当事人的基本情况；

（二）调查的基本情况及相关证据；

（三）关于行政处罚的处理建议及相关依据。

第三十九条 案件调查结束后，对依法应予行政处罚的违法行为，案件调查部门对《行政处罚立案审批表》、案件调查报告、证据等案件卷宗材料进行整理，案件移交进入审理程序。卷宗材料不够规范的，案件调查部门补充完善后再行移交。

第四十条 发现违法事实涉嫌犯罪，依法需要追究刑事责任的，案件调查部门应当依照《行政执法机关移送涉嫌犯罪案件的规定》《中国保监会关于在行政执法中及时移送涉嫌犯罪案件的规定》及其他相关规定，及时向司法机关移送。

第四章 处 罚 P32

第一节 审 理

第四十一条 案件进入审理程序后，案件审理应当从调查程序、违法事实认定、行为定性、证据采信、处罚种类与幅度等方面进行。其中重大、复杂的案件，应当依法集体讨论决定。

第四十二条 案件审理后，应当制作案件审理报告，案件作出以下处理：

（一）主要事实不清或者主要证据不足的，由案件调查部门补充调查；

（二）不构成行政违法的，依法不予处罚；

（三）虽构成行政违法但情节轻微可不予行政处罚，需要采取非行政处罚监管措施的，由案件调查部门处理；

（四）应当予以行政处罚的，提出处罚意见。

第二节 权利告知

第四十三条 拟作出行政处罚决定的，中国保监会或者派出机构应当在作出决定前向当事人进行权利告知。

告知应当制作《行政处罚事先告知书》，告知当事人拟作出行政处罚决定的事实、理由及依据，并告知当事人有权进行陈述和申辩。

第四十四条 当事人有权进行陈述和申辩。自《行政处罚事先告知书》送达之日起 10 日内，当事人未行使陈述权、申辩权的，视为放弃权利。

第四十五条 当事人要求陈述和申辩的，应当提交书面材料。当事人有特殊情况，经中国保监会或者派出机构批准，可以适当延长提交书面材料的期限。

中国保监会或者派出机构应当充分听取当事人的意见，对当事人提出的事实、理由和证据，认真进行复核。当事人提出的事实、理由或者证据成立的，应当予以采纳。

不得因当事人申辩而加重处罚。

第四十六条 拟作出行政处罚决定的事实、理由、依据有改变的，应当重新制作《行政处罚事先告知书》并送达当事人。

第三节 听 证

第四十七条 中国保监会或者派出机构拟依法作出下列行政处罚的，应当在《行政处罚事先告知书》中一并告知当事人有要求举行听证的权利：

（一）对保险机构及保险资产管理机构法人处以 100 万元以上的罚款或者对其分支机构处以 20 万元以上的罚款；对保险中介机构法人处以 30 万元以上的罚款或者对其分支机构处以 10 万元以上的罚款；对其他法人、组织处以 100 万元以上的罚款；

（二）对个人处以 5 万元以上的罚款；

（三）限制业务范围；

（四）责令停止接受新业务；

（五）责令停业整顿；

（六）吊销业务许可证；

（七）撤销外国保险机构驻华代表机构；

（八）撤销任职资格；

（九）责令撤换外国保险机构驻华代表机构的首席代表；

（十）禁止进入保险业；

（十一）法律、行政法规和中国保监会规章规定可以要求听证的其他处罚。

第四十八条 当事人要求听证的，应当自《行政处罚事先告知书》送达之日起 3 日内提出。

当事人也可以选择陈述和申辩。当事人选择陈述和申辩的，中国保监会或者派出机构应当依照本规定予以复核。

第四十九条 当事人要求听证的，中国保监会或者派出机构应当确定听证主持人。

第五十条　听证主持人在听证程序中可以行使下列职权：

（一）决定举行听证的时间和地点；

（二）决定听证的延期、中止或者终结；

（三）询问听证参加人；

（四）调取并审核有关证据；

（五）维护听证秩序，对违反听证秩序的人员进行警告，情节严重者，可以责令其退场。

第五十一条　听证主持人在听证程序中应当承担下列义务：

（一）公开、公正地履行主持听证职责，保证当事人依法行使陈述权、申辩权和质证权；

（二）保守听证案件涉及的国家秘密、商业秘密和个人隐私；

（三）不得徇私枉法，包庇纵容违法行为。

第五十二条　听证记录员在听证程序中应当承担下列义务：

（一）将《行政处罚听证通知书》及时送达当事人及相关人员；

（二）应当认真、如实制作听证笔录；

（三）保守听证案件涉及的国家秘密、商业秘密和个人隐私。

第五十三条　案件调查人员、当事人、第三人、委托代理人、证人、鉴定人、勘验人、翻译人员是听证参加人。

第五十四条　当事人享有下列权利：

（一）申请听证主持人回避；

（二）亲自参加听证或者委托一至两名代理人参加听证；

（三）就案件调查人员提出的事实、证据和依据进行申辩；

（四）就案件的证据向调查人员及其证人进行质证；

（五）听证结束前进行最后陈述；

（六）审核听证笔录。

第五十五条　当事人和其他听证参加人应当承担下列义务：

（一）按时参加听证；

（二）依法举证；

（三）如实回答听证主持人的询问；

（四）遵守听证秩序。

第五十六条 中国保监会或者派出机构根据听证主持人的决定，确定听证的时间和地点后，应当制作《行政处罚听证通知书》，在举行听证7日前送达当事人及相关听证参加人。

第五十七条 与听证案件有利害关系的其他公民、法人或者组织可以申请参加听证。

第五十八条 当事人委托他人代理参加听证的，应当向听证主持人提交由其本人签名或者盖章的授权委托书、本人身份证或者身份证复印件、代理人身份证明等相关材料。

授权委托书应当载明委托事项及权限。

第五十九条 案件调查人员应当参加听证，向听证主持人提出当事人违法的事实、证据和行政处罚建议。

第六十条 听证主持人可以通知与听证案件有关的证人、鉴定人、勘验人、翻译人员等参加听证。

第六十一条 听证公开举行的，中国保监会或者派出机构应当在办公地点先期公告当事人姓名或者名称、案由、听证时间和地点。

对涉及国家秘密、商业秘密或者个人隐私不公开举行听证的案件，听证主持人应当向当事人说明不公开听证的理由。

第六十二条 听证开始前，听证记录员应当查明听证参加人是否到场，并宣布以下听证纪律：

（一）未经听证主持人允许不得发言、提问；

（二）未经听证主持人允许不得录音、录像和摄影；

（三）未经听证主持人允许听证参加人不得退场；

（四）不得大声喧哗，不得鼓掌、哄闹或者进行其他妨碍听证秩序的活动。

第六十三条 听证主持人核对听证参加人身份，宣布听证主持人、听证记录员名单，告知听证参加人在听证中的权利义务，询问当事人是否申请听证主持人回避。

第六十四条 听证应当按照下列程序进行：

（一）听证主持人宣布听证开始，宣布案由；

（二）案件调查人员提出当事人违法的事实、证据、行政处罚的依据和建议等；

（三）当事人及其委托代理人就调查人员提出的违法事实、证据、行政处罚的依据和建议进行申辩，并可以出示无违法事实、违法事实较轻，或者减轻、免除行政处罚的证据材料；

（四）经听证主持人允许，案件调查人员和当事人可以就有关证据相互质证，也可以向到场的证人、鉴定人、勘验人发问；

（五）当事人作最后陈述；

（六）听证主持人宣布听证结束。

第六十五条　出现下列情形之一的，听证主持人应当延期举行听证：

（一）当事人因不可抗拒的事由无法到场的；

（二）当事人临时申请听证主持人回避的；

（三）其他应当延期的情形。

第六十六条　出现下列情形之一的，听证主持人可以中止听证：

（一）需要通知新的证人到场，调取新的证据或者需要重新鉴定、调查或者需要补充调查的；

（二）当事人因不可抗拒的事由，无法继续参加听证的；

（三）法人或者其他组织终止，尚未确定权利义务承继人；自然人丧失行为能力或者死亡，尚未确定法定代理人或者需要等待继承人表明是否参加听证的；

（四）其他应当中止听证的情形。

第六十七条　延期、中止听证的情形消失后，听证主持人应当恢复听证，并将听证的时间、地点通知听证参加人。

第六十八条　出现下列情形之一的，听证主持人应当终止听证：

（一）当事人撤回听证要求的；

（二）当事人无正当理由不参加听证，或者未经听证主持人允许中途退场的；

（三）当事人死亡、丧失行为能力或者终止满3个月后，未确定法定代理人或者权利义务承继人的；

（四）拟作出的行政处罚决定改变，不需要举行听证的；

（五）其他应当终结听证的情形。

当事人撤回听证要求的，听证记录员应当在听证笔录上记明，并由当事人签名或者盖章。

第六十九条 听证记录员应当如实、全面地记录听证的全过程，听证主持人和听证记录员应当在听证笔录上签名。

听证笔录应当经当事人和案件调查人员当场签名或者盖章。

当事人拒绝签名或者盖章的，听证记录员应当在听证笔录上记明情况。

第四节 处罚决定

第七十条 中国保监会或者派出机构应当根据案件调查报告和当事人陈述、申辩的情况及听证情况拟定《行政处罚决定书》，报中国保监会负责人或者派出机构负责人批准。

第七十一条 《行政处罚决定书》应当包括下列内容：

（一）当事人的姓名或者名称、住所；

（二）违反法律、行政法规或者规章的事实和证据；

（三）行政处罚的种类和依据；

（四）行政处罚的履行方式和期限；

（五）不服行政处罚决定，申请行政复议或者提起行政诉讼的途径和期限；

（六）作出行政处罚决定的机关名称及作出决定的日期。

第七十二条 《行政处罚决定书》必须盖有中国保监会或者派出机构的印章。

第七十三条 中国保监会及派出机构应当依法将《行政处罚决定书》送达当事人。

第七十四条 中国保监会或者派出机构应当在作出行政处罚

决定之日起7日内，将行政处罚决定的内容在中国保监会或者派出机构的网站上公布。

第五章　执　行

第七十五条　行政处罚决定依法作出后，当事人应当在行政处罚决定规定的期限内履行。

第七十六条　当事人对中国保监会或者派出机构的行政处罚决定不服申请行政复议或者提起行政诉讼的，行政处罚不停止执行，法律另有规定的除外。

第七十七条　当事人逾期不履行行政处罚决定的，作出行政处罚决定的中国保监会或者派出机构可以采取下列措施：

（一）到期不缴纳罚款的，每日按照罚款数额的3%加处罚款；

（二）申请人民法院强制执行；

（三）法律、行政法规规定的其他措施。

第七十八条　当事人确有经济困难，需要延期或者分期缴纳罚款的，经当事人申请和作出行政处罚决定的机关批准，可以暂缓或者分期缴纳。

第七十九条　除依法应当予以销毁的物品外，依法没收的非法财物，必须按照国家规定公开拍卖或者按照国家有关规定处理。

没收的票据交有关部门统一处理。

销毁物品，按照国家有关规定处理；没有规定的，经作出行政处罚决定的机关负责人批准，由两名以上执法人员监督销毁，并制作销毁记录。

物品处理，应当制作清单。

第八十条　吊销业务许可证的，应当收缴业务许可证，并在中国保监会指定的报纸和中国保监会或者派出机构的网站上予以公告。

公告应当包括下列内容：

（一）被处罚机构的名称；

（二）作出处罚决定的理由和法律依据；

（三）其他需要公告的事项。

第八十一条 罚没款及没收物品的变价款，必须全部上缴国库，任何单位和个人不得截留、私分或者变相私分。

第六章 附 则

第八十二条 本规定未规定的行政处罚程序，适用《行政处罚法》。

第八十三条 本规定期间的计算和行政处罚文书的送达，依照民事诉讼法及中国保监会关于期间、送达的规定执行。

本规定有关期限的“日”是指工作日，不含节假日。

第八十四条 本规定所称中国保监会负责人是指中国保监会主席或者经授权的副主席。

本规定所称派出机构负责人是指派出机构局长或者经授权的副局长。

第八十五条 本规定所称“以上”，包含本数。

第八十六条 本规定由中国保监会负责解释。

第八十七条 本规定自2017年3月31日起施行；《中国保险监督管理委员会行政处罚程序规定》（保监会令2010年第5号）和《中国保险监督管理委员会关于修改〈中国保险监督管理委员会行政处罚程序规定〉的决定》（保监会令2015年第2号）同时废止。

附件：行政处罚文书参考格式（略）

保险小额理赔服务指引（试行） $\mathscr{P}_8$

（2015年10月24日中国保险监督管理委员会以保监消保〔2015〕201号通知印发）

第一条　为贯彻落实《中国保监会关于加强保险消费者权益保护工作的意见》，提高保险理赔服务水平，促进保险理赔工作标准化、透明化和信息化，提升保险业社会信誉和保险消费者满意度，特制定本指引。

第二条　本指引所称保险小额理赔是指消费者索赔金额较小、事实清晰、责任明确的机动车辆保险（以下简称车险）和个人医疗保险理赔。

车险小额理赔是指发生事故仅涉及车辆损失（不涉及人伤、物损），事实清晰、责任明确，且索赔金额在5000元以下的车险理赔。

个人医疗保险小额理赔是指索赔金额在3000元以下，事实清晰、责任明确，且无需调查的费用补偿型、定额给付型个人医疗保险理赔。

第三条　保险公司应建立全天候接报案服务制度，确保 $\mathscr{P}_8$
“365天×24小时”报案渠道畅通，并在营业网点和互联网向社会公示统一报案电话，提示和引导消费者出险后及时报案。

第四条　对车险理赔，保险公司接到报案时应准确记录报案信息，提醒报案人需注意的事项，告知报案受理结果，及时进行查勘调度，并将报案号、理赔人员联系方式通过电话、短信、即时通讯工具等方式告知报案人。已建立交通事故快赔处理机制的地区，应引导报案人按照当地快赔处理模式处理。保险公司理赔查勘人员接到调度指令后，应及时联系报案人，告知理赔查勘人员的姓名和联系方式、核对报案信息、确认查勘地点，并向报案人告知索赔事项。

第五条 对于个人医疗保险理赔，保险公司接到报案后应在1个工作日内以电话、短信、即时通讯工具等方式告知消费者索赔事项。

第六条 对于身患残疾、卧病在床等有特殊困难不便到理赔服务窗口提交索赔申请材料的消费者，保险公司应推行上门受理等便捷服务。

$\mathscr{P}_8$ **第七条** 保险公司应在符合风险管控及监管要求的前提下，最大限度简化保险小额理赔索赔资料，除索赔申请类、身份证明类、责任认定及金额确定证明类和支付信息类材料外，一般不应再要求消费者提供其他资料。

第八条 在风险可控的前提下，保险公司应逐步推行索赔单证电子化，减少纸质单证使用。

$\mathscr{P}_8$ **第九条** 对于车险小额理赔，按以下要求简化索赔单证：

（一）合并索赔单证。保险公司应将索赔申请、委托授权、转账授权、查勘记录、损失确认和索赔告知等内容整合到机动车辆保险小额理赔申请书中，推行“多合一”单证。

（二）简化证件证明。对于单方事故，消费者仅需出示“三证一卡”（行驶证、驾驶证、被保险人有效身份证明、收款人银行卡或账户），由保险公司进行原件验真后拍照留存；对于非单方事故，消费者还需提供责任认定及金额确定证明类材料。鼓励保险公司创新证件、证明信息采集途径和方式。

（三）减免维修发票。车辆损失金额2000元以下的，保险公司根据与消费者确认的损失结果，可减免汽车维修发票直接赔付给消费者（代领赔款的除外）。超出2000元的，保险公司可要求消费者提交发票或发票原件照片。消费者如到保险公司合作的维修企业维修车辆的，可由保险公司与维修企业直接交接发票，消费者不再提供。

（四）减免气象证明。发生大面积气象灾害，保险公司理赔时应以气象部门公布的气象报告为准，不应要求消费者提供气象证明。

第十条　个人医疗保险小额理赔，按以下要求简化索赔单证： $\mathscr{P}_8$

（一）合并索赔单证。保险公司应将索赔申请、委托授权、转账授权等内容整合到理赔申请书中，推行“多合一”单证。

（二）减免索赔单证。保险公司不应要求消费者在索赔时重复提供已留存并可查询验证的资料，包括保单正本、保费收据等。

（三）减免意外事故证明。个人医疗保险小额理赔中，除有公安机关等第三方介入的情况外，保险公司一般不应要求消费者提供意外事故证明。

第十一条　保险公司应多措并举加快理赔时效。保险小额理赔自消费者提交索赔申请、交齐索赔资料之日起5个自然日内结案率不低于80%；保险公司的平均索赔支付周期不应超过5个自然日。 $\mathscr{P}_8$

第十二条　保险公司应准确记录和保存与消费者信息交互服务触点的时间和内容，并将接报案、立案、索赔资料接收齐全、结案支付等理赔节点信息和结果通过适当方式主动告知消费者。

第十三条　保险公司应做到理赔全流程透明管理，建立健全理赔信息便捷查询通道，确保消费者通过营业网点、电话、互联网等渠道查询包括理赔进度、节点时间、理算过程、理赔结果等关键信息。

第十四条　保险公司应依据不同险种类型的理算特点，将赔款金额、免赔额、赔付比例等理赔结果信息告知消费者。

第十五条　保险公司应加快推进理赔系统智能化建设，根据理赔风险级别，逐步提高保险小额理赔自动化处理比例，减少人工处理环节，提升理赔处理效率。

第十六条　保险公司应当建立健全营业网点、电话、互联网等多样化服务渠道，主动前伸服务触点，以满足不同类型消费者服务需求。

第十七条 保险公司应加大资源投入，加强服务创新，加快新技术应用，大力推进O2O服务模式，完善线上报案、受理、单证提交、审核反馈等功能，加强线上线下协同，实现快速服务响应，提升消费者服务体验。

第十八条 保险公司应建立保险小额理赔服务监测指标体系，主要指标为保险小额理赔五日结案率、保险小额理赔平均索赔支付周期、保险小额理赔获赔率等。保险公司应加强对上述服务指标的动态监测，促进保险小额理赔服务水平提升。

第十九条 中国保监会负责制定相关数据报送规则，适时披露保险小额理赔服务监测指标。保险公司应按规定报送保险小额理赔服务相关数据。

第二十条 保险公司委托外部机构实施的保险小额理赔服务标准参照本指引。

第二十一条 本指引由中国保监会负责解释和修订。

第二十二条 本指引自发布之日起施行。

附件：1. 参照标准

2. 保险小额理赔服务监测指标说明

附件1

个人医疗保险小额理赔索赔单证参照标准

索赔资料类型	索赔资料	备注
索赔申请类	理赔申请书	
身份证明类	被保险人身份证明资料	①委托办理的，需提供受委托人身份证明 ②若被保险人未成年，需提供监护人身份证明及关系证明

责任认定及金额确定证明类	①出院小结（门/急诊病历） ②医疗费用收据（发票）原件、费用清单	①门/急诊发生的医疗费用索赔，需提供门/急诊病历 ②住院津贴索赔可提供医疗费用收据（发票）和费用清单的复印件 ③有公安机关等第三方介入的意外事故，需提供意外事故证明 ④手术津贴索赔需提供手术记录
支付信息类	银行账户（银行卡）照片或复印件	

车险小额理赔索赔单证参照标准

索赔资料类型	索赔资料	备注
索赔申请类	机动车辆保险小额理赔申请书	代位求偿案件需提供《机动车辆索赔权转让书》
身份证明类	①驾驶证 ②行驶证 ③被保险人有效身份证明	①消费者只需出具原件 ②委托办理的，需提供受委托人身份证明
责任认定及金额确定证明类	①汽车维修发票 ②事故证明（交通事故认定书/简易事故处理书/交通事故自行协商处理协议书、调解书） ③已向受害者支付赔款的凭证	①车辆损失金额2000元以下可免提供汽车维修发票（代领赔款除外） ②非单方事故，经保险公司现场查勘，责任明确的可免提供事故证明（代位求偿案件除外）
支付信息类	银行账户（银行卡）照片或复印件	委托领取赔款需提供转账授权书及被委托人身份证明

附件 2

保险小额理赔服务监测指标说明

一、保险小额理赔案件统计口径

为便于实际统计操作，正常结案案件以保险公司结案时的赔付金额作为“索赔金额”进行统计；拒赔案件以保险公司立案时的预估赔付金额作为“索赔金额”进行统计。

注：正常结案指在一个赔案中，保险公司财务系统发出最后一笔赔款（不含理赔费用）支付指令成功，且理赔系统标记为结案状态的案件。

正常结案数量指在统计期内，已决赔案中扣除拒赔、零结案、注销赔案后的赔案件数。

已决赔案指已发生已立案，并作正常结案、拒赔、零结案、注销处理的赔案。

二、保险小额理赔 5 日结案率

保险小额理赔 5 日结案率 = 统计期内保险小额理赔 5 日正常结案数量/统计期内保险小额理赔正常结案总数量 ×100%

注：“统计期内保险小额理赔 5 日结案数量”指统计期内保险小额理赔支付结案案件中，最后一笔支付时间与索赔资料接收齐全时间的差小于等于 5 个自然日的案件数量。

三、保险小额理赔获赔率

保险小额理赔获赔率 = 统计期内保险小额理赔正常结案数量 /（统计期内保险小额理赔正常结案数量 + 统计期内保险小额理赔拒赔案件数量） ×100%

四、保险小额理赔平均索赔支付周期

保险小额理赔平均索赔支付周期 = $\sum$［统计期内保险小额理赔支付时点 - 统计期内保险小额理赔索赔资料接收齐全时点］/统计期内小额理赔正常结案数量

注：支付时点指正常结案的赔案中，保险公司财务系统发出最后一笔赔款（不含理赔费用）支付指令成功的系统时间。

保险公司管理规定 $\mathscr{P}_{17}$

（2009年9月25日中国保险监督管理委员会令2009年第1号发布
根据2015年10月19日中国保险监督管理委员会令2015年第3号
《关于修改〈保险公司设立境外保险类机构管理办法〉等
八部规章的决定》修订）

第一章　总则

第一条　为了加强对保险公司的监督管理，维护保险市场的正常秩序，保护被保险人合法权益，促进保险业健康发展，根据《中华人民共和国保险法》（以下简称《保险法》）、《中华人民共和国公司法》（以下简称《公司法》）等法律、行政法规，制定本规定。

第二条　中国保险监督管理委员会（以下简称中国保监会） $\mathscr{P}_{4}$根据法律和国务院授权，对保险公司实行统一监督管理。

中国保监会的派出机构在中国保监会授权范围内依法履行监管职责。

第三条　本规定所称保险公司，是指经保险监督管理机构批 $\mathscr{P}_{17}$准设立，并依法登记注册的商业保险公司。

P18 本规定所称保险公司分支机构，是指经保险监督管理机构批准，保险公司依法设立的分公司、中心支公司、支公司、营业部、营销服务部以及各类专属机构。专属机构的设立和管理，由中国保监会另行规定。

本规定所称保险机构，是指保险公司及其分支机构。

第四条 本规定所称分公司，是指保险公司依法设立的以分公司命名的分支机构。

本规定所称省级分公司，是指保险公司根据中国保监会的监管要求，在各省、自治区、直辖市内负责许可申请、报告提交等相关事宜的分公司。保险公司在住所地以外的各省、自治区、直辖市已经设立分公司的，应当指定其中一家分公司作为省级分公司。

保险公司在计划单列市设立分支机构的，应当指定一家分支机构，根据中国保监会的监管要求，在计划单列市负责许可申请、报告提交等相关事宜。

省级分公司设在计划单列市的，由省级分公司同时负责前两款规定的事宜。

P4 **第五条** 保险业务由依照《保险法》设立的保险公司以及法律、行政法规规定的其他保险组织经营，其他单位和个人不得经营或者变相经营保险业务。

第二章 法人机构设立

P17

第六条 设立保险公司，应当遵循下列原则：

（一）符合法律、行政法规；

（二）有利于保险业的公平竞争和健康发展。

第七条 设立保险公司，应当向中国保监会提出筹建申请，P17 并符合下列条件：

P113 （一）有符合法律、行政法规和中国保监会规定条件的投资人，股权结构合理；

（二）有符合《保险法》和《公司法》规定的章程草案；

（三）投资人承诺出资或者认购股份，拟注册资本不低于人民币 2 亿元，且必须为实缴货币资本；

（四）具有明确的发展规划、经营策略、组织机构框架、风险控制体系；

（五）拟任董事长、总经理应当符合中国保监会规定的任职资格条件；

（六）有投资人认可的筹备组负责人；

（七）中国保监会规定的其他条件。

中国保监会根据保险公司业务范围、经营规模，可以调整保险公司注册资本的最低限额，但不得低于人民币 2 亿元。

第八条　申请筹建保险公司的，申请人应当提交下列材料一式三份： 𝒫18

（一）设立申请书，申请书应当载明拟设立保险公司的名称、拟注册资本和业务范围等；

（二）设立保险公司可行性研究报告，包括发展规划、经营策略、组织机构框架和风险控制体系等；

（三）筹建方案；

（四）保险公司章程草案；

（五）中国保监会规定投资人应当提交的有关材料；

（六）筹备组负责人、拟任董事长、总经理名单及本人认可证明；

（七）中国保监会规定的其他材料。

第九条　中国保监会应当对筹建保险公司的申请进行审查，自受理申请之日起 6 个月内作出批准或者不批准筹建的决定，并书面通知申请人。决定不批准的，应当书面说明理由。 𝒫18

第十条　中国保监会在对筹建保险公司的申请进行审查期间，应当对投资人进行风险提示。 𝒫18

中国保监会应当听取拟任董事长、总经理对拟设保险公司在经营管理和业务发展等方面的工作思路。

第十一条　经中国保监会批准筹建保险公司的，申请人应当 𝒫18

自收到批准筹建通知之日起1年内完成筹建工作。筹建期间届满未完成筹建工作的，原批准筹建决定自动失效。

筹建机构在筹建期间不得从事保险经营活动。筹建期间不得变更主要投资人。

$\mathscr{P}_{18}$ **第十二条** 筹建工作完成后，符合下列条件的，申请人可以向中国保监会提出开业申请：

（一）股东符合法律、行政法规和中国保监会的有关规定；

（二）有符合《保险法》和《公司法》规定的章程；

（三）注册资本最低限额为人民币2亿元，且必须为实缴货币资本；

（四）有符合中国保监会规定任职资格条件的董事、监事和高级管理人员；

（五）有健全的组织机构；

（六）建立了完善的业务、财务、合规、风险控制、资产管理、反洗钱等制度；

（七）有具体的业务发展计划和按照资产负债匹配等原则制定的中长期资产配置计划；

（八）具有合法的营业场所，安全、消防设施符合要求，营业场所、办公设备等与业务发展规划相适应，信息化建设符合中国保监会要求；

（九）法律、行政法规和中国保监会规定的其他条件。

$\mathscr{P}_{18}$ **第十三条** 申请人提出开业申请，应当提交下列材料一式三份：

（一）开业申请书；

（二）创立大会决议，没有创立大会决议的，应当提交全体股东同意申请开业的文件或者决议；

（三）公司章程；

（四）股东名称及其所持股份或者出资的比例，资信良好的验资机构出具的验资证明，资本金入账原始凭证复印件；

（五）中国保监会规定股东应当提交的有关材料；

（六）拟任该公司董事、监事、高级管理人员的简历以及相关证明材料；

（七）公司部门设置以及人员基本构成；

（八）营业场所所有权或者使用权的证明文件；

（九）按照拟设地的规定提交有关消防证明；

（十）拟经营保险险种的计划书、3 年经营规划、再保险计划、中长期资产配置计划，以及业务、财务、合规、风险控制、资产管理、反洗钱等主要制度；

（十一）信息化建设情况报告；

（十二）公司名称预先核准通知；

（十三）中国保监会规定提交的其他材料。

第十四条 中国保监会应当审查开业申请，进行开业验收，并自受理开业申请之日起 60 日内作出批准或者不批准开业的决定。验收合格决定批准开业的，颁发经营保险业务许可证；验收不合格决定不批准开业的，应当书面通知申请人并说明理由。

经批准开业的保险公司，应当持批准文件以及经营保险业务许可证，向工商行政管理部门办理登记注册手续，领取营业执照后方可营业。

第三章 分支机构设立

$\mathscr{P}_{18}$

第十五条 保险公司可以根据业务发展需要申请设立分支机构。

保险公司分支机构的层级依次为分公司、中心支公司、支公司、营业部或者营销服务部。保险公司可以不逐级设立分支机构，但其在住所地以外的各省、自治区、直辖市开展业务，应当首先设立分公司。

保险公司可以不按照前款规定的层级逐级管理下级分支机构；营业部、营销服务部不得再管理其他任何分支机构。

第十六条 保险公司以 2 亿元人民币的最低资本金额设立 $\mathscr{P}_{18}$
的，在其住所地以外的每一省、自治区、直辖市首次申请设立分公司，应当增加不少于人民币 2 千万元的注册资本。

申请设立分公司，保险公司的注册资本达到前款规定的增资后额度的，可以不再增加相应的注册资本。

保险公司注册资本达到人民币 5 亿元，在偿付能力充足的情况下，设立分公司不需要增加注册资本。

P18 **第十七条** 设立省级分公司，由保险公司总公司提出申请；设立其他分支机构，由保险公司总公司提出申请，或者由省级分公司持总公司批准文件提出申请。

在计划单列市申请设立分支机构，还可以由保险公司根据本规定第四条第三款指定的分支机构持总公司批准文件提出申请。

P18 **第十八条** 设立分支机构，应当提出设立申请，并符合下列条件：

（一）上一年度偿付能力充足，提交申请前连续 2 个季度偿付能力均为充足；

（二）保险公司具备良好的公司治理结构，内控健全；

（三）申请人具备完善的分支机构管理制度；

（四）对拟设立分支机构的可行性已进行充分论证；

（五）在住所地以外的省、自治区、直辖市申请设立省级分公司以外其他分支机构的，该省级分公司已经开业；

（六）申请人最近 2 年内无受金融监管机构重大行政处罚的记录，不存在因涉嫌重大违法行为正在受到中国保监会立案调查的情形；

（七）申请设立省级分公司以外其他分支机构，在拟设地所在的省、自治区、直辖市内，省级分公司最近 2 年内无受金融监管机构重大行政处罚的记录，已设立的其他分支机构最近 6 个月内无受重大保险行政处罚的记录；

（八）有申请人认可的筹建负责人；

（九）中国保监会规定的其他条件。

P18 **第十九条** 设立分支机构，申请人应当提交下列材料一式三份：

（一）设立申请书；

（二）申请前连续 2 个季度的偿付能力报告和上一年度经审计的偿付能力报告；

（三）保险公司上一年度公司治理结构报告以及申请人内控制度；

（四）分支机构设立的可行性论证报告，包括拟设机构 3 年业务发展规划和市场分析，设立分支机构与公司风险管理状况和内控状况相适应的说明；

（五）申请人分支机构管理制度；

（六）申请人作出的其最近 2 年无受金融监管机构重大行政处罚的声明；

（七）申请设立省级分公司以外其他分支机构的，提交省级分公司最近 2 年无受金融监管机构重大行政处罚的声明；

（八）拟设机构筹建负责人的简历以及相关证明材料；

（九）中国保监会规定提交的其他材料。

第二十条　中国保监会应当自收到完整申请材料之日起 30 $\mathscr{P}_{19}$
日内对设立申请进行书面审查，对不符合本规定第十八条的，作出不予批准决定，并书面说明理由；对符合本规定第十八条的，向申请人发出筹建通知。

第二十一条　申请人应当自收到筹建通知之日起 6 个月内完成分支机构的筹建工作。筹建期间不计算在行政许可的期限内。

筹建期间届满未完成筹建工作的，应当根据本规定重新提出设立申请。

筹建机构在筹建期间不得从事任何保险经营活动。

第二十二条　筹建工作完成后，筹建机构具备下列条件的，申请人可以向中国保监会提交开业验收报告：

（一）具有合法的营业场所，安全、消防设施符合要求；

（二）建立了必要的组织机构和完善的业务、财务、风险控制、资产管理、反洗钱等管理制度；

（三）建立了与经营管理活动相适应的信息系统；

（四）具有符合任职条件的拟任高级管理人员或者主要负责人；

（五）对员工进行了上岗培训；

（六）筹建期间未开办保险业务；

（七）中国保监会规定的其他条件。

第二十三条 申请人提交的开业验收报告应当附下列材料一式三份：

（一）筹建工作完成情况报告；

（二）拟任高级管理人员或者主要负责人简历及有关证明；

（三）拟设机构营业场所所有权或者使用权证明；

（四）计算机设备配置、应用系统及网络建设情况报告；

（五）业务、财务、风险控制、资产管理、反洗钱等制度；

（六）机构设置和从业人员情况报告，包括员工上岗培训情况报告等；

（七）按照拟设地规定提交有关消防证明，无需进行消防验收或者备案的，提交申请人作出的已采取必要措施确保消防安全的书面承诺；

（八）中国保监会规定提交的其他材料。

第二十四条 中国保监会应当自收到完整的开业验收报告之日起30日内，进行开业验收，并作出批准或者不予批准的决定。验收合格批准设立的，颁发分支机构经营保险业务许可证；验收不合格不予批准设立的，应当书面通知申请人并说明理由。

P19 **第二十五条** 经批准设立的保险公司分支机构，应当持批准文件以及分支机构经营保险业务许可证，向工商行政管理部门办理登记注册手续，领取营业执照后方可营业。

第四章 机构变更、解散与撤销

P20 **第二十六条** 保险机构有下列情形之一的，应当经中国保监会批准：

（一）保险公司变更名称；

（二）变更注册资本；

（三）扩大业务范围；

（四）变更营业场所；

（五）保险公司分立或者合并；

（六）修改保险公司章程；

（七）变更出资额占有限责任公司资本总额5%以上的股东，或者变更持有股份有限公司股份5%以上的股东；

（八）中国保监会规定的其他情形。

第二十七条　保险机构有下列情形之一，应当自该情形发生之日起15日内，向中国保监会报告：

（一）变更出资额不超过有限责任公司资本总额5%的股东，或者变更持有股份有限公司股份不超过5%的股东，上市公司的股东变更除外；

（二）保险公司的股东变更名称，上市公司的股东除外；

（三）保险公司分支机构变更名称；

（四）中国保监会规定的其他情形。

第二十八条　保险公司依法解散的，应当经中国保监会批 P21
准，并报送下列材料一式三份：

（一）解散申请书；

（二）股东大会或者股东会决议；

（三）清算组织及其负责人情况和相关证明材料；

（四）清算程序；

（五）债权债务安排方案；

（六）资产分配计划和资产处分方案；

（七）中国保监会规定提交的其他材料。

第二十九条　保险公司依法解散的，应当成立清算组，清算 P21
工作由中国保监会监督指导。

保险公司依法被撤销的，由中国保监会及时组织股东、有关部门以及相关专业人员成立清算组。

第三十条 清算组应当自成立之日起10日内通知债权人，并于60日内在中国保监会指定的报纸上至少公告3次。

清算组应当委托资信良好的会计师事务所、律师事务所，对公司债权债务和资产进行评估。

第三十一条 保险公司撤销分支机构，应当经中国保监会批准。分支机构经营保险业务许可证自被批准撤销之日起自动失效，并应当于被批准撤销之日起15日内缴回。

保险公司合并、撤销分支机构的，应当进行公告，并书面通知有关投保人、被保险人或者受益人，对交付保险费、领取保险金等事宜应当充分告知。

第三十二条 保险公司依法解散或者被撤销的，其资产处分应当采取公开拍卖、协议转让或者中国保监会认可的其他方式。

第三十三条 保险公司依法解散或者被撤销的，在保险合同责任清算完毕之前，公司股东不得分配公司资产，或者从公司取得任何利益。

P21 **第三十四条** 保险公司有《中华人民共和国企业破产法》第二条规定情形的，依法申请重整、和解或者破产清算。

第五章 分支机构管理

第三十五条 保险公司应当加强对分支机构的管理，督促分支机构依法合规经营，确保上级机构对管理的下级分支机构能够实施有效管控。

第三十六条 保险公司总公司应当根据本规定和发展需要制定分支机构管理制度，其省级分公司应当根据总公司的规定和当地实际情况，制定本省、自治区、直辖市分支机构管理制度。

保险公司在计划单列市设立分支机构的，应当由省级分公司或者保险公司根据本规定第四条第三款指定的分支机构制定当地分支机构管理制度。

第三十七条　分支机构管理制度至少应当包括下列内容：

（一）各级分支机构职能；

（二）各级分支机构人员、场所、设备等方面的配备要求；

（三）分支机构设立、撤销的内部决策制度；

（四）上级机构对下级分支机构的管控职责和措施。

第三十八条　保险公司分支机构应当配备必要数量的工作人员，分支机构高级管理人员或者主要负责人应当是与保险公司订立劳动合同的正式员工。

第三十九条　保险公司分支机构在经营存续期间，应当具有规范和稳定的营业场所，配备必要的办公设备。

第四十条　保险公司分支机构应当将经营保险业务许可证原件放置于营业场所显著位置，以备查验。

第六章　保险经营

第四十一条　保险公司的分支机构不得跨省、自治区、直辖市经营保险业务，本规定第四十二条规定的情形和中国保监会另有规定的除外。

第四十二条　保险机构参与共保、经营大型商业保险或者统括保单业务，以及通过互联网、电话营销等方式跨省、自治区、直辖市承保业务，应当符合中国保监会的有关规定。

第四十三条　保险机构应当公平、合理拟订保险条款和保险费率，不得损害投保人、被保险人和受益人的合法权益。𝒫24

第四十四条　保险机构的业务宣传资料应当客观、完整、真实，并应当载有保险机构的名称和地址。

第四十五条　保险机构应当按照中国保监会的规定披露有关信息。𝒫24

保险机构不得利用广告或者其他宣传方式，对其保险条款内容和服务质量等做引人误解的宣传。

第四十六条　保险机构对保险合同中有关免除保险公司责任、退保、费用扣除、现金价值和犹豫期等事项，应当依照《保𝒫6

险法》和中国保监会的规定向投保人作出提示。

P25 **第四十七条** 保险机构开展业务，应当遵循公平竞争的原则，不得从事不正当竞争。

第四十八条 保险机构不得将其保险条款、保险费率与其他保险公司的类似保险条款、保险费率或者金融机构的存款利率等进行片面比较。

P25 **第四十九条** 保险机构不得以捏造、散布虚假事实等方式损害其他保险机构的信誉。

保险机构不得利用政府及其所属部门、垄断性企业或者组织，排挤、阻碍其他保险机构开展保险业务。

第五十条 保险机构不得劝说或者诱导投保人解除与其他保险机构的保险合同。

P25 **第五十一条** 保险机构不得给予或者承诺给予投保人、被保险人、受益人保险合同约定以外的保险费回扣或者其他利益。

第五十二条 除再保险公司以外，保险机构应当按照规定设立客户服务部门或者咨询投诉部门，并向社会公开咨询投诉电话。

保险机构对保险投诉应当认真处理，并将处理意见及时告知投诉人。

P24 **第五十三条** 保险机构应当建立保险代理人的登记管理制度，加强对保险代理人的培训和管理，不得唆使、诱导保险代理人进行违背诚信义务的活动。

P24 **第五十四条** 保险机构不得委托未取得合法资格的机构或者个人从事保险销售活动，不得向未取得合法资格的机构或者个人支付佣金或者其他利益。

第五十五条 保险公司应当建立健全公司治理结构，加强内部管理，建立严格的内部控制制度。

P24 **第五十六条** 保险公司应当建立控制和管理关联交易的有关制度。保险公司的重大关联交易应当按照规定及时向中国保监会报告。

第五十七条　保险机构任命董事、监事、高级管理人员，应当在任命前向中国保监会申请核准上述人员的任职资格。$\mathscr{P}_{19}$

保险机构董事、监事、高级管理人员的任职资格管理，按照《保险法》和中国保监会有关规定执行。

第五十八条　保险机构应当依照《保险法》和中国保监会的有关规定管理、使用经营保险业务许可证。

第七章　监督管理

第五十九条　中国保监会对保险机构的监督管理，采取现场监管与非现场监管相结合的方式。

第六十条　保险机构有下列情形之一的，中国保监会可以将其列为重点监管对象：$\mathscr{P}_{29}$

（一）严重违法；

（二）偿付能力不足；

（三）财务状况异常；

（四）中国保监会认为需要重点监管的其他情形。

第六十一条　中国保监会对保险机构的现场检查包括但不限于下列事项：

（一）机构设立、变更是否依法经批准或者向中国保监会报告；

（二）董事、监事、高级管理人员任职资格是否依法经核准；

（三）行政许可的申报材料是否真实；

（四）资本金、各项准备金是否真实、充足；

（五）公司治理和内控制度建设是否符合中国保监会的规定；

（六）偿付能力是否充足；

（七）资金运用是否合法；

（八）业务经营和财务情况是否合法，报告、报表、文件、资料是否及时、完整、真实；

（九）是否按规定对使用的保险条款和保险费率报经审批或者备案；

（十）与保险中介的业务往来是否合法；

（十一）信息化建设工作是否符合规定；

（十二）需要事后报告的其他事项是否按照规定报告；

（十三）中国保监会依法检查的其他事项。

第六十二条 中国保监会对保险机构进行现场检查，保险机构应当予以配合，并按中国保监会的要求提供有关文件、材料。

第六十三条 中国保监会工作人员依法实施现场检查；检查人员不得少于2人，并应当出示有关证件和检查通知书。

中国保监会可以在现场检查中，委托会计师事务所等中介服务机构提供相关专业服务；委托上述中介服务机构提供专业服务的，应当签订书面委托协议。

第六十四条 保险机构出现频繁撤销分支机构、频繁变更分支机构营业场所等情形，可能或者已经对保险公司经营造成不利影响的，中国保监会有权根据监管需要采取下列措施：

（一）要求保险机构在指定时间内完善分支机构管理的相关制度；

（二）询问保险机构负责人、其他相关人员，了解变更、撤销的有关情况；

（三）要求保险机构提供其内部对变更、撤销行为进行决策的相关文件和资料；

（四）出示重大风险提示函，或者对有关人员进行监管谈话；

（五）依法采取的其他措施。

保险机构应当按照中国保监会的要求进行整改，并及时将整改情况书面报告中国保监会。

第六十五条 中国保监会有权根据监管需要，要求保险机构进行报告或者提供专项资料。

第六十六条 保险机构应当按照规定及时向中国保监会报送营业报告、精算报告、财务会计报告、偿付能力报告、合规报告等报告、报表、文件和资料。

保险机构向中国保监会提交的各类报告、报表、文件和资料，应当真实、完整、准确。

第六十七条 保险公司的股东大会、股东会、董事会的重大决议，应当在决议作出后30日内向中国保监会报告，中国保监会另有规定的除外。

第六十八条 中国保监会有权根据监管需要，对保险机构董事、监事、高级管理人员进行监管谈话，要求其就保险业务经营、风险控制、内部管理等有关重大事项作出说明。

第六十九条 保险机构或者其从业人员违反本规定，由中国保监会依照法律、行政法规进行处罚；法律、行政法规没有规定的，由中国保监会责令改正，给予警告，对有违法所得的处以违法所得1倍以上3倍以下罚款，但最高不得超过3万元，对没有违法所得的处以1万元以下罚款；涉嫌犯罪的，依法移交司法机关追究其刑事责任。

第八章 附 则

第七十条 外资独资保险公司、中外合资保险公司分支机构设立适用本规定；中国保监会之前作出的有关规定与本规定不一致的，以本规定为准。

对外资独资保险公司、中外合资保险公司的其他管理，适用本规定，法律、行政法规和中国保监会另有规定的除外。

第七十一条 除本规定第四十二条和第七十二条第一款规定的情形外，外国保险公司分公司只能在其住所地的省、自治区、直辖市行政辖区内开展业务。

对外国保险公司分公司的其他管理，参照本规定对保险公司总公司的有关规定执行，法律、行政法规和中国保监会另有规定的除外。

第七十二条 再保险公司，包括外国再保险公司分公司，可以直接在全国开展再保险业务。

再保险公司适用本规定，法律、行政法规和中国保监会另有规定的除外。

第七十三条 政策性保险公司、相互制保险公司参照适用本规定，国家另有规定的除外。

第七十四条 保险公司在境外设立子公司、分支机构，应当经中国保监会批准；其设立条件和管理，由中国保监会另行规定。

第七十五条 保险公司应当按照《保险法》的规定，加入保险行业协会。

第七十六条 本规定施行前已经设立的分支机构，无需按照本规定的设立条件重新申请设立审批，但应当符合本规定对分支机构的日常管理要求。不符合规定的，应当自本规定施行之日起2年内进行整改，在高级管理人员或者主要负责人资质、场所规范、许可证使用、分支机构管理等方面达到本规定的相关要求。

第七十七条 保险机构依照本规定报送的各项报告、报表、文件和资料，应当用中文书写。原件为外文的，应当附中文译本；中文与外文意思不一致的，以中文为准。

第七十八条 本规定中的日是指工作日，不含法定节假日；本规定中的以上、以下，包括本数。

第七十九条 本规定由中国保监会负责解释。

第八十条 本规定自2009年10月1日起施行。中国保监会2004年5月13日发布的《保险公司管理规定》（保监会令〔2004〕3号）同时废止。

再保险业务管理规定 P9

（2010 年 5 月 21 日中国保险监督管理委员会令 2010 年第 8 号发布　根据 2015 年 10 月 19 日中国保险监督管理委员会令 2015 年第 3 号《关于修改〈保险公司设立境外保险类机构管理办法〉等八部规章的决定》修订）

第一章　总　则

第一条　为了规范和发展再保险市场，加强对再保险业务的管理，实现保险业健康协调可持续发展，依据《中华人民共和国保险法》（以下简称《保险法》）、《中华人民共和国外资保险公司管理条例》以及有关法律、行政法规，制定本规定。

第二条　本规定所称再保险，是指保险人将其承担的保险业务，部分转移给其他保险人的经营行为。 P9

本规定所称直接保险，也称原保险，是相对再保险而言的保险，由投保人与保险人直接订立保险合同的保险业务。

本规定所称转分保，是指再保险接受人将其分入的保险业务，转移给其他保险人的经营行为。

本规定所称合约分保，是指保险人与其他保险人预先订立合同，约定将一定时期内其承担的保险业务，部分向其他保险人办理再保险的经营行为。

本规定所称临时分保，是指保险人临时与其他保险人约定，将其承担的保险业务，部分向其他保险人办理再保险的经营行为。

本规定所称比例再保险，是指以保险金额为基础确定再保险分出人自留额和再保险接受人分保额的再保险方式。

本规定所称非比例再保险，是指以赔款金额为基础确定再保险分出人自负责任和再保险接受人分保责任的再保险方式。

第三条 本规定所称再保险分出人，是指将其承担的保险业务，部分转移给其他保险人的保险人；本规定所称再保险接受人，是指承接其他保险人转移的保险业务的保险人。

本规定所称分出业务，是指再保险分出人转移出的保险业务；本规定所称分入业务，是指再保险接受人接受分入的保险业务。

本规定所称直接保险公司，也称原保险公司，是相对再保险人而言，是指直接与投保人订立保险合同的保险人。

本规定所称保险联合体，是指为了处理单个保险人无法承担的特殊风险或者巨额保险业务，或者按照国际惯例，由两个或两个以上保险人联合组成、按照其章程约定共同经营保险业务的组织。

本规定所称保险经纪人，是指接受再保险分出人委托，基于再保险分出人利益，为再保险分出人与再保险接受人办理再保险业务提供中介服务，并按约定收取佣金的保险经纪机构。

第四条 在中华人民共和国境内（不含港澳台）设立的保险人、保险联合体以及保险经纪人或其他保险机构办理再保险业务，应当遵守本规定。

第五条 保险人、保险联合体和保险经纪人办理再保险业务，应当遵循审慎和最大诚信原则。

第六条 再保险分出人、再保险接受人和保险经纪人，对在办理再保险业务中知悉的商业秘密，应当负有保密义务。

第七条 中国保险监督管理委员会（以下简称中国保监会）鼓励保险人、保险联合体和保险经纪人积极为农业保险和地震、台风、洪水等巨灾保险提供保险及再保险服务。

第八条 中国保监会依法对再保险业务实施监督和管理。

第二章　业务经营

第九条　再保险业务分为寿险再保险和非寿险再保险。保险人对寿险再保险和非寿险再保险应当单独列账、分别核算。

第十条　保险人应当依照《保险法》规定，确定当年总自留保险费和每一危险单位自留责任；超过的部分，应当办理再保险。

第十一条　除航空航天保险、核保险、石油保险、信用保险外，直接保险公司办理合约分保或者临时分保的，应当符合下列规定：

（一）以比例再保险方式分出财产险直接保险业务时，每一危险单位分给同一家再保险接受人的比例，不得超过再保险分出人承保直接保险合同部分的保险金额或者责任限额的80%；

（二）每一临时分保合同分给投保人关联企业的保险金额或者责任限额，不得超过直接保险业务保险金额或者责任限额的20%。

第十二条　保险人对危险单位的划分应当符合中国保监会的相关规定，并于每年3月31日之前，将危险单位的划分方法报中国保监会备案。

第十三条　保险人应当根据实际情况，科学、合理安排巨灾再保险，并于每年6月30日之前，将巨灾风险安排方案报中国保监会备案。

第十四条　保险人应当按照中国保监会的规定办理再保险，并审慎选择再保险接受人，选择再保险接受人应当符合中国保监会的有关规定。

第十五条　再保险分出人应当将影响再保险定价和分保条件的重要信息向再保险接受人书面告知。再保险合同成立后，再保险分出人应及时向再保险接受人提供重大赔案信息、赔款准备金等对再保险接受人的准备金建立及预期赔付有重大影响的信息。

第十六条　保险人和保险经纪人可以利用金融工具开发设计

新型风险转移产品。保险人应当按照有关规定向中国保监会报告。

第十七条 中国境内的专业再保险接受人，应当配备在中国境内有住所的专职再保险核保人和再保险核赔人。

第三章 再保险经纪业务

第十八条 保险经纪人从事再保险经纪业务，不得损害保险人的信誉和合法权益。

第十九条 保险经纪人可以根据业务需要引进或者设计再保险合同。

第二十条 保险经纪人应当按照与再保险分出人的约定，及时寄送账单、结算再保险款项以及履行其他义务，不得挪用或者截留再保险费、摊回赔款、摊回手续费以及摊回费用。

保险经纪人应当将再保险接受人的有关信息及时、准确地告知再保险分出人。

第二十一条 应再保险接受人的要求，保险经纪人应当按照与再保险分出人的约定，将其知道的再保险分出人的自留责任以及直接保险的有关情况书面告知再保险接受人。

第二十二条 应再保险分出人或者再保险接受人的要求，保险经纪人应当按照合同约定配合进行赔案的理赔工作。

第四章 监督管理

第二十三条 外资保险公司应当定期向中国保监会提交下列材料：

（一）外资保险公司与关联企业签订合约再保险合同后，应当在合同生效后一个月，将再保险合同简要文本（Slip）上报中国保监会；同时，在每季度结束后一个月内，将上季度与关联企业签订的生效的临分再保险合同简要文本（Slip）上报中国保监会。

（二）外资保险公司应当对其与每一个关联企业的再保险交

易进行单独统计，并按中国保监会的要求报送相关资料。

第二十四条　保险人办理再保险业务，应当按照精算的原理、方法，评估各项准备金，并按照中国保监会有关规定准确、足额提取和结转各项准备金。

对于同一笔寿险业务，在法定责任准备金下，再保险接受人与再保险分出人在评估准备金时，应采用一致的评估方法与假设。

第二十五条　保险人偿付能力报告中涉及再保险业务的内容，应当符合保险公司偿付能力报告编报规则的要求。

第二十六条　外国再保险公司分公司的偿付能力状况，按照其总公司的偿付能力状况认定。

外国再保险公司分公司自留保费以其总公司直接授权的额度为限。

第二十七条　直接保险公司应当在每年4月30日以前，向中国保监会提交下列材料：

（一）以比例再保险方式分出财产险直接保险业务时，除航空航天保险、核保险、石油保险、信用保险外，上一会计年度办理合约分保和临时分保的，每一危险单位分给同一家再保险接受人的业务，超过再保险分出人承保直接保险合同部分的保险金额或者责任限额50%的交易情况；

（二）本会计年度合约分保中，对于4月30日之后签署的合约，应当于合约生效后一个月内上报下列资料：

1. 合约名称及有效期；

2. 续转或新签情况；

3. 再保险合约文本复印件；其中，对人身保险公司，只需上报新增的或者有变动的再保险合约文本复印件；

4. 直接分出情况：再保险接受人名称（注明首席接受人或最大份额接受人）及份额、资本金、资本公积、信用评级、签约再保险接受人所在国家或地区；

5. 经纪人安排情况：经纪人名称、份额、所在国家或地区，通过经纪人分出的再保险接受人的有关情况，包括再保险接受人的名称（注明首席接受人或最大份额接受人）及份额、资本金、资本公积、信用评级、签约再保险接受人所在国家或地区。

（三）财产保险公司上一会计年度以及本会计年度每一危险单位的最大净自留额；

（四）财产保险公司、人身保险公司本会计年度再保险安排的变动情况，主要包括再保合约的增加或减少、合约分保首席接受人或最大份额接受人的变化等。

第二十八条 财产保险公司应当建立再保险信息定期报告制度，按照中国保监会相关规定于每季度结束后一周内，将上一季度有关情况上报中国保监会。

第二十九条 保险公司应当在每年4月30日以前，向中国保监会提交下列报告：

（一）上一会计年度再保险业务经营情况，主要从再保险业务规模、手续费以及摊回、赔款以及摊回等分入、分出两方面表述。

（二）总精算师或精算责任人签署的、有关再保险业务的各类准备金提取办法和金额。

第三十条 直接保险公司应当将重大保险赔案及其再保险安排情况、再保险政策的重大调整等情况，及时向中国保监会报告。

前款所称重大保险赔案是指在一次保险事故中，财产损失赔偿在5000万元以上，或者人身伤亡赔付在3000万元以上的理赔案件。

第三十一条 外国再保险公司分公司应当按照下列要求向中国保监会提交有关报告：

（一）在每年7月31日以前，提交其总公司注册地保险监管机构根据当地法律出具的有关其总公司偿付能力状况的意见书或者经营状况意见书；

（二）在每年12月31日以前，提交其总公司下一年度授权的承保权限和自留保费额度；

（三）在每年1月31日和7月31日以前，提交有关转分保业务情况的报告，包括转分保分入公司名称、业务种类、合同形式、分出保费、摊回赔款以及摊回手续费等。

第三十二条　保险联合体应当在每年4月30日以前，向中国保监会报告上一年度的财务报告、业务分析报告以及与境外再保险交易情况。

第五章　法律责任

第三十三条　保险公司、保险经纪人违反本规定办理再保险分出业务的，由中国保监会责令改正，并处以5万元以上30万元以下罚款；情节严重的，可以限制业务范围、责令停止接受新业务或者吊销经营保险业务许可证。

对未按照本规定办理再保险的行为负直接责任的主管人员和其他直接责任人员给予警告，并处1万元以上10万元以下的罚款；情节严重的，撤销任职资格或从业资格；并可以禁止有关责任人员一定期限直至终身进入保险业。

第六章　附　则

第三十四条　政策性保险公司办理再保险业务参照适用本规定。不能适用本规定的，政策性保险公司应当在3个月内向中国保监会报告有关情况。

第三十五条　本规定由中国保监会负责解释。

第三十六条　本规定自2010年7月1日起施行。中国保监会2005年10月14日发布的《再保险业务管理规定》（保监会令〔2005〕2号）同时废止。

中国保险监督管理委员会

关于界定责任保险和人身意外伤害保险的通知

（1999年12月15日中国保险监督管理委员会
以保监发〔1999〕245号通知印发）

各保险公司：

为进一步规范保险经营行为，维护保险市场的正常秩序，现就责任保险与人身意外伤害保险界限的有关问题通知如下：

一、根据《中华人民共和国保险法》第九十一条的规定，责
P17 任保险属于财产保险业务，由财产保险公司经营；人身意外伤害
P22 保险属于人身保险业务，由人寿保险公司经营。以由于被保险人
的侵权行为造成他人人身伤害依法应承担的民事赔偿责任为保险
标的的保险，属于责任保险。

二、责任保险与人身意外伤害保险界定的原则：

（一）责任保险的保险标的是被保险人对他人依法应承担的民事赔偿责任；人身意外伤害保险的保险标的是被保险人的身体和生命。

（二）责任保险的被保险人可以是自然人，也可以是法人，是可能承担民事赔偿责任的人；人身意外伤害保险的被保险人只能是自然人，是可能遭受意外伤害的人。

（三）责任保险只有当被保险人依据法律对第三者负有法律赔偿责任时，保险人才履行赔偿责任；人身意外伤害保险则不论事故的起因，凡属于保险责任范围内的事故造成被保险人死亡、伤残，保险人均负责赔偿。

（四）责任保险适用补偿原则，责任保险的保险金额是赔偿

限额，保险事故发生后，保险人按被保险人对第三者实际承担的民事赔偿责任核定保险赔款，并且保险赔款金额以不超过保险金额为限，保险人赔款后依法享有代位求偿权；人身意外伤害保险适用定额给付原则，赔偿金额是根据保险合同中规定的死亡或伤残程度给付标准来给付保险金，保险人给付保险金，不产生代位求偿权。

（五）责任保险的投保人与被保险人一般为同一人，同时也是缴费义务人；人身意外伤害保险的投保人既可以为自己投保，也可以为与其有保险利益的其他自然人投保，投保人与被保险人可以为同一人（此时被保险人为缴费义务人），也可不为同一人（此时被保险人不是缴费义务人）。

二、各保险公司要严格按照《中华人民共和国保险法》第九 𝒫22
十一条关于保险公司业务范围的规定经营业务，不得任意混淆责任保险和人身意外伤害保险的界限，严禁各保险公司超业务范围经营。

三、各保险公司在接到此通知后，要立即对本公司系统的有关保险条款进行清理，坚决停办超范围经营的责任保险或人身意外伤害保险业务。

四、本通知下发后，凡发现保险公司超范围经营保险业务的，我会将依法进行严肃处理。

（二）人身保险

𝒫10

人身保险公司保险条款和保险费率管理办法

（2011年12月30日中国保险监督管理委员会令2011年第3号发布　根据2015年10月19日中国保险监督管理委员会令2015年第3号《关于修改〈保险公司设立境外保险类机构管理办法〉等八部规章的决定》修订）

第一章　总　则

第一条　为了加强人身保险公司（以下简称保险公司）保险条款和保险费率的监督管理，保护投保人、被保险人和受益人的合法权益，维护保险市场竞争秩序，鼓励保险公司创新，根据《中华人民共和国保险法》（以下简称《保险法》）等有关法律、行政法规，制定本办法。

第二条　中国保险监督管理委员会（以下简称中国保监会）依法对保险公司的保险条款和保险费率实施监督管理。中国保监会派出机构在中国保监会授权范围内行使职权。

第三条　保险公司应当按照《保险法》和中国保监会有关规定，公平、合理拟订保险条款和保险费率，不得损害投保人、被保险人和受益人的合法权益。保险公司对其拟订的保险条款和保险费率承担相应责任。

第四条　保险公司应当按照本办法规定将保险条款和保险费率报送中国保监会审批或者备案。

第五条　保险公司应当建立科学、高效、符合市场需求的人身保险开发管理机制，定期跟踪和分析经营情况，及时发现保险条款、保险费率经营管理中存在的问题并采取相应解决措施。

第六条　保险公司应当充分发挥核心竞争优势，合理配置公司资源，围绕宏观经济政策、市场需求、公司战略目标开发保险险种。

第二章　设计与分类

第七条　人身保险分为人寿保险、年金保险、健康保险、意外伤害保险。

第八条　人寿保险是指以人的寿命为保险标的的人身保险。人寿保险分为定期寿险、终身寿险、两全保险等。

定期寿险是指以被保险人死亡为给付保险金条件，且保险期间为固定年限的人寿保险。

终身寿险是指以被保险人死亡为给付保险金条件，且保险期间为终身的人寿保险。

两全保险是指既包含以被保险人死亡为给付保险金条件，又包含以被保险人生存为给付保险金条件的人寿保险。

第九条　年金保险是指以被保险人生存为给付保险金条件，并按约定的时间间隔分期给付生存保险金的人身保险。

第十条　养老年金保险是指以养老保障为目的的年金保险。养老年金保险应当符合下列条件：

（一）保险合同约定给付被保险人生存保险金的年龄不得小于国家规定的退休年龄；

（二）相邻两次给付的时间间隔不得超过一年。

第十一条　健康保险是指以因健康原因导致损失为给付保险金条件的人身保险。健康保险分为疾病保险、医疗保险、失能收入损失保险、护理保险等。

疾病保险是指以保险合同约定的疾病发生为给付保险金条件的健康保险。

医疗保险是指以保险合同约定的医疗行为发生为给付保险金条件，按约定对被保险人接受诊疗期间的医疗费用支出提供保障的健康保险。

失能收入损失保险是指以因保险合同约定的疾病或者意外伤害导致工作能力丧失为给付保险金条件，按约定对被保险人在一定时期内收入减少或者中断提供保障的健康保险。

护理保险是指以因保险合同约定的日常生活能力障碍引发护理需要为给付保险金条件，按约定对被保险人的护理支出提供保障的健康保险。

第十二条 意外伤害保险是指以被保险人因意外事故而导致身故、残疾或者发生保险合同约定的其他事故为给付保险金条件的人身保险。

第十三条 人寿保险和健康保险可以包含全残责任。

健康保险包含两种以上健康保障责任的，应当按照一般精算原理判断主要责任，并根据主要责任确定险种类别。长期健康保险中的疾病保险，可以包含死亡保险责任，但死亡给付金额不得高于疾病最高给付金额。其他健康保险不得包含死亡保险责任，但因疾病引发的死亡保险责任除外。

医疗保险和疾病保险不得包含生存保险责任。

意外伤害保险可以包含由意外伤害导致的医疗保险责任。仅包含由意外伤害导致的医疗保险责任的保险应当确定为医疗保险。

第十四条 保险公司应当严格遵循本办法所规定的人寿保险、年金保险、健康保险、意外伤害保险的分类标准，中国保监会另有规定的除外。

第十五条 人身保险的定名应当符合下列格式：

“保险公司名称” +“吉庆、说明性文字” +“险种类别” +“（设计类型）”

前款规定的保险公司名称可用全称或者简称；吉庆、说明性文字的字数不得超过10个。

附加保险的定名应当在“保险公司名称”后标注“附加”字样。

团体保险应当在名称中标明“团体”字样。

第十六条　年金保险中的养老年金保险险种类别为“养老年金保险”，其他年金保险险种类别为“年金保险”；意外伤害保险险种类别为“意外伤害保险”。

第十七条　人身保险的设计类型分为普通型、分红型、投资连结型、万能型等。

第十八条　分红型、投资连结型和万能型人身保险应当在名称中注明设计类型，普通型人身保险无须在名称中注明设计类型。

第三章　审批与备案

第十九条　保险公司总公司负责将保险条款和保险费率报送中国保监会审批或者备案。

第二十条　保险公司下列险种的保险条款和保险费率，应当 𝒫28
在使用前报送中国保监会审批：

（一）关系社会公众利益的保险险种；

（二）依法实行强制保险的险种；

（三）中国保监会规定的新开发人寿保险险种；

（四）中国保监会规定的其他险种。

前款规定以外的其他险种，应当报送中国保监会备案。

第二十一条　保险公司报送保险条款和保险费率备案的，应 𝒫28
当提交下列材料：

（一）《人身保险公司保险条款和保险费率备案报送材料清单表》；

（二）保险条款；

（三）保险费率表；

（四）总精算师签署的相关精算报告；

（五）总精算师声明书；

（六）法律责任人声明书；

（七）中国保监会规定的其他材料。

第二十二条　保险公司报送分红保险、投资连结保险、万能保险保险条款和保险费率备案的，除提交第二十一条规定的材料以外，还应当提交下列材料：

（一）财务管理办法；

（二）业务管理办法；

（三）信息披露管理制度；

（四）业务规划及对偿付能力的影响；

（五）产品说明书。

分红保险，还应当提交红利计算和分配办法、收入分配和费用分摊原则；投资连结保险和万能保险，还应当提交包括销售渠道、销售区域等内容的销售管理办法。

保险公司提交的上述材料与本公司已经中国保监会审批或者备案的同类险种对应材料完全一致的，可以免于提交该材料，但应当在材料清单表中予以注明。

第二十三条 保险公司报送保险条款和保险费率审批的，除提交第二十一条第（二）项至第（七）项以及第二十二条规定的材料外，还应当提交下列材料：

（一）《人身保险公司保险条款和保险费率审批申请表》；

（二）《人身保险公司保险条款和保险费率审批报送材料清单表》；

（三）保险条款和保险费率的说明材料，包括保险条款和保险费率的主要特点、市场风险和经营风险分析、相应的管控措施等。

第二十四条 保险公司报送下列保险条款和保险费率审批或者备案的，除分别按照第二十一条、第二十二条、第二十三条规定报送材料以外，还应当按照下列规定提交材料：

（一）具有现金价值的，提交包含现金价值表示例的书面材料以及包含各年龄现金价值全表的电子文档；

（二）具有减额交清条款的，提交包含减额交清保额表示例的书面材料以及包含各年龄减额交清保额全表的电子文档；

（三）中国保监会允许费率浮动或者参数调整的，提交由总精算师签署的费率浮动管理办法或者产品参数调整办法；

（四）保险期间超过一年的，提交利润测试模型的电子文档。

第二十五条　保险公司报送保险条款和保险费率审批或者备案的，提交的精算报告至少应当包括下列内容：

（一）数据来源和定价基础；

（二）定价方法和定价假设，保险期间超过一年的，还应当包括利润测试参数、利润测试结果以及主要参数变化的敏感性分析；

（三）法定准备金计算方法；

（四）主要风险及相应管理意见；

（五）总精算师需要特别说明的内容；

（六）中国保监会规定的其他内容。

第二十六条　保险公司报送下列保险条款和保险费率审批或者备案的，提交的精算报告除符合第二十五条规定外，还应当符合下列规定：

（一）具有现金价值的，列明现金价值计算方法；

（二）具有减额交清条款的，列明减额交清保额的计算方法；

（三）具有利益演示的，列明利益演示的计算方法。

第二十七条　中国保监会收到保险公司报送的保险条款和保险费率审批申请后，应当根据下列情况分别作出处理：

（一）申请材料不齐全的，自收到材料之日起 5 日内一次告知保险公司需要补正的全部内容；

（二）申请材料齐全或者保险公司按照规定提交全部补正申请材料的，受理该申请，并向保险公司出具加盖受理专用印章的书面凭证。

第二十八条　中国保监会应当自受理保险条款和保险费率审批申请之日起 20 日内作出批准或者不予批准的决定。20 日内不能作出决定的，经中国保监会负责人批准，审批期限可以延长 10 日。中国保监会应当将延长期限的理由告知保险公司。

决定批准的，中国保监会应当将批准决定在保监会文告或者网站上向社会公布；决定不予批准的，中国保监会应当书面通知保险公司，说明理由并告知其享有依法申请行政复议或者提起行政诉讼的权利。

第二十九条 中国保监会可以对审批的保险条款和保险费率进行专家评审，并将专家评审所需时间书面告知保险公司。

中国保监会对涉及社会公共利益的保险条款和保险费率可以组织听证，并根据《中华人民共和国行政许可法》有关规定予以实施。

专家评审时间和听证时间不在本办法第二十八条规定的审批期限内计算。

第三十条 保险公司在保险条款和保险费率审批申请受理后、审批决定作出前，撤回审批申请的，应当向中国保监会提交书面申请，中国保监会应当及时终止对保险条款和保险费率审批申请的审查，并将审批申请材料退回保险公司。

第三十一条 保险公司在保险条款和保险费率审批申请受理后、审批决定作出前，对申报的保险条款和保险费率进行修改的，应当向中国保监会申请撤回审批。

保险公司有前款规定情形的，审批期限自中国保监会收到修改后的完整申请材料之日起重新计算。

第三十二条 保险公司对于未获批准的保险条款和保险费率，可以在修改后重新报送中国保监会审批。

第三十三条 保险公司报送保险条款和保险费率备案，不得迟于使用后10日。

第三十四条 中国保监会收到备案材料后，应当根据下列情况分别作出处理：

（一）备案材料不齐全的，一次告知保险公司在10日内补正全部备案材料；

（二）备案材料齐全或者保险公司按照规定提交全部补正材料的，将备案材料存档，并向保险公司出具备案回执；

（三）发现备案的保险条款和保险费率有《保险法》第一百

三十六条规定情形的，责令保险公司立即停止使用。

第四章　变更与停止使用

第三十五条　保险公司变更已经审批或者备案的保险条款和保险费率，改变其保险责任、险种类别或者定价方法的，应当将保险条款和保险费率重新报送审批或者备案。

第三十六条　保险公司变更已经审批或者备案的保险条款和保险费率，且不改变保险责任、险种类别和定价方法的，应当在发生变更之日起10日内向中国保监会备案，并提交下列材料：

（一）《变更备案报送材料清单表》；

（二）变更原因、主要变更内容的对比说明；

（三）已经审批或者备案的保险条款；

（四）变更后的相关材料；

（五）总精算师声明书；

（六）法律责任人声明书；

（七）中国保监会规定的其他材料。

保险公司名称变更导致人身保险定名发生变更，但其他内容未变更的，可以不提交前款第（三）、（四）、（五）项规定的材料。

第三十七条　保险公司决定在全国范围内停止使用保险条款和保险费率的，应当在停止使用后10日内向中国保监会提交报告，说明停止使用的原因、后续服务的相关措施等情况，并将报告抄送原使用区域的中国保监会派出机构。

保险公司决定在部分区域停止使用保险条款和保险费率的，不得以停止使用保险条款和保险费率进行宣传和销售误导。

保险公司省级分公司及以下分支机构，不得决定停止使用保险条款和保险费率。

第三十八条　保险公司决定重新销售已经停止使用的保险条款和保险费率的，应当在重新销售后10日内向中国保监会提交报告，说明重新使用的原因、管理计划等情况，并将报告抄送拟使用区域的中国保监会派出机构。

第五章　总精算师和法律责任人

第三十九条　保险公司总精算师应当对报送审批或者备案的保险条款和保险费率出具总精算师声明书，并签署相关的精算报告、费率浮动管理办法或者产品参数调整办法。

保险公司总精算师对报送审批或者备案的保险条款和保险费率承担下列责任：

（一）分类准确，定名符合本办法规定；

（二）精算报告内容完备；

（三）精算假设和精算方法符合一般精算原理和中国保监会的精算规定；

（四）具有利益演示的险种，利益演示方法符合一般精算原理和中国保监会的有关规定；

（五）保险费率厘定合理，满足充足性、适当性和公平性原则；

（六）中国保监会规定的其他责任。

第四十条　保险公司应当指定法律责任人，并向中国保监会备案。

第四十一条　保险公司指定的法律责任人应当符合下列条件：

（一）在中华人民共和国境内有住所；

（二）具有本科以上学历；

（三）具有中国律师资格证书或者法律职业资格证书；

（四）属于公司正式员工，且在公司内担任部门负责人及以上职务；

（五）具有5年以上国内保险或者法律从业经验，其中包括三年以上在保险行业内的法律从业经验；

（六）过去3年内未因违法执业行为受到行政处罚；

（七）未受过刑事处罚；

（八）中国保监会规定的其他条件。

第四十二条　保险公司法律责任人履行下列职责：

（一）参与制定人身保险开发策略；

（二）审核保险条款的相关材料；

（三）定期分析由保险条款引发的诉讼案件；

（四）及时向中国保监会报告保险条款的重大风险隐患；

（五）中国保监会或者保险公司章程规定的其他职责。

第四十三条　保险公司法律责任人应当对报送审批或者备案的保险条款出具法律责任人声明书，并承担下列责任：

（一）保险条款公平合理，不损害社会公共利益，不侵害投保人、被保险人和受益人的合法权益；

（二）保险条款文字准确，表述严谨；

（三）具有产品说明书的，产品说明书符合条款表述，内容全面、真实，符合中国保监会的有关规定；

（四）保险条款符合《保险法》等法律、行政法规和中国保监会有关规定；

（五）中国保监会规定的其他责任。

第四十四条　保险公司报送法律责任人备案的，应当向中国保监会提交下列材料一式两份：

（一）《法律责任人备案情况表》；

（二）拟任人身份证明和住所证明复印件；

（三）学历证明和专业资格证明复印件；

（四）从业经历证明；

（五）中国保监会规定的其他材料。

第四十五条　保险公司应当加强对法律责任人管理，建立法律责任人相关制度，向法律责任人提供其承担工作职责所必需的信息，并保证法律责任人能够独立地履行职责。

第四十六条　法律责任人因辞职、被免职或者被撤职等原因离职的，保险公司应当自作出批准辞职或者免职、撤职等决定之日起30日内，向中国保监会报告，并提交下列材料：

（一）法律责任人被免职或者被撤职的原因说明；

（二）免职、撤职或者批准辞职等有关决定的复印件；

（三）法律责任人作出的离职报告或者保险公司对未作离职报告的法律责任人作出的离职说明报告。

第六章　法律责任

𝒫34 **第四十七条**　保险公司未按照规定申请批准保险条款、保险费率的，由中国保监会依据《保险法》第一百六十四条进行处罚。

第四十八条　保险公司使用的保险条款和保险费率有下列情形之一的，由中国保监会责令停止使用，限期修改；情节严重的，可以在一定期限内禁止申报新的保险条款和保险费率：

（一）损害社会公共利益；

（二）内容显失公平或者形成价格垄断，侵害投保人、被保险人或者受益人的合法权益；

（三）条款设计或者费率厘定不当，可能危及保险公司偿付能力；

（四）违反法律、行政法规或者中国保监会的其他规定。

𝒫34 **第四十九条**　保险公司有下列行为之一的，由中国保监会依据《保险法》第一百六十九条进行处罚：

（一）未按照规定报送保险条款、保险费率备案的；

（二）未按照规定报送停止使用保险条款和保险费率相关报告的；

（三）未按照规定报送或者保管与保险条款、保险费率相关的其他报告、报表、文件、资料的，或者未按照规定提供有关信息、资料的。

𝒫35 **第五十条**　保险公司有下列行为之一的，由中国保监会依据《保险法》第一百七十条进行处罚：

（一）报送审批、备案保险条款和保险费率时，编制或者提供虚假的报告、报表、文件、资料的；

（二）报送法律责任人备案时，编制或者提供虚假的报告、报表、文件、资料的；

（三）未按照规定使用经批准或者备案的保险条款、保险费率的。

第五十一条 保险公司违反本办法第三十七条第三款的由中国保监会给予警告，处3万元以下罚款。

第五十二条 保险公司以停止使用保险条款和保险费率进行 𝒫33 销售误导的，由中国保监会依据《保险法》第一百六十一条进行处罚。

第五十三条 保险公司违反本办法规定，聘任不符合规定条件的法律责任人的，由中国保监会责令限期改正；逾期不改正的，给予警告，处1万元以下罚款。

第七章 附 则

第五十四条 中国保监会对保险公司总精算师、法律责任人另有规定的，适用其规定。

团体保险的保险条款和保险费率的管理，中国保监会另有规定的，适用其规定。

第五十五条 本办法规定的期限以工作日计算。

第五十六条 本办法由中国保监会负责解释。

第五十七条 本办法自颁布之日起施行。中国保监会2000年3月23日发布的《人身保险产品定名暂行办法》（保监发〔2000〕42号）、2000年5月16日发布的《关于放开短期意外险费率及简化短期意外险备案手续的通知》（保监发〔2000〕78号）、2004年6月30日发布的《人身保险产品审批和备案管理办法》（保监会令〔2004〕6号）以及2004年7月1日发布的《关于〈人身保险产品审批和备案管理办法〉若干问题的通知》（保监发〔2004〕76号）同时废止。

附件：人身保险公司保险条款和费率管理办法格式文本（略）

中国保险监督管理委员会

P10 关于父母为其未成年子女投保以死亡为给付保险金条件人身保险有关问题的通知

（2015年9月14日中国保险监督管理委员会
以保监发〔2015〕90号通知印发）

各保险公司：

为保护未成年人的合法权益，根据《中华人民共和国保险
P10 法》第三十三条规定，现就规范父母作为投保人为其未成年子女投保以死亡为给付保险金条件人身保险的有关问题通知如下：

一、对于父母为其未成年子女投保的人身保险，在被保险人成年之前，各保险合同约定的被保险人死亡给付的保险金额总和、被保险人死亡时各保险公司实际给付的保险金总和按以下限额执行：

（一）对于被保险人不满10周岁的，不得超过人民币20万元。

（二）对于被保险人已满10周岁但未满18周岁的，不得超过人民币50万元。

二、对于投保人为其未成年子女投保以死亡为给付保险金条件的每一份保险合同，以下三项可以不计算在前款规定限额之中：

（一）投保人已交保险费或被保险人死亡时合同的现金价值；对于投资连结保险合同、万能保险合同，该项为投保人已交保险费或被保险人死亡时合同的账户价值。

（二）合同约定的航空意外死亡保险金额。此处航空意外死亡保险金额是指航空意外伤害保险合同约定的死亡保险金额，或

其他人身保险合同约定的航空意外身故责任对应的死亡保险金额。

（三）合同约定的重大自然灾害意外死亡保险金额。此处重大自然灾害意外死亡保险金额是指重大自然灾害意外伤害保险合同约定的死亡保险金额，或其他人身保险合同约定的重大自然灾害意外身故责任对应的死亡保险金额。

三、保险公司在订立保险合同前，应向投保人说明父母为其未成年子女投保以死亡为给付保险金条件人身保险的有关政策规定，询问并记录其未成年子女在本公司及其他保险公司已经参保的以死亡为给付保险金条件人身保险的有关情况。各保险合同约定的被保险人死亡给付的保险金额总和已经达到限额的，保险公司不得超过限额继续承保；尚未达到限额的，保险公司可以就差额部分进行承保，保险公司应在保险合同中载明差额部分的计算过程。

四、保险公司应在保险合同中明确约定因未成年人死亡给付的保险金额，不得以批单、批注（包括特别约定）等方式改变保险责任或超过本通知规定的限额进行承保。

五、保险公司应积极引导投保人树立正确的保险理念，在注重自身保险保障的基础上，为未成年人购买切合实际的人身保险产品。

六、保险公司应进一步完善未成年人人身保险的有关业务流程，强化投保、核保等环节的风险管控，在防范道德风险的同时，为未成年人提供更加丰富多样的保险保障，保护未成年人合法权益。

七、本通知自2016年1月1日起执行。中国保监会《关于父母为其未成年子女投保以死亡为给付保险金条件人身保险有关问题的通知》（保监发〔2010〕95号）自本通知执行之日起废止。

P10

保险公司养老保险业务管理办法

（2007年11月2日中国保险监督管理委员会令2007年第4号发布　根据2010年12月3日中国保险监督管理委员会令2010年第10号《中国保险监督管理委员会关于修改部分规章的决定》修正）

第一章　总　则

第一条　为了规范保险公司养老保险业务，保护养老保险业务活动当事人的合法权益，促进保险业健康发展，推动社会多层次养老保障体系的完善，根据《中华人民共和国保险法》（以下简称《保险法》）等法律、行政法规和国家有关规定，制定本办法。

第二条　中国保险监督管理委员会（以下简称“中国保监会”）鼓励保险公司发挥专业优势，通过个人养老年金保险业务、团体养老年金保险业务、企业年金管理业务等多种养老保险业务，为个人、家庭、企事业单位等提供养老保障服务。

第三条　中国保监会依法对保险公司养老保险业务进行监督管理。

第四条　本办法所称保险公司，是指经保险监督管理机构批准设立并依法登记注册的人寿保险公司、养老保险公司。

第五条　本办法所称养老保险业务，包括个人养老年金保险业务、团体养老年金保险业务和企业年金管理业务。

个人养老年金保险业务和团体养老年金保险业务简称养老年金保险业务。

第六条　本办法所称个人养老年金保险，是指同时符合下列条件的人寿保险产品：

（一）以提供养老保障为目的；

（二）由个人向保险公司交纳保险费；

（三）保险合同约定被保险人生存至特定年龄时，可以选择由保险公司分期给付生存保险金；

（四）分期给付生存保险金的，相邻两次给付的时间间隔为一年或者不超过一年。

个人养老年金保险产品的具体范围由中国保监会另行规定。

第七条　本办法所称团体养老年金保险，是指同时符合下列条件的人寿保险产品：

（一）以提供养老保障为目的，并由保险公司以一份保险合同承保；

（二）由不以购买保险为目的组织起来的团体投保，并以投保团体5人以上的特定成员为被保险人；

（三）保险合同约定被保险人生存至国家规定的退休年龄时，可以选择由保险公司分期给付生存保险金；

（四）分期给付生存保险金的，相邻两次给付的时间间隔为一年或者不超过一年。

第八条　本办法所称企业年金管理业务，是指保险公司根据国家有关规定从事的企业年金基金受托管理、帐户管理、投资管理等有关业务。

第九条　保险公司经营养老保险业务，适用本办法。

第二章　经营主体

第十条　人寿保险公司、养老保险公司经中国保监会核定，可以经营养老保险业务。

经营企业年金管理业务依法需经有关部门认定经办资格的，还应当经过相应的资格认定。

第十一条　养老保险公司经营企业年金管理业务，可以在全国展业。

第十二条 养老保险公司应当具备完善的公司治理结构和内部控制制度，建立有效的风险管理体系。

第十三条 养老保险公司应当按照中国保监会的规定设置独立董事，对养老保险公司的经营活动进行独立客观的监督。

第十四条 对养老保险公司的管理，本办法没有规定的，适用中国保监会对保险公司管理的有关规定。

第三章 养老年金保险业务

第一节 产品管理

第十五条 保险公司应当积极进行养老保险产品创新，根据市场情况开发适合不同团体和个人需要的养老保险产品。

鼓励保险公司开发含有终身年金领取方式的个人养老年金保险产品。

第十六条 保险公司拟定养老年金保险条款和保险费率，应当按照中国保监会的有关规定报送审批或者备案。

第十七条 除投资连结型、万能型个人养老年金保险产品外，个人养老年金保险产品应当在保险合同中提供保单现金价值表。

第十八条 团体养老年金保险的被保险人分担缴费的，保险合同中应当明确投保人和被保险人各自缴费部分的权益归属，被保险人缴费部分的权益应当完全归属其本人。

第十九条 团体养老年金保险合同应当约定被保险人在离职时，有权通过投保人向保险公司申请提取该被保险人全部或者部分已归属权益。

第二十条 团体养老年金保险合同设置公共账户的，被保险人缴费部分的权益不得计入公共账户。

保险公司不得利用公共账户谋取非法利益。

第二节 经营管理

第二十一条 养老年金保险产品的说明书、建议书和宣传单等信息披露材料应当与保险合同相关内容保持一致，不得通过夸大或者变相夸大保险合同利益、承诺高于保险条款规定的保底利率等方式误导投保人。

第二十二条　保险公司销售投保人具有投资选择权的养老年金保险产品，应当在投保人选择投资方式前，以书面形式向投保人明确提示投资风险，并由投保人签字确认。

第二十三条　对投保人具有投资选择权的养老年金保险产品，在保险合同约定的开始领取养老金年龄的前5年以内，保险公司不得向投保人推荐高风险投资组合。

个人养老年金保险的投保人自愿选择高风险投资组合的，保险公司应当制作独立的《高风险投资组合提示书》，明确提示投资风险；投保人坚持选择的，应当在《高风险投资组合提示书》上签字确认。

第二十四条　对投保大额个人养老年金保险的投保人，保险公司应当对其财务状况、缴费能力等方面进行必要的财务核保。

第二十五条　保险公司销售个人养老年金保险产品，应当对其所包含的各种养老年金领取方式，向投保人提供领取金额示例。

第二十六条　对同一投保团体在不同省、自治区、直辖市的成员，保险公司可以统一承保团体养老年金保险。

投保人为法人的，由该法人住所地的保险公司签发保单；投保人不是法人的，由多数被保险人所在地的保险公司签发保单。

第二十七条　保险公司销售团体养老年金保险产品，应当对团体养老年金保险投保、退保事宜进行谨慎审查。

第二十八条　保险公司销售团体养老年金保险产品，应当要求投保人提供下列材料：

（一）所有被保险人名单和身份证复印件；

（二）证明被保险人已同意投保团体养老年金保险事宜的有关书面文件。

第二十九条　保险公司销售团体养老年金保险合同，应当向每个被保险人签发保险凭证。

保险凭证应当记载团体养老年金保险合同约定的保险责任，以及被保险人享有的合同权益。

第三十条 团体养老年金保险的投保人退保的，保险公司应当要求其提供已通知被保险人退保事宜的有效证明，并以银行转帐方式将退保金退至投保人单位帐户。

第三十一条 保险公司经营团体养老年金保险，应当在合同到期给付时，要求投保人提供被保险人达到国家规定退休年龄的有效证明。因特殊情况提前退休的，可以在办理退休手续后重新计算领取金额。

第三十二条 保险公司销售分红型、万能型、投资连结型养老年金保险产品，应当按照中国保监会的要求向投保人、被保险人或者受益人寄送保单状态报告、业绩报告等有关材料。

第三十三条 保险公司应当加强对养老保险业务销售人员和管理人员的培训与管理，提高其职业道德和业务素质，不得唆使、误导销售人员和管理人员进行违背诚信义务的活动。

第三十四条 保险公司经营养老年金保险业务，应当遵守中国保监会对保险资金运用的有关规定。

第三十五条 保险公司经营养老保险业务按照中央和地方政府的有关政策享受税收优惠。

第四章 企业年金管理业务

第三十六条 担任企业年金基金受托人的保险公司，应当与委托人签订受托管理企业年金基金的书面合同，并应当根据该书面合同，依法审慎选择合格的账户管理人、托管人和投资管理人。

担任企业年金基金账户管理人、投资管理人的保险公司，应当与企业年金基金受托人签订受托管理企业年金基金账户或者受托投资管理企业年金基金的书面协议。

本条所称委托人，是指设立企业年金的企业及其职工。

第三十七条　保险公司委托保险代理机构代办有关企业年金管理业务的，应当遵守国家有关规定，并同时符合下列要求：

（一）与保险代理机构签订书面的《委托代理协议》；

（二）自上述《委托代理协议》签订之日起5日以内，向中国保监会的当地派出机构提交《委托代理协议》复印件、《委托代理服务可行性分析报告》和《委托代理服务管理办法》；

（三）中国保监会规定的其他要求。

第三十八条　保险公司对企业年金基金的投资管理，应当遵循审慎的投资原则，并不得违反国家对企业年金基金投资管理的有关规定。

第三十九条　企业年金受益人有投资选择权的，保险公司应当在其选择投资方式前，以书面形式向其明确提示投资风险。

第四十条　企业年金受益人有投资选择权的，在其达到国家规定退休年龄的前5年以内，保险公司不得向其推荐高风险投资组合。

受益人自愿选择高风险投资组合的，保险公司应当制作独立的《高风险投资组合提示书》，明确提示投资风险；受益人坚持选择的，应当在《高风险投资组合提示书》上签字确认。

第四十一条　保险公司经营企业年金管理业务，应当按照国家有关规定，定期提交有关企业年金基金管理报告、企业年金基金账户管理报告、投资管理报告。

第四十二条　保险公司应当按照中国保监会的规定，向中国保监会提交企业年金基金管理情况报告。

第四十三条　保险公司经营企业年金管理业务的统计和财务会计活动，应当符合国家统计和财务会计管理的法律、行政法规以及其他有关规定。

第五章　法律责任

第四十四条　保险公司违反本办法规定经营养老年金保险业务，由中国保监会及其派出机构依法进行处罚。

第四十五条 对违反本办法经营养老保险业务的行为负有直接责任的保险公司董事、高级管理人员，中国保监会或者当地派出机构可以视情形进行监管谈话。

第四十六条 对违反《保险法》规定经营养老年金保险业务、尚未构成犯罪的行为负有直接责任的保险公司董事、监事和高级管理人员和其他责任人员，由中国保监会或者当地派出机构区别不同情况给予警告，并处一万元以上十万元以下的罚款；情节严重的，撤销任职资格或者从业资格。

第六章 附 则

第四十七条 本办法由中国保监会负责解释。

第四十八条 保险公司经营具有养老保障功能的个人两全保险业务，适用本办法对个人养老年金保险业务的有关规定。

前款所称个人两全保险产品的具体范围，由中国保监会另行规定。

第四十九条 本办法自2008年1月1日起施行。

P10
P22

人身保险业务基本服务规定

（2010年2月11日中国保险监督管理委员会令
2010年第4号公布 自2010年5月1日起施行）

第一条 为了规范人身保险服务活动，保护投保人、被保险人和受益人的合法权益，依据《中华人民共和国保险法》等法律、行政法规，制定本规定。

第二条 保险公司、保险代理人及其从业人员从事人身保险产品的销售、承保、回访、保全、理赔、信息披露等业务活动，应当符合本规定的要求。

本规定所称保全，是指人身保险合同生效后，为了维持合同持续有效，保险公司根据合同约定或者投保人、被保险人、受益人的要求而提供的一系列服务，包括但不限于保险合同效力中止与恢复、保险合同内容变更等。

第三条　保险公司的营业场所应当设置醒目的服务标识牌，对服务的内容、流程及监督电话等进行公示，并设置投诉意见箱或者客户意见簿。

保险公司的柜台服务人员应当佩戴或者在柜台前放置标明身份的标识卡，行为举止应当符合基本的职业规范。

第四条　保险公司应当公布服务电话号码，电话服务至少应当包括咨询、接报案、投诉等内容。

保险代理人及其从业人员应当将相关保险公司的服务电话号码告知投保人。

第五条　保险公司应当提供每日 24 小时电话服务，并且工作日的人工接听服务不得少于 8 小时。

保险公司应当对服务电话建立来电事项的记录及处理制度。

第六条　保险销售人员通过面对面的方式销售保险产品的，应当出示工作证或者展业证等证件。保险销售人员通过电话销售保险产品的，应当将姓名及工号告知投保人。

保险销售人员是指从事保险销售的下列人员：

（一）保险公司的工作人员；

（二）保险代理机构的从业人员；

（三）保险营销员。

第七条　保险公司应当按照中国保监会的规定建立投保提示制度。保险销售人员在销售过程中应当向投保人提示保险产品的特点和风险，以便客户选择适合自身风险偏好和经济承受能力的保险产品。

第八条　通过电话渠道销售保险产品的，保险销售人员应当告知投保人查询保险合同条款的有效途径。

第九条　保险销售人员向投保人提供投保单时应当附保险合

同条款。

保险销售人员应当提醒投保人在投保单上填写准确的通讯地址、联系电话等信息。

第十条 投保人提交的投保单填写错误或者所附资料不完整的，保险公司应当自收到投保资料之日起5个工作日内一次性告知投保人需要补正或者补充的内容。

第十一条 保险公司认为需要进行体检、生存调查等程序的，应当自收到符合要求的投保资料之日起5个工作日内通知投保人。

保险公司认为不需要进行体检、生存调查等程序并同意承保的，应当自收到符合要求的投保资料之日起15个工作日内完成保险合同制作并送达投保人。

第十二条 保险公司应当自收到被保险人体检报告或者生存调查报告之日起15个工作日内，告知投保人核保结果，同意承保的，还应当完成合同制作并送达投保人。

第十三条 保险公司通过银行扣划方式收取保险费的，应当就扣划的账户、金额、时间等内容与投保人达成协议。

第十四条 保险公司应当建立回访制度，指定专门部门负责回访工作，并配备必要的人员和设备。

第十五条 保险公司应当在犹豫期内对合同期限超过一年的人身保险新单业务进行回访，并及时记录回访情况。回访应当包括以下内容：

（一）确认受访人是否为投保人本人；

（二）确认投保人是否购买了该保险产品以及投保人和被保险人是否按照要求亲笔签名；

（三）确认投保人是否已经阅读并理解产品说明书和投保提示的内容；

（四）确认投保人是否知悉保险责任、责任免除和保险期间；

（五）确认投保人是否知悉退保可能受到的损失；

（六）确认投保人是否知悉犹豫期的起算时间、期间以及享有的权利；

（七）采用期缴方式的，确认投保人是否了解缴费期间和缴费频率。

人身保险新型产品的回访，中国保监会另有规定的，从其规定。

第十六条　保险公司与保险销售人员解除劳动合同或者委托合同，通过该保险销售人员签订的一年期以上的人身保险合同尚未履行完毕的，保险公司应当告知投保人保单状况以及获得后续服务的途径。

第十七条　投保人、被保险人或者受益人委托他人向保险公司领取金额超过人民币1000元的，保险公司应当将办理结果通知投保人、被保险人或者受益人。

第十八条　保险公司在回访中发现存在销售误导等问题的，应当自发现问题之日起15个工作日内由销售人员以外的人员予以解决。

第十九条　保险公司应当自收到资料齐全、符合合同约定条件的保全申请之日起2个工作日内完成受理。

保全申请资料不完整、填写不规范或者不符合合同约定条件的，应当自收到保全申请之日起5个工作日内一次性通知保全申请人，并协助其补正。

第二十条　保全不涉及保险费缴纳的，保险公司应当自同意保全之日起5个工作日内处理完毕；保全涉及保险费缴纳的，保险公司应当自投保人缴纳足额保险费之日起5个工作日内处理完毕。

保全涉及体检的，体检所需时间不计算在前款规定的期限内。

保险公司由于特殊情况无法在规定期限内完成的，应当及时向保全申请人说明原因并告知处理进度。

第二十一条　对于约定分期支付保险费的保险合同，保险公司应当向投保人确认是否需要缴费提示。投保人需要缴费提示的，保险公司应当在当期保费缴费日前向投保人发出缴费提示。

保险合同效力中止的，保险公司应当自中止之日起 10 个工作日内向投保人发出效力中止通知，并告知合同效力中止的后果以及合同效力恢复的方式。

第二十二条 保险公司在接到投保人、被保险人或者受益人的保险事故通知后，应当及时告知相关当事人索赔注意事项，指导相关当事人提供与确认保险事故的性质、原因、损失程度等有关的证明和资料。

第二十三条 保险公司在收到被保险人或者受益人的赔偿或者给付保险金的请求后，应当在 5 个工作日内作出核定；情形复杂的，应当在 30 日内作出核定，但合同另有约定的除外。

第二十四条 保险公司作出不属于保险责任的核定后，应当自作出核定之日起 3 日内向被保险人或者受益人发出拒绝赔偿或者拒绝给付保险金通知书，并说明理由。

第二十五条 对需要进行伤残鉴定的索赔或者给付请求，保险公司应当提醒投保人、被保险人或者受益人按照合同约定及时办理相关委托和鉴定手续。

第二十六条 保险公司应当在与被保险人或者受益人达成赔偿或者给付保险金的协议后 10 日内，履行赔偿或者给付保险金义务。保险合同对赔偿或者给付保险金的期限有约定的，保险公司应当按照约定履行赔偿或者给付保险金义务。

第二十七条 保险公司应当建立完善的应急预案，在发生特大交通事故、重大自然灾害等事故时，及时启动应急预案，通过建立快速理赔通道、预付赔款、上门服务等方式，提高理赔效率和质量。

第二十八条 保险公司应当建立保护投保人、被保险人和受益人个人隐私和商业秘密的制度。未经投保人、被保险人和受益人同意，保险公司不得泄露其个人隐私和商业秘密。

第二十九条 保险公司应当建立完善的投诉处理机制。

保险公司应当自受理投诉之日起 10 个工作日内向投诉人做

出明确答复。由于特殊原因无法按时答复的，保险公司应当向投诉人反馈进展情况。

第三十条　保险公司应当根据本规定的要求制定服务标准与服务质量监督机制，每年定期进行服务质量检查评估。

第三十一条　保险公司、保险代理人及其从业人员违反本规定的，由中国保监会及其派出机构责令其限期改正，逾期不改正的，给予警告，对有违法所得的处违法所得1倍以上3倍以下的罚款，但最高不得超过3万元，对没有违法所得的处1万元以下的罚款。对直接责任人员和直接负责的主管人员可以给予警告，并处1万元以下的罚款。

第三十二条　团体人身保险业务不适用本规定。

第三十三条　本规定自2010年5月1日起施行。

人身保险新型产品信息披露管理办法

P10

（2009年9月25日中国保险监督管理委员会令
2009年第3号公布　自2009年10月1日起施行）

第一章　总　则

第一条　为了促进人身保险业务健康发展，保护投保人、被保险人、受益人的合法权益，维护社会经济秩序和社会公共利益，根据《中华人民共和国保险法》，制定本办法。

第二条　本办法所称人身保险新型产品（以下简称“新型产品”），是指投资连结保险、万能保险、分红保险以及中国保险监督管理委员会（以下简称“中国保监会”）认定的其他产品。

第三条　本办法所称信息披露，是指人身保险公司（以下简称“保险公司”）及其代理人向投保人、被保险人、受益人及社会公众描述新型产品的特性、演示保单利益测算以及介绍经营成果等相关信息的行为。

信息披露方式包括但不限于下列形式：

（一）媒体、公司网站上的说明和介绍；

（二）产品说明会上的说明和介绍；

（三）销售人员的说明和介绍；

（四）客户服务人员的回访；

（五）定期寄送报告资料。

第四条 保险公司开办新型产品，应当制作产品说明书和投保提示书，并按照本办法的规定进行信息披露。

第五条 新型产品的信息披露，应当采用通俗易懂的语言，准确描述与产品相关的信息。保险公司应当对信息披露的客观性、真实性负责，无重大遗漏，不得对投保人、被保险人、受益人及社会公众进行欺骗、误导和隐瞒。

第六条 保险公司销售新型产品，应当向投保人出示保险条款、产品说明书。向个人销售新型产品的，还应当出示投保提示书。

订立保险合同，采用保险公司提供的格式条款的，保险公司向投保人提供的投保单应当附格式条款，保险公司应当向投保人说明合同的内容。

向个人销售新型产品的，保险公司提供的投保单应当包含投保人确认栏，并由投保人抄录下列语句后签名：“本人已阅读保险条款、产品说明书和投保提示书，了解本产品的特点和保单利益的不确定性”。

第七条 保险公司在产品说明书和其他宣传材料中演示保单利益时，应当采用高、中、低三档演示新型产品未来的利益给付。

利益演示应当坚持审慎的原则，用于利益演示的分红保险、投资连结保险的假设投资回报率或者万能保险的假设结算利率不得超过中国保监会规定的最高限额。

第八条　保险公司及其代理人进行新型产品的信息披露，不得使用比率性指标与其他保险产品以及银行储蓄、基金、国债等进行简单对比，也不得对投保人、被保险人、受益人及社会公众作引人误解的宣传或者虚假宣传。

第九条　除团体保险外，保险公司应当建立一年期以上新型产品的回访制度。回访制度应当包括回访的时间、方式、内容、成功率以及问题件的处理等内容。

第十条　保险公司对新型产品投保人的回访应当在犹豫期内完成。回访应当首先采用电话方式，并制作录音；电话回访不成功的，可以采用信函或者会见等方式，但必须取得投保人签名的回执；通过以上所有方式均不能成功回访的，保险公司应当就回访情况及不能成功回访的原因等有关内容进行详细记录。

保险公司应当妥善保管回访的录音及其他证明材料，保管期限自保险合同终止之日起计算，保险期间在 1 年以下的不得少于 5 年，保险期间超过 1 年的不得少于 10 年。

第二章　信息披露材料管理

第十一条　保险公司法律责任人、总精算师应当确保产品说明书客观、真实、无重大遗漏，并且符合本办法对信息披露的相关要求。

第十二条　保险公司新型产品的其他信息披露材料应当与保险条款及产品说明书保持一致。

第十三条　保险公司以任何方式向投保人、被保险人、受益人及社会公众演示新型产品未来利益给付的，应当符合本办法的要求。

第十四条　新型产品的信息披露材料应当由保险公司总公司统一负责管理。

保险公司省级分公司设计、印刷新型产品的信息披露材料，应当报经其总公司批准。除省级分公司以外，保险公司的其他各级分支机构均不得设计、印刷和修改新型产品的信息披露材料。

第十五条 保险公司不得授权其代理人设计、印刷和变更新型产品的信息披露材料。

保险代理人不得设计、印刷和变更其代理销售的新型产品的信息披露材料。

第十六条 保险公司及其代理人不得使用与新型产品的保险条款、产品说明书不一致的信息披露材料。

第三章 投资连结保险信息披露

第十七条 保险公司开发的投资连结保险赋予投保人在犹豫期内将保险费转入投资账户选择权的，应当在投保单和保险条款中载明。保险公司应当提示投保人在投保单上注明是否在犹豫期内将合同约定的保险费转入投资账户。

选择在犹豫期内将保险费转入投资账户的投保人，在犹豫期内解除合同的，除保单工本费和资产管理费以外，保险公司应当退还账户余额以及其他收取的各项费用；选择犹豫期满后将保险费转入投资账户的投保人，在犹豫期内解除合同的，保险公司应当退还除保单工本费以外的其他全部保险费。

第十八条 投资连结保险的产品说明书应当包含以下内容：

（一）风险提示

1. 在产品说明书封面显著位置用比正文至少大一号的黑体字提示该产品为投资连结保险，产品投资风险由投保人承担。

2. 提供灵活缴费方式的，还应当特别提示投保人停止缴费可能产生的风险和不利后果。

（二）产品基本特征

投资连结保险的运作原理，产品的保险责任及责任免除。

（三）投资账户情况说明

1. 产品所连结的各投资账户的资产配置目标、原则、投资策略、投资工具及比例等；

2. 产品所连结的各投资账户过去10年每月末账户卖出单位

价格变化图；投资账户运作时间不足10年的，则为其存续时间内每月末账户的卖出单位价格变化图；

3. 各投资账户提取的各项费用及提取时间；

4. 投资单位价值评估方法；

5. 各投资账户面临的主要投资风险；

6. 在投资账户设定投资业绩比较基准的情况下，说明投资业绩比较基准及计算方法。

委托商业银行进行资产托管的投连产品，还应当披露资产托管银行名称。

（四）利益演示

1. 利益演示应当以表格形式预测投资部分的未来利益给付情况，且至少应当包括以下项目：

（1）期缴或者趸缴保险费、追加保险费以及累计保险费；

（2）收取的各项费用，其中初始费用、保单管理费、风险保费等主要费用需逐项列明；

（3）进入投资账户的价值；

（4）不同假设投资回报率下的投资账户价值、死亡给付金额和现金价值。

2. 保险期间少于10年的，必须逐年演示各保单年度末的保单利益；保险期间超过10年的，前10年各保单年度末的保单利益必须逐年演示。

3. 利益演示必须注明投资连结保险对应资产的假设投资回报率，并用醒目字体标明该利益演示基于公司的投资收益假设，不代表公司的历史经营业绩，也不代表对公司未来经营业绩的预期，实际投资收益可能出现负值。

（五）犹豫期及退保

1. 犹豫期的含义、起算时间及天数；

2. 投保人在犹豫期内的选择权以及不同选择权下犹豫期内解除保险合同应当退还的金额；

3. 犹豫期后退保需扣除的费用以及退保金的计算方法。

第十九条 保单期满前，保单账户余额不足以支付当前的风险保费及其他费用的，保险公司应当及时催告投保人，并且告知不按时支付相关费用的法律后果。

第二十条 开办投资连结保险的保险公司每周应当至少在公司网站或者中国保监会认可的公众媒体上公告一次投资账户单位价格。

保险公司应当在公司网站上保留至少最近10年的投资账户单位价格历史信息；运作时间不足10年的，应当保留投资连结保险开办以来投资账户单位价格的全部历史信息。

保险公司在网站上公布的投资账户单位价格的历史信息应当方便公众查询。

第二十一条 开办投资连结保险的保险公司每半年应当至少在公司网站及中国保监会认可的公众媒体上发布一次信息公告。信息公告应当包括以下内容：

（一）各投资账户简介，包括投资策略、主要投资工具及各类资产比例；

（二）各投资账户财务状况的简要说明；

（三）列表比较各投资账户自设立以来各年度的投资回报率；

（四）投资连结保险账户资产估值原则，包括上市交易和未上市交易的各类证券品种的估值原则和处理方法；

（五）投资连结保险账户投资回报率及其他涉及业绩表现的财务指标的计算公式；

（六）报告期末股票资产中各行业股票市值及占比；

（七）报告期末债券资产中各类债券账面余额及占比，不同信用等级的债券账面余额及占比；

（八）报告期末基金资产中各类基金净值及占比；

（九）报告期内资产托管银行变更情况；

（十）其他根据中国保监会要求应当公开披露的信息。

第二十二条 保险公司经营投连产品，发生中国保监会规定的应当发布临时报告的事项，应当按照相关规定披露信息。

第二十三条　保险公司应当在保险合同条款中约定每年向投保人提供一份保单状态报告。保单状态报告应当包含以下内容：

（一）保险单信息，包括保险产品名称、保险单编号、保险单生效日、投保人姓名、被保险人姓名、报告期间等；

（二）保单周年日（若保单周年日为资产评估日）或者保单周年日后第一个资产评估日（若保单周年日为非资产评估日）各投资账户余额，包括持有的单位数、单位价值、账户价值总额；

（三）报告期间保单项下各投资单位数变动情况及报告期初和期末各投资账户余额；

（四）逐笔列示报告期间内发生的期缴或者趸缴保险费、部分领取、账户转换、保单管理费、死亡风险保险费、追加保险费等事项；

（五）报告期间发生的其他需要告知投保人的重要信息。

保单状态报告不得用于销售宣传等其他目的。

第二十四条　对投资连结保险投保人的回访应当包括以下内容：

（一）确认投保人是否购买了该保险产品以及投保人是否在投保单上亲笔签名；

（二）确认投保人是否知悉犹豫期的起算时间、天数以及犹豫期享有的权利；

（三）确认投保人是否知悉保险责任和责任免除；

（四）确认投保人是否知悉投资连结保险的投资回报是不确定的，实际投资收益可能会出现亏损；宣传材料上的利益演示仅基于假定的投资收益，不代表未来的实际收益；

（五）确认投保人是否知悉费用扣除项目及扣除的比例或者金额；

（六）确认投保人是否知悉退保可能产生的损失。

第四章　万能保险信息披露

第二十五条　万能保险的产品说明书应当包含以下内容：

（一）风险提示

1. 在产品说明书封面显著位置用比正文至少大一号的黑体字提示该产品为万能保险，结算利率超过最低保证利率的部分是不确定的。

2. 提供灵活缴费方式的，应当特别提示投保人停止缴费可能产生的风险和不利后果。

（二）产品基本特征

万能保险的运作原理，产品的保险责任、责任免除、保单利益以及万能险的主要投资策略。

（三）保单账户

1. 保单账户价值的计算方法；

2. 逐项列明收取的各项费用、费用扣除比例（或者金额）及扣费时间。

（四）利益演示

1. 以表格形式演示万能保险各保单年度末的保单利益，表格中至少应当包括以下要素：

（1）期缴或者趸缴保险费、追加保险费以及累计保险费；

（2）收取的各项费用，其中初始费用、保单管理费、风险保费等主要费用需逐项列明；

（3）进入万能保单账户的价值；

（4）不同假设结算利率下各保单年度末保单账户余额、死亡给付金额和现金价值。

2. 保险期间少于 10 年的，必须逐年演示各保单年度末的保单利益；保险期间大于 10 年的，前 10 年各保单年度末的保单利益必须逐年演示。

3. 利益演示时，必须注明用于演示的万能保险的假设结算利率，并用醒目字体注明该利益演示是基于公司的精算及其他假设，不代表公司的历史经营业绩，也不代表对公司未来经营业绩的预期，最低保证利率之上的投资收益是不确定的，实际保单账户利益可能低于中、高档利益演示水平。

（五）犹豫期及退保

1. 犹豫期的含义、起算时间、天数及投保人在犹豫期内享有的权利；

2. 犹豫期后退保需扣除的费用以及退保金的计算方法。

第二十六条 保险公司每月应当至少在公司网站上公布一次当月的日结算利率和年化结算利率。

保险公司应当在公司网站上保留至少最近10年万能保险各月结算利率的历史信息，供社会公众查询。运作时间不足10年的，应当保留万能保险开办以来各月结算利率的全部历史信息。

第二十七条 保单期满前，保单账户余额不足以支付当前的风险保费及其他费用的，保险公司应当及时催告投保人，并且告知不按时支付相关费用的法律后果。

第二十八条 保险公司应当在保险合同条款中约定每年至少向投保人提供一份保单状态报告。保单状态报告应当包含以下内容：

（一）保险单信息，包括保险产品名称、保险单编号、保险单生效日、投保人姓名、被保险人姓名、报告期间等；

（二）报告期内本保单账户价值变动情况：

1. 期初保单账户价值；

2. 本期保单账户价值增加情况，包括基本保险费、额外保险费、趸缴保险费、追加保险费、累计保险费、初始费用（扣除项）、保单账户结算收益、持续奖金等；

3. 本期保单账户价值减少情况，包括风险保险费、保单管理费、部分领取等；

4. 期末保单账户价值；

（三）报告期内各月的年化结算利率。

保单状态报告不得用于销售宣传等其他目的。

第二十九条 对万能保险投保人的回访应当包括以下内容：

（一）确认投保人是否购买了该保险产品，投保人是否在投保单上亲笔签名；

（二）确认投保人是否知悉犹豫期的起算时间、天数以及犹豫期享有的权利；

（三）确认投保人是否知悉保险责任和责任免除；

（四）提示投保人超过最低保证利率的收益是不确定的，取决于公司实际经营情况；

（五）确认投保人是否知悉费用扣除项目及扣除的比例或者金额；

（六）确认投保人是否知悉退保可能产生的损失。

第五章　分红保险信息披露

第三十条　分红保险的产品说明书应当包含以下内容：

（一）风险提示

在产品说明书封面显著位置用比正文至少大一号的黑体字提示该产品为分红保险，其红利分配是不确定的。其中，采用增额方式分红的，应当特别提示终了红利的领取条件。

（二）产品基本特征

产品的保险责任、责任免除、保单利益，以及分红保险的主要投资策略。

（三）红利及红利分配

1. 说明产品的红利来源，包括死差、费差、利差等，并作出简要解释；

2. 说明产品红利分配的方式，属于现金红利还是增额红利，是否具有终了红利，并作出简要解释；

3. 说明红利实现方式，包括直接领取、抵缴保险费、累积生息或者其他方式；

4. 说明红利分配政策以及确定保单红利水平的影响因素。

（四）利益演示

1. 以表格形式演示分红保险各保单年度末的保单利益，表格中至少应当包括以下要素：

（1）各年度保险费及累计保险费；

（2）满期给付、身故给付、退保金等保证利益；

（3）当年度红利、累积红利等非保证利益。

采用增额方式分红的，可以在表格中演示终了红利，但应当特别说明终了红利的领取条件。演示的年度红利和终了红利累计不得超过中国保监会规定的最高限额。

2. 保险期间少于10年的，必须逐年演示各保单年度末的保单利益；保险期间大于10年的，最近10年各保单年度末的保单利益必须逐年演示。

3. 利益演示应当用醒目字体标明该利益演示是基于公司的精算及其他假设，不代表公司的历史经营业绩，也不代表对公司未来经营业绩的预期，保单的红利分配是不确定的。

4. 利益演示时，不得披露用于演示的分红保险的投资回报率。

（五）犹豫期及退保

1. 犹豫期的含义、起算时间、天数及投保人在犹豫期内享有的权利；

2. 犹豫期后退保需扣除的费用以及退保金的计算方法。

第三十一条　保险公司不得使用分红率、投资回报率等比率性指标描述分红保险的红利分配情况。

第三十二条　保险公司应当在保险合同条款中约定每年至少向投保人提供一份红利通知书。红利通知书应当包含以下内容：

（一）保险单信息，包括保险产品名称、保险单编号、保险单生效日、投保人姓名、被保险人姓名、报告期间等；

（二）保单各年度保险费以及至上一保单年度末该投保人已分配的红利总额；

（三）红利分配政策；

（四）本年度公司红利分配额度以及分配给投保人的红利总额；

（五）本年度分配给该投保人的红利。

除向投保人提供红利通知书外，保险公司不得向公众披露或者宣传分红保险的经营成果或者分红水平。

第三十三条 对分红保险投保人的回访应当包括以下内容：

（一）确认投保人是否购买了该保险产品，投保人是否在投保单上亲笔签名；

（二）确认投保人是否知悉犹豫期的起算时间、天数以及犹豫期享有的权利；

（三）确认投保人是否知悉保险责任和责任免除；

（四）确认投保人是否知悉宣传材料上的利益演示是基于公司精算假设，保单的红利分配是不确定的；

（五）确认投保人是否知悉退保可能产生的损失。

第六章 法律责任

第三十四条 保险公司未按照本办法要求及时进行回访，或者回访不符合本办法要求的，由中国保监会及其派出机构责令改正，给予警告，对有违法所得的处违法所得1倍以上3倍以下的罚款，但最高不得超过3万元，对没有违法所得的处1万元以下的罚款。对其直接负责的主管人员和其他直接责任人员给予警告，并处1万元以下的罚款。

第三十五条 除本办法有关回访的规定外，保险公司未按照本办法要求进行信息披露的，由中国保监会及其派出机构责令其限期改正；逾期不改正的，处1万元以上10万元以下的罚款。对其直接负责的主管人员和其他直接责任人员给予警告，并处1万元以上3万元以下的罚款。

第七章 附 则

第三十六条 保险公司开办其他新型产品的，经中国保监会认定后，应当比照本办法中最相类似的新型产品进行信息披露。

第三十七条 本办法自2009年10月1日起施行。自本办法施行之日起，废止《人身保险新型产品信息披露管理暂行办法》（保监会令〔2001〕6号）。

健康保险管理办法

P10

（2006 年 8 月 7 日中国保险监督管理委员会令
2006 年第 8 号公布 自 2006 年 9 月 1 日起施行）

第一章 总 则

第一条 为了促进健康保险的发展，规范健康保险的经营行为，保护健康保险活动当事人的合法权益，根据《中华人民共和国保险法》（以下简称《保险法》），制定本办法。

第二条 本办法所称健康保险，是指保险公司通过疾病保险、医疗保险、失能收入损失保险和护理保险等方式对因健康原因导致的损失给付保险金的保险。

本办法所称疾病保险，是指以保险合同约定的疾病的发生为给付保险金条件的保险。

本办法所称医疗保险，是指以保险合同约定的医疗行为的发生为给付保险金条件，为被保险人接受诊疗期间的医疗费用支出提供保障的保险。

本办法所称失能收入损失保险，是指以因保险合同约定的疾病或者意外伤害导致工作能力丧失为给付保险金条件，为被保险人在一定时期内收入减少或者中断提供保障的保险。

本办法所称护理保险，是指以因保险合同约定的日常生活能力障碍引发护理需要为给付保险金条件，为被保险人的护理支出提供保障的保险。

第三条 健康保险按照保险期限分为长期健康保险和短期健康保险。

长期健康保险是指，保险期间超过一年或者保险期间虽不超过一年但含有保证续保条款的健康保险。

短期健康保险是指，保险期间在一年及一年以下且不含有保证续保条款的健康保险。

保证续保条款是指，在前一保险期间届满后，投保人提出续保申请，保险公司必须按照约定费率和原条款继续承保的合同约定。

第四条 医疗保险按照保险金的给付性质分为费用补偿型医疗保险和定额给付型医疗保险。

费用补偿型医疗保险是指，根据被保险人实际发生的医疗费用支出，按照约定的标准确定保险金数额的医疗保险。

定额给付型医疗保险是指，按照约定的数额给付保险金的医疗保险。

费用补偿型医疗保险的给付金额不得超过被保险人实际发生的医疗费用金额。

第五条 中国保险监督管理委员会（以下简称“中国保监会”）依法对保险公司经营健康保险的活动进行监督管理。

第六条 保险公司开展不承担保险风险的委托管理服务，不适用本办法。

P22

第二章 经营管理

第七条 依法成立的人寿保险公司、健康保险公司，经中国保监会核定，可以经营健康保险业务。

前款规定以外的保险公司，经中国保监会核定，可以经营短期健康保险业务。

第八条 保险公司经营健康保险，应当持续具备下列条件：

（一）建立健康保险业务单独核算制度；

（二）建立健康保险精算制度和风险管理制度；

（三）建立健康保险核保制度和理赔制度；

（四）建立健康保险数据管理制度；

（五）建立功能完整、相对独立的健康保险信息管理系统；

（六）配备具有相关专业知识的精算人员、核保人员和核赔人员；

（七）中国保监会规定的其他条件。

第九条 保险公司应当对从事健康保险的核保、理赔以及销售等工作的从业人员进行健康保险专业培训。

第十条 保险公司经营费用补偿型医疗保险，应当加强与医疗服务机构和健康管理服务机构的合作，加强对医疗服务成本的管理，监督医疗费用支出的合理性和必要性。

保险公司与医疗服务机构和健康管理服务机构之间的合作，不得损害被保险人的合法权益。

第十一条 保险公司应当高度重视被保险人的隐私保护，建立健康保险客户信息管理和保密制度。

第三章 产品管理

第十二条 保险公司拟定健康保险的保险条款和保险费率，应当按照中国保监会的有关规定报送审批或者备案。

第十三条 保险公司拟定的健康保险产品包含两种以上健康保障责任的，应当由精算责任人按照一般精算原理判断主要责任，并根据主要责任确定产品类型。

第十四条 长期健康保险中的疾病保险产品，可以包含死亡保险责任，但死亡给付金额不得高于疾病最高给付金额。

前款规定以外的健康保险产品不得包含死亡保险责任，但因疾病引发的死亡保险责任除外。

医疗保险产品和疾病保险产品不得包含生存给付责任。

第十五条 长期健康保险产品应当设置合同犹豫期，并在保险条款中列明投保人在犹豫期内的权利。长期健康保险产品的犹豫期不得少于10天。

第十六条 短期个人健康保险产品可以进行费率浮动。

费率浮动是指，保险公司销售产品时，在基准费率基础上，在费率浮动范围内，合理确定具体保险费率。

第十七条 保险公司将费率可浮动的短期个人健康保险产品报送审批或者备案的，提交的申请材料中应当包含基准费率、费率浮动的办法和范围，并由精算责任人遵循审慎原则签字确认。

第十八条 短期团体健康保险产品可以对产品参数进行调整。

产品参数是指，保险产品条款中可以根据投保团体的具体情况进行合理调整的保险金额、起付金额、给付比例、除外责任、责任等待期等事项。

第十九条 保险公司将产品参数可调的短期团体健康保险产品报送审批或者备案的，提交的申请材料中应当包含产品参数调整办法，并由精算责任人遵循审慎原则签字确认。

保险公司销售产品参数可调的短期团体健康保险产品，应当根据产品参数调整办法计算相应的保险费率，且产品参数的调整不得改变费率计算方法以及费率计算需要的基础数据。

保险公司销售产品参数可调的短期团体健康保险产品，如需改变费率计算方法或者费率计算需要的基础数据的，应当将该产品重新报送审批或者备案。

第二十条 含有保证续保条款的健康保险产品，应当明确约定保证续保条款的生效时间。

含有保证续保条款的健康保险产品不得约定在续保时保险公司有调整保险责任和责任免除范围的权利。

保险公司将含有保证续保条款的健康保险产品报送审批或者备案的，应当在产品精算报告中说明保证续保的定价处理方法和责任准备金计算办法。

第二十一条 保险公司拟定医疗保险产品条款，应当尊重被保险人接受合理医疗服务的权利，不得在条款中设置不合理的或者违背一般医学标准的要求作为给付保险金的条件。

保险公司在健康保险产品条款中约定的疾病诊断标准应当符合通行的医学诊断标准，并考虑到医疗技术条件发展的趋势。健康保险合同生效后，被保险人根据通行的医学诊断标准被确诊疾病的，保险公司不得以该诊断标准与保险合同约定不符为理由拒绝给付保险金。

第二十二条　保险公司设计费用补偿型医疗保险产品，必须区分被保险人是否拥有公费医疗、社会医疗保险的不同情况，在保险条款、费率以及赔付金额等方面予以区别对待。

第二十三条　保险公司可以在医疗保险产品中约定，以被保险人在指定医疗服务机构网络中进行医疗为给付保险金的条件。

保险公司指定医疗服务机构网络应当遵循方便被保险人、合理管理医疗成本的原则，引导被保险人合理使用医疗资源、节省医疗费用支出，并对投保人和被保险人做好宣传解释工作。

第二十四条　保险公司应当根据健康保险产品实际赔付经验，及时修订新销售的健康保险产品费率，并按照中国保监会有关规定进行审批或者备案。

第四章　销售管理

第二十五条　保险公司销售健康保险产品，应当严格执行经审批或者备案的保险条款和保险费率。

第二十六条　保险公司销售健康保险产品，不得有下列行为：

（一）在医疗机构场所内销售健康保险产品；

（二）委托医疗机构或者医护人员销售健康保险产品。

第二十七条　保险公司销售健康保险产品，应当向投保人说明保险合同的内容，并对下列事项作出书面告知，由投保人签字确认：

（一）保险责任；

（二）责任免除；

（三）保险责任等待期；

（四）保险合同犹豫期以及投保人相关权利义务；

（五）是否提供保证续保以及续保有效时间；

（六）理赔程序以及理赔文件要求；

（七）组合式健康保险产品中各产品的保险期间；

（八）中国保监会规定的其他告知事项。

第二十八条 保险公司销售健康保险产品，不得夸大保险保障范围，不得隐瞒责任免除，不得误导投保人和被保险人。

投保人和被保险人就保险条款中的保险、医疗和疾病等专业术语提出询问的，保险公司应当用清晰易懂的语言进行解释。

第二十九条 保险公司销售费用补偿型医疗保险，应当向投保人询问被保险人是否拥有公费医疗、社会医疗保险和其他费用补偿型医疗保险的情况。

保险公司不得诱导被保险人重复购买保障功能相同或者类似的费用补偿型医疗保险产品。

第三十条 保险公司销售本办法第二十三条规定的医疗保险，应当向投保人告知约定医疗服务机构的名单或者资质要求，并提供查询服务。

保险公司调整约定医疗服务机构网络的，应当及时通知投保人或者被保险人。

第三十一条 保险公司以附加险形式销售无保证续保条款的健康保险产品的，附加健康保险的保险期限不得小于主险保险期限。

第三十二条 保险公司销售费用补偿型个人医疗保险产品，应当在犹豫期内对投保人进行回访。

保险公司发现投保人被误导的，应当做好解释工作，并明确告知投保人在犹豫期内解除保险合同的权利。

第三十三条 保险公司承保团体健康保险，应当以通知书等形式书面告知每个被保险人其参保情况及相关权益。

第三十四条 投保人解除团体健康保险合同的，保险公司应当要求投保人提供已通知被保险人退保的有效证明，退保金应当通过银行转账方式退至投保人单位账户。

第五章　精算要求

第三十五条　经营健康保险业务的保险公司应当按照中国保监会有关规定提交上一年度的精算报告或者准备金评估报告，其中应当详细报告健康保险的准备金计算基础、方法、结果以及对公司偿付能力的影响，并由精算责任人遵循审慎原则签字确认。

第三十六条　对已经发生保险事故并已提出索赔、保险公司尚未结案的赔案，保险公司应当提取已发生已报案未决赔款准备金。

保险公司应当采取逐案估计法、案均赔款法等合理的方法谨慎提取已发生已报案未决赔款准备金。

保险公司如果采取逐案估计法之外的精算方法计提已发生已报案未决赔款准备金，应当详细报告该方法的基础数据、参数设定和估计方法，并说明基础数据来源、数据质量以及准备金计算结果的可靠性。

保险公司精算责任人不能确认估计方法的可靠性或者相关业务的经验数据不足 3 年的，应当按照已经提出的索赔金额提取已发生已报案未决赔款准备金。

第三十七条　对已经发生保险事故但尚未提出的赔偿或者给付，保险公司应当提取已发生未报案未决赔款准备金。

保险公司应当根据险种的风险性质和经验数据等因素，至少采用链梯法、案均赔款法、准备金进展法、B－F 法中的两种方法评估已发生未报案未决赔款准备金，并选取评估结果的最大值确定最佳估计值。

保险公司应当详细报告已发生未报案未决赔款准备金的基础数据、计算方法和参数设定，并说明基础数据来源、数据质量以及准备金计算结果的可靠性。

保险公司精算责任人判断数据基础不能确保计算结果的可靠性，或者相关业务的经验数据不足 3 年的，保险公司应当按照不低于该会计年度实际赔款支出的 10% 提取已发生未报案未决赔款准备金。

第三十八条 对短期健康保险业务，保险公司应当提取未到期责任准备金。

短期健康保险提取未到期责任准备金，应当采用下列方法之一：

（一）二十四分之一毛保费法（以月为基础计提）；

（二）三百六十五分之一毛保费法（以天为基础计提）；

（三）根据风险分布状况可以采用其他更为谨慎、合理的方法，提取的未到期责任准备金不得低于方法（一）和（二）所得结果的较小者。

第三十九条 短期健康保险未到期责任准备金的提取金额应当不低于下列两者中较大者：

（一）预期未来发生的赔款与费用扣除相关投资收入之后的余额；

（二）在责任准备金评估日假设所有保单退保时的退保金额。

未到期责任准备金不足的，应当提取保费不足准备金，用于弥补未到期责任准备金和前款两项中较大者之间的差额。

第四十条 长期健康保险未到期责任准备金的计提办法应当按照中国保监会的有关规定执行。

第四十一条 保险公司应当按再保前、再保后分别向中国保监会报告准备金提取结果。

第六章 再保险管理

第四十二条 保险公司办理健康保险再保险业务，应当遵守《保险法》和《再保险业务管理规定》等有关规定。

第四十三条 除再保险公司分支机构和外国保险公司分公司以外，保险公司分支机构不得办理健康保险再保险业务。

第七章 法律责任

第四十四条 保险公司违反本办法第八条规定的，由中国保监会责令保险公司限期改正；逾期不改正的，由中国保监会给予警告，处以3万元以下罚款。

第四十五条　保险公司违反本办法第十三条至第十五条、第二十条至第二十三条有关规定的，由中国保监会责令保险公司停止销售该产品，并对保险公司处以3万元以下罚款，对负有责任的精算责任人、法律责任人予以警告。

第四十六条　保险公司违反本办法第二十四条规定，可能危害保险公司偿付能力的，由中国保监会责令停止销售该产品。

第四十七条　保险公司违反本办法有关销售管理规定的，由中国保监会给予警告，处以3万元以下罚款；对负有直接责任的高级管理人员和其他直接责任人员予以警告、处以5000元以下罚款。

第四十八条　精算责任人违反本办法有关精算规定的，由中国保监会根据有关法律、行政法规予以处罚。

第四十九条　保险公司分支机构违反本办法第四十三条规定办理健康保险再保险业务的，由中国保监会处以3万元以下罚款，并对高级管理人员和其他直接责任人员处以5000元以下罚款。

第八章　附　则

第五十条　本办法施行前中国保监会颁布的规定与本办法不符的，以本办法为准。

第五十一条　本办法施行前保险公司经营健康保险业务不完全具备本办法规定条件的，应当在规定的期限内达到本办法规定的条件。具体办法由中国保监会另行规定。

第五十二条　本办法由中国保监会负责解释。

第五十三条　本办法自2006年9月1日起施行。

（三）财产保险

P37
P241

农业保险条例

（2012年11月12日中华人民共和国国务院令第629号公布
根据2016年2月6日《国务院关于修改部分
行政法规的决定》修订）

第一章　总　则

第一条　为了规范农业保险活动，保护农业保险活动当事人的合法权益，提高农业生产抗风险能力，促进农业保险事业健康发展，根据《中华人民共和国保险法》、《中华人民共和国农业法》等法律，制定本条例。

第二条　本条例所称农业保险，是指保险机构根据农业保险合同，对被保险人在种植业、林业、畜牧业和渔业生产中因保险标的遭受约定的自然灾害、意外事故、疫病、疾病等保险事故所造成的财产损失，承担赔偿保险金责任的保险活动。

本条例所称保险机构，是指保险公司以及依法设立的农业互助保险等保险组织。

第三条　国家支持发展多种形式的农业保险，健全政策性农业保险制度。

农业保险实行政府引导、市场运作、自主自愿和协同推进的原则。

省、自治区、直辖市人民政府可以确定适合本地区实际的农业保险经营模式。

任何单位和个人不得利用行政权力、职务或者职业便利以及其他方式强迫、限制农民或者农业生产经营组织参加农业保险。

第四条　国务院保险监督管理机构对农业保险业务实施监督管理。国务院财政、农业、林业、发展改革、税务、民政等有关部门按照各自的职责，负责农业保险推进、管理的相关工作。

财政、保险监督管理、国土资源、农业、林业、气象等有关部门、机构应当建立农业保险相关信息的共享机制。

第五条　县级以上地方人民政府统一领导、组织、协调本行政区域的农业保险工作，建立健全推进农业保险发展的工作机制。县级以上地方人民政府有关部门按照本级人民政府规定的职责，负责本行政区域农业保险推进、管理的相关工作。

第六条　国务院有关部门、机构和地方各级人民政府及其有关部门应当采取多种形式，加强对农业保险的宣传，提高农民和农业生产经营组织的保险意识，组织引导农民和农业生产经营组织积极参加农业保险。

第七条　农民或者农业生产经营组织投保的农业保险标的属于财政给予保险费补贴范围的，由财政部门按照规定给予保险费补贴，具体办法由国务院财政部门商国务院农业、林业主管部门和保险监督管理机构制定。

国家鼓励地方人民政府采取由地方财政给予保险费补贴等措施，支持发展农业保险。

第八条　国家建立财政支持的农业保险大灾风险分散机制，具体办法由国务院财政部门会同国务院有关部门制定。

国家鼓励地方人民政府建立地方财政支持的农业保险大灾风险分散机制。

第九条　保险机构经营农业保险业务依法享受税收优惠。

国家支持保险机构建立适应农业保险业务发展需要的基层服务体系。

国家鼓励金融机构对投保农业保险的农民和农业生产经营组织加大信贷支持力度。

第二章 农业保险合同

P241 **第十条** 农业保险可以由农民、农业生产经营组织自行投保，也可以由农业生产经营组织、村民委员会等单位组织农民投保。

由农业生产经营组织、村民委员会等单位组织农民投保的，
P242 保险机构应当在订立农业保险合同时，制定投保清单，详细列明被保险人的投保信息，并由被保险人签字确认。保险机构应当将承保情况予以公示。

第十一条 在农业保险合同有效期内，合同当事人不得因保险标的的危险程度发生变化增加保险费或者解除农业保险合同。

P243 **第十二条** 保险机构接到发生保险事故的通知后，应当及时
P244 进行现场查勘，会同被保险人核定保险标的的受损情况。由农业生产经营组织、村民委员会等单位组织农民投保的，保险机构应当将查勘定损结果予以公示。

保险机构按照农业保险合同约定，可以采取抽样方式或者其他方式核定保险标的的损失程度。采用抽样方式核定损失程度的，应当符合有关部门规定的抽样技术规范。

第十三条 法律、行政法规对受损的农业保险标的的处理有规定的，理赔时应当取得受损保险标的已依法处理的证据或者证明材料。

保险机构不得主张对受损的保险标的残余价值的权利，农业保险合同另有约定的除外。

P246 **第十四条** 保险机构应当在与被保险人达成赔偿协议后10日内，将应赔偿的保险金支付给被保险人。农业保险合同对赔偿保险金的期限有约定的，保险机构应当按照约定履行赔偿保险金义务。

第十五条 保险机构应当按照农业保险合同约定，根据核定的保险标的的损失程度足额支付应赔偿的保险金。

任何单位和个人不得非法干预保险机构履行赔偿保险金的义

务，不得限制被保险人取得保险金的权利。

农业生产经营组织、村民委员会等单位组织农民投保的，理赔清单应当由被保险人签字确认，保险机构应当将理赔结果予以公示。

第十六条　本条例对农业保险合同未作规定的，参照适用《中华人民共和国保险法》中保险合同的有关规定。

第三章　经营规则

第十七条　保险机构经营农业保险业务，应当符合下列条件：

（一）有完善的基层服务网络；

（二）有专门的农业保险经营部门并配备相应的专业人员；

（三）有完善的农业保险内控制度；

（四）有稳健的农业再保险和大灾风险安排以及风险应对预案；

（五）偿付能力符合国务院保险监督管理机构的规定；

（六）国务院保险监督管理机构规定的其他条件。

除保险机构外，任何单位和个人不得经营农业保险业务。

第十八条　保险机构经营农业保险业务，实行自主经营、自负盈亏。

保险机构经营农业保险业务，应当与其他保险业务分开管理，单独核算损益。

第十九条　保险机构应当公平、合理地拟订农业保险条款和保险费率。属于财政给予保险费补贴的险种的保险条款和保险费率，保险机构应当在充分听取省、自治区、直辖市人民政府财政、农业、林业部门和农民代表意见的基础上拟订。

农业保险条款和保险费率应当依法报保险监督管理机构审批或者备案。

第二十条　保险机构经营农业保险业务的准备金评估和偿付能力报告的编制，应当符合国务院保险监督管理机构的规定。

农业保险业务的财务管理和会计核算需要采取特殊原则和方法的，由国务院财政部门制定具体办法。

P246 **第二十一条** 保险机构可以委托基层农业技术推广等机构协助办理农业保险业务。保险机构应当与被委托协助办理农业保险业务的机构签订书面合同，明确双方权利义务，约定费用支付，并对协助办理农业保险业务的机构进行业务指导。

第二十二条 保险机构应当按照国务院保险监督管理机构的规定妥善保存农业保险查勘定损的原始资料。

禁止任何单位和个人涂改、伪造、隐匿或者违反规定销毁查勘定损的原始资料。

第二十三条 保险费补贴的取得和使用，应当遵守依照本条例第七条制定的具体办法的规定。

禁止以下列方式或者其他任何方式骗取农业保险的保险费补贴：

（一）虚构或者虚增保险标的或者以同一保险标的进行多次投保；

（二）以虚假理赔、虚列费用、虚假退保或者截留、挪用保险金、挪用经营费用等方式冲销投保人应缴的保险费或者财政给予的保险费补贴。

第二十四条 禁止任何单位和个人挪用、截留、侵占保险机构应当赔偿被保险人的保险金。

第二十五条 本条例对农业保险经营规则未作规定的，适用《中华人民共和国保险法》中保险经营规则及监督管理的有关规定。

第四章 法律责任

第二十六条 保险机构不符合本条例第十七条第一款规定条件经营农业保险业务的，由保险监督管理机构责令限期改正，停止接受新业务；逾期不改正或者造成严重后果的，处10万元以上50万元以下的罚款，可以责令停业整顿或者吊销经营保险业务许可证。

保险机构以外的其他组织或者个人非法经营农业保险业务的，由保险监督管理机构予以取缔，没收违法所得，并处违法所得1倍以上5倍以下的罚款；没有违法所得或者违法所得不足20万元的，处20万元以上100万元以下的罚款。

第二十七条　保险机构经营农业保险业务，有下列行为之一的，由保险监督管理机构责令改正，处10万元以上50万元以下的罚款；情节严重的，可以限制其业务范围、责令停止接受新业务：

（一）编制或者提供虚假的报告、报表、文件、资料；

（二）拒绝或者妨碍依法监督检查；

（三）未按照规定使用经批准或者备案的农业保险条款、保险费率。

第二十八条　保险机构经营农业保险业务，违反本条例规定，有下列行为之一的，由保险监督管理机构责令改正，处5万元以上30万元以下的罚款；情节严重的，可以限制其业务范围、责令停止接受新业务：

（一）未按照规定将农业保险业务与其他保险业务分开管理，单独核算损益；

（二）利用开展农业保险业务为其他机构或者个人牟取不正当利益；

（三）未按照规定申请批准农业保险条款、保险费率。

保险机构经营农业保险业务，未按照规定报送农业保险条款、保险费率备案的，由保险监督管理机构责令限期改正；逾期不改正的，处1万元以上10万元以下的罚款。

第二十九条　保险机构违反本条例规定，保险监督管理机构除依照本条例的规定给予处罚外，对其直接负责的主管人员和其他直接责任人员给予警告，并处1万元以上10万元以下的罚款；情节严重的，对取得任职资格或者从业资格的人员撤销其相应资格。

第三十条 违反本条例第二十三条规定，骗取保险费补贴的，由财政部门依照《财政违法行为处罚处分条例》的有关规定予以处理；构成犯罪的，依法追究刑事责任。

违反本条例第二十四条规定，挪用、截留、侵占保险金的，由有关部门依法处理；构成犯罪的，依法追究刑事责任。

第三十一条 保险机构违反本条例规定的法律责任，本条例未作规定的，适用《中华人民共和国保险法》的有关规定。

第五章 附 则

第三十二条 保险机构经营有政策支持的涉农保险，参照适用本条例有关规定。

涉农保险是指农业保险以外、为农民在农业生产生活中提供保险保障的保险，包括农房、农机具、渔船等财产保险，涉及农民的生命和身体等方面的短期意外伤害保险。

第三十三条 本条例自2013年3月1日起施行。

P37

机动车交通事故责任强制保险条例

（2006年3月21日中华人民共和国国务院令第462号公布 根据2012年3月30日《国务院关于修改〈机动车交通事故责任强制保险条例〉的决定》第一次修订 根据2012年12月17日《国务院关于修改〈机动车交通事故责任强制保险条例〉的决定》第二次修订 根据2016年2月6日《国务院关于修改部分行政法规的决定》第三次修订）

第一章 总 则

第一条 为了保障机动车道路交通事故受害人依法得到赔

偿，促进道路交通安全，根据《中华人民共和国道路交通安全法》、《中华人民共和国保险法》，制定本条例。

第二条　在中华人民共和国境内道路上行驶的机动车的所有人或者管理人，应当依照《中华人民共和国道路交通安全法》的规定投保机动车交通事故责任强制保险。

机动车交通事故责任强制保险的投保、赔偿和监督管理，适用本条例。

第三条　本条例所称机动车交通事故责任强制保险，是指由保险公司对被保险机动车发生道路交通事故造成本车人员、被保险人以外的受害人的人身伤亡、财产损失，在责任限额内予以赔偿的强制性责任保险。𝒫332 𝒫333

第四条　国务院保险监督管理机构（以下称保监会）依法对保险公司的机动车交通事故责任强制保险业务实施监督管理。

公安机关交通管理部门、农业（农业机械）主管部门（以下统称机动车管理部门）应当依法对机动车参加机动车交通事故责任强制保险的情况实施监督检查。对未参加机动车交通事故责任强制保险的机动车，机动车管理部门不得予以登记，机动车安全技术检验机构不得予以检验。

公安机关交通管理部门及其交通警察在调查处理道路交通安全违法行为和道路交通事故时，应当依法检查机动车交通事故责任强制保险的保险标志。

第二章　投　保

第五条　保险公司可以从事机动车交通事故责任强制保险业务。

为了保证机动车交通事故责任强制保险制度的实行，保监会有权要求保险公司从事机动车交通事故责任强制保险业务。

除保险公司外，任何单位或者个人不得从事机动车交通事故责任强制保险业务。

第六条　机动车交通事故责任强制保险实行统一的保险条款

和基础保险费率。保监会按照机动车交通事故责任强制保险业务总体上不盈利不亏损的原则审批保险费率。

保监会在审批保险费率时，可以聘请有关专业机构进行评估，可以举行听证会听取公众意见。

第七条 保险公司的机动车交通事故责任强制保险业务，应当与其他保险业务分开管理，单独核算。

保监会应当每年对保险公司的机动车交通事故责任强制保险业务情况进行核查，并向社会公布；根据保险公司机动车交通事故责任强制保险业务的总体盈利或者亏损情况，可以要求或者允许保险公司相应调整保险费率。

调整保险费率的幅度较大的，保监会应当进行听证。

第八条 被保险机动车没有发生道路交通安全违法行为和道路交通事故的，保险公司应当在下一年度降低其保险费率。在此后的年度内，被保险机动车仍然没有发生道路交通安全违法行为和道路交通事故的，保险公司应当继续降低其保险费率，直至最低标准。被保险机动车发生道路交通安全违法行为或者道路交通事故的，保险公司应当在下一年度提高其保险费率。多次发生道路交通安全违法行为、道路交通事故，或者发生重大道路交通事故的，保险公司应当加大提高其保险费率的幅度。在道路交通事故中被保险人没有过错的，不提高其保险费率。降低或者提高保险费率的标准，由保监会会同国务院公安部门制定。

第九条 保监会、国务院公安部门、国务院农业主管部门以及其他有关部门应当逐步建立有关机动车交通事故责任强制保险、道路交通安全违法行为和道路交通事故的信息共享机制。

第十条 投保人在投保时应当选择从事机动车交通事故责任强制保险业务的保险公司，被选择的保险公司不得拒绝或者拖延承保。

保监会应当将从事机动车交通事故责任强制保险业务的保险公司向社会公示。

第十一条 投保人投保时，应当向保险公司如实告知重要事项。

重要事项包括机动车的种类、厂牌型号、识别代码、牌照号码、使用性质和机动车所有人或者管理人的姓名（名称）、性别、年龄、住所、身份证或者驾驶证号码（组织机构代码）、续保前该机动车发生事故的情况以及保监会规定的其他事项。

第十二条 签订机动车交通事故责任强制保险合同时，投保人应当一次支付全部保险费；保险公司应当向投保人签发保险单、保险标志。保险单、保险标志应当注明保险单号码、车牌号码、保险期限、保险公司的名称、地址和理赔电话号码。

被保险人应当在被保险机动车上放置保险标志。

保险标志式样全国统一。保险单、保险标志由保监会监制。任何单位或者个人不得伪造、变造或者使用伪造、变造的保险单、保险标志。

第十三条 签订机动车交通事故责任强制保险合同时，投保人不得在保险条款和保险费率之外，向保险公司提出附加其他条件的要求。

签订机动车交通事故责任强制保险合同时，保险公司不得强制投保人订立商业保险合同以及提出附加其他条件的要求。

第十四条 保险公司不得解除机动车交通事故责任强制保险合同；但是，投保人对重要事项未履行如实告知义务的除外。

投保人对重要事项未履行如实告知义务，保险公司解除合同前，应当书面通知投保人，投保人应当自收到通知之日起5日内履行如实告知义务；投保人在上述期限内履行如实告知义务的，保险公司不得解除合同。

第十五条 保险公司解除机动车交通事故责任强制保险合同的，应当收回保险单和保险标志，并书面通知机动车管理部门。

第十六条 投保人不得解除机动车交通事故责任强制保险合同，但有下列情形之一的除外：

（一）被保险机动车被依法注销登记的；

（二）被保险机动车办理停驶的；

（三）被保险机动车经公安机关证实丢失的。

第十七条 机动车交通事故责任强制保险合同解除前，保险公司应当按照合同承担保险责任。

合同解除时，保险公司可以收取自保险责任开始之日起至合同解除之日止的保险费，剩余部分的保险费退还投保人。

第十八条 被保险机动车所有权转移的，应当办理机动车交通事故责任强制保险合同变更手续。

第十九条 机动车交通事故责任强制保险合同期满，投保人应当及时续保，并提供上一年度的保险单。

第二十条 机动车交通事故责任强制保险的保险期间为1年，但有下列情形之一的，投保人可以投保短期机动车交通事故责任强制保险：

（一）境外机动车临时入境的；

（二）机动车临时上道路行驶的；

（三）机动车距规定的报废期限不足1年的；

（四）保监会规定的其他情形。

第三章 赔 偿

第二十一条 被保险机动车发生道路交通事故造成本车人员、被保险人以外的受害人人身伤亡、财产损失的，由保险公司依法在机动车交通事故责任强制保险责任限额范围内予以赔偿。

道路交通事故的损失是由受害人故意造成的，保险公司不予赔偿。

P101 **第二十二条** 有下列情形之一的，保险公司在机动车交通事故责任强制保险责任限额范围内垫付抢救费用，并有权向致害人追偿：

（一）驾驶人未取得驾驶资格或者醉酒的；

（二）被保险机动车被盗抢期间肇事的；

（三）被保险人故意制造道路交通事故的。

P333 有前款所列情形之一，发生道路交通事故的，造成受害人的财产损失，保险公司不承担赔偿责任。

第二十三条　机动车交通事故责任强制保险在全国范围内实行统一的责任限额。责任限额分为死亡伤残赔偿限额、医疗费用赔偿限额、财产损失赔偿限额以及被保险人在道路交通事故中无责任的赔偿限额。

机动车交通事故责任强制保险责任限额由保监会会同国务院公安部门、国务院卫生主管部门、国务院农业主管部门规定。

第二十四条　国家设立道路交通事故社会救助基金（以下简称救助基金）。有下列情形之一时，道路交通事故中受害人人身伤亡的丧葬费用、部分或者全部抢救费用，由救助基金先行垫付，救助基金管理机构有权向道路交通事故责任人追偿：

（一）抢救费用超过机动车交通事故责任强制保险责任限额的；

（二）肇事机动车未参加机动车交通事故责任强制保险的；

（三）机动车肇事后逃逸的。

第二十五条　救助基金的来源包括：

（一）按照机动车交通事故责任强制保险的保险费的一定比例提取的资金；

（二）对未按照规定投保机动车交通事故责任强制保险的机动车的所有人、管理人的罚款；

（三）救助基金管理机构依法向道路交通事故责任人追偿的资金；

（四）救助基金孳息；

（五）其他资金。

第二十六条　救助基金的具体管理办法，由国务院财政部门会同保监会、国务院公安部门、国务院卫生主管部门、国务院农业主管部门制定试行。

第二十七条　被保险机动车发生道路交通事故，被保险人或者受害人通知保险公司的，保险公司应当立即给予答复，告知被保险人或者受害人具体的赔偿程序等有关事项。

第二十八条 被保险机动车发生道路交通事故的，由被保险人向保险公司申请赔偿保险金。保险公司应当自收到赔偿申请之日起1日内，书面告知被保险人需要向保险公司提供的与赔偿有关的证明和资料。

第二十九条 保险公司应当自收到被保险人提供的证明和资料之日起5日内，对是否属于保险责任作出核定，并将结果通知被保险人；对不属于保险责任的，应当书面说明理由；对属于保险责任的，在与被保险人达成赔偿保险金的协议后10日内，赔偿保险金。

第三十条 被保险人与保险公司对赔偿有争议的，可以依法申请仲裁或者向人民法院提起诉讼。

第三十一条 保险公司可以向被保险人赔偿保险金，也可以直接向受害人赔偿保险金。但是，因抢救受伤人员需要保险公司支付或者垫付抢救费用的，保险公司在接到公安机关交通管理部门通知后，经核对应当及时向医疗机构支付或者垫付抢救费用。

因抢救受伤人员需要救助基金管理机构垫付抢救费用的，救助基金管理机构在接到公安机关交通管理部门通知后，经核对应当及时向医疗机构垫付抢救费用。

第三十二条 医疗机构应当参照国务院卫生主管部门组织制定的有关临床诊疗指南，抢救、治疗道路交通事故中的受伤人员。

第三十三条 保险公司赔偿保险金或者垫付抢救费用，救助基金管理机构垫付抢救费用，需要向有关部门、医疗机构核实有关情况的，有关部门、医疗机构应当予以配合。

第三十四条 保险公司、救助基金管理机构的工作人员对当事人的个人隐私应当保密。

第三十五条 道路交通事故损害赔偿项目和标准依照有关法律的规定执行。

第四章 罚 则

第三十六条 保险公司以外的单位或者个人，非法从事机动车交通事故责任强制保险业务的，由保监会予以取缔；构成犯罪的，依法追究刑事责任；尚不构成犯罪的，由保监会没收违法所得，违法所得20万元以上的，并处违法所得1倍以上5倍以下罚款；没有违法所得或者违法所得不足20万元的，处20万元以上100万元以下罚款。

第三十七条 保险公司违反本条例规定，有下列行为之一的，由保监会责令改正，处5万元以上30万元以下罚款；情节严重的，可以限制业务范围、责令停止接受新业务或者吊销经营保险业务许可证：

（一）拒绝或者拖延承保机动车交通事故责任强制保险的；

（二）未按照统一的保险条款和基础保险费率从事机动车交通事故责任强制保险业务的；

（三）未将机动车交通事故责任强制保险业务和其他保险业务分开管理，单独核算的；

（四）强制投保人订立商业保险合同的；

（五）违反规定解除机动车交通事故责任强制保险合同的；

（六）拒不履行约定的赔偿保险金义务的；

（七）未按照规定及时支付或者垫付抢救费用的。

第三十八条 机动车所有人、管理人未按照规定投保机动车交通事故责任强制保险的，由公安机关交通管理部门扣留机动车，通知机动车所有人、管理人依照规定投保，处依照规定投保最低责任限额应缴纳的保险费的2倍罚款。

机动车所有人、管理人依照规定补办机动车交通事故责任强制保险的，应当及时退还机动车。

第三十九条 上道路行驶的机动车未放置保险标志的，公安机关交通管理部门应当扣留机动车，通知当事人提供保险标志或者补办相应手续，可以处警告或者20元以上200元以下罚款。

当事人提供保险标志或者补办相应手续的，应当及时退还机动车。

第四十条 伪造、变造或者使用伪造、变造的保险标志，或者使用其他机动车的保险标志，由公安机关交通管理部门予以收缴，扣留该机动车，处200元以上2000元以下罚款；构成犯罪的，依法追究刑事责任。

当事人提供相应的合法证明或者补办相应手续的，应当及时退还机动车。

第五章 附 则

第四十一条 本条例下列用语的含义：

（一）投保人，是指与保险公司订立机动车交通事故责任强制保险合同，并按照合同负有支付保险费义务的机动车的所有人、管理人。

（二）被保险人，是指投保人及其允许的合法驾驶人。

（三）抢救费用，是指机动车发生道路交通事故导致人员受伤时，医疗机构参照国务院卫生主管部门组织制定的有关临床诊疗指南，对生命体征不平稳和虽然生命体征平稳但如果不采取处理措施会产生生命危险，或者导致残疾、器官功能障碍，或者导致病程明显延长的受伤人员，采取必要的处理措施所发生的医疗费用。

第四十二条 挂车不投保机动车交通事故责任强制保险。发生道路交通事故造成人身伤亡、财产损失的，由牵引车投保的保险公司在机动车交通事故责任强制保险责任限额范围内予以赔偿；不足的部分，由牵引车方和挂车方依照法律规定承担赔偿责任。

第四十三条 机动车在道路以外的地方通行时发生事故，造成人身伤亡、财产损失的赔偿，比照适用本条例。

第四十四条 中国人民解放军和中国人民武装警察部队在编机动车参加机动车交通事故责任强制保险的办法，由中国人民解放军和中国人民武装警察部队另行规定。

第四十五条　机动车所有人、管理人自本条例施行之日起3个月内投保机动车交通事故责任强制保险；本条例施行前已经投保商业性机动车第三者责任保险的，保险期满，应当投保机动车交通事故责任强制保险。

第四十六条　本条例自2006年7月1日起施行。

农业保险承保理赔管理暂行办法

（2015年3月17日中国保险监督管理委员会
以保监发〔2015〕31号通知印发）

第一章　总　则

第一条　为规范农业保险承保理赔业务管理，切实维护参保农户利益，防范农业保险经营风险，保障农业保险持续健康发展，根据《中华人民共和国保险法》、《农业保险条例》等相关法律法规，制定本办法。 P226

第二条　本办法适用于种植业保险和养殖业保险业务。价格保险和指数保险等创新型业务、以及森林保险业务另行规定。

第二章　承保管理

第一节　投　保

第三条　保险公司应严格履行明确说明义务，在投保单、保险单上作出足以引起投保人注意的提示，并向投保人说明投保险种的保险责任、责任免除、合同双方权利义务、理赔标准和方式等条款重要内容。由农业生产经营组织或村民委员会组织农户投保的，可组织投保人、被保险人集中召开宣传说明会，现场发放投保险种的保险条款，讲解保险条款中的重点内容。 P228

第四条 保险公司和组织投保的单位应确保农户的知情权和自主权，不得欺骗误导农户投保，不得以不正当手段强迫农户投保或限制农户投保。

保险公司及其工作人员不得向投保人、被保险人承诺给予保险合同约定以外的保险费回扣或者其他利益。

$\mathscr{P}_{228}$ **第五条** 保险公司应准确完整记录投保信息。投保信息应至少包括：

（一）客户信息。投保人和被保险人姓名或者组织名称、身份证号码或组织机构代码、联系方式、居住地址；

（二）保险标的信息。保险标的数量、地块或村组位置（种植业）、养殖地点和标识信息（养殖业）；

（三）其他信息。投保险种、保费金额、保险费率、自缴保费、保险金额、保险期间。

上述信息应在业务系统中设置为必录项，确保投保信息规范、完整、准确。

第二节　承　保

第六条 保险公司应根据保险标的风险状况和分布情况，采用全检或者抽查的方式查验标的，核查保险标的位置、数量、权属和风险状况。条件允许的，保险公司应从当地农业、国土资源、财政等部门或相关机构取得保险标的有关信息，以核对承保信息的真实性。

承保种植业保险，应查验被保险人土地承包经营权证书或土地承包经营租赁合同。被保险人确实无法提供的，应由相关主管部门出具证明材料。承保养殖业保险，应查验保险标的存栏数量、防灾防疫、标识佩戴等情况。被保险人为规模养殖场的，应查验经营许可资料。

保险公司应对标的查验情况进行拍摄，影像应能反映查验人员、查验日期、承保标的特征和规模，确保影像资料清晰、完整、未经任何修改，并上传至业务系统作为核保的必要内容。

$\mathscr{P}_{228}$ **第七条** 农业生产经营组织或村民委员会组织农户投保的，

应制作分户投保清单，详细列明被保险人及保险标的信息。投保清单在农业生产经营组织或者村民委员会核对并盖章确认后，保险公司应以适当方式在村级或农业生产经营组织公共区域进行不少于3天的公示。如农户提出异议，应在调查确认后据实调整。确认无误后，应将投保分户清单录入业务系统。

第三节　核　保

第八条　保险公司应在业务系统中注明投保人身份，严格审核保险标的权属，不得将对保险标的不具有保险利益的组织或个人确认为被保险人。

保险公司应确认由投保人或被保险人本人在承保业务单证（包括分户投保清单）上签字或盖章。特殊情形可以由投保人或被保险人直系亲属代为办理，同时注明其与被保险人的关系。

第九条　保险公司应加强核保管理，合理设置核保权限，由省级分公司或总公司集中核保。对投保清单、保险标的权属及数量、实地验标、承保公示等关键要素进行严格审核，不符合规定要求和缺少相关内容的，不得核保通过。

第十条　保险公司应加强批改管理，对于重要承保信息的批改，应由省级分公司或总公司审批。

第四节　收费出单

第十一条　保险公司应在确认收到农户自缴保费后，方可出具保险单。保险单或保险凭证应发放到户。

第十二条　对享受国家财政补贴的险种，保险公司应按规定及时向有关部门提供承保信息，以便协调结算财政补贴资金。

第三章　理赔管理

P228

第十三条　保险公司应以保障投保农户合法权益为出发点，贯彻“主动、迅速、科学、合理”的原则，重合同、守信用，做好理赔工作。

第一节　报　案

第十四条　保险公司应加强接报案管理，保持报案渠道畅通。农业保险报案应由省级分公司或总公司集中受理，报案信息应及时准确录入业务系统。对于省级以下分支机构或经办人员直接收到农户报案的，保险公司应引导或协助农户报案。对于超出报案时限的案件，应在业务系统中录入延迟报案的具体原因。

接到报案后，应及时生成报案号记录和分派查勘任务，并即时通知报案人后续工作安排。

P228

第二节　查勘定损

第十五条　保险公司应在接到报案后 24 小时内进行现场查勘，因不可抗力或重大灾害等原因难以及时到达的，应及时与报案人联系并说明原因。

发生大面积种植业灾害，保险公司可依照相关农业技术规范抽取样本测定保险标的损失程度。鼓励保险公司委托农业技术等专业第三方机构协助制定查勘规范。

发生养殖业事故，保险公司应对死亡标的拍摄，并将其标识录入业务系统，保险公司业务系统应具备标识唯一性的审核、校验功能，出险标的耳号标识应在业务系统内自动注销。保险公司应配合相关主管部门督促养殖户依照国家规定对病死标的进行无害化处理，并将无害化处理作为理赔的前提条件，不能确认无害化处理的，不予赔偿。

第十六条　保险公司应对损失情况进行拍摄，查勘影像应能体现查勘人员、拍摄位置、拍摄日期、被保险人或其代理人、受损标的特征、规模或损失程度，确保影像资料清晰、完整、未经任何修改，并上传业务系统作为核赔的必要档案。

第十七条　查勘结束后，保险公司应及时缮制查勘报告。查勘报告要注明查勘时间和地点，并对标的受损情况、事故原因以及是否属于保险责任等方面提出明确意见。查勘报告应根据现场查勘的原始记录缮制，原始记录应由查勘人员和被保险人签字确认，不得遗失、补记和做任何修改。

第十八条　保险公司应及时核定损失。种植业保险发生保险事故造成绝收的，应在接到报案后 20 日内完成损失核定；发生保险事故造成部分损失的，应在农作物收获后20日内完成损失核定。养殖业保险应在接到报案后3日内完成损失核定。发生重大灾害、大范围疫情以及其他特殊情形除外。

对于损失核定需要较长时间的，保险公司应做好解释说明工作。

第十九条　保险公司应根据定损标准和规范科学定损，并做到定损结果确定到户。省级分公司或总公司应对原始定损结果进行抽查。

第二十条　保险公司应加强案件拒赔管理。对于不属于保险责任的，应在核定之日起3日内向被保险人发出拒赔通知书，并做好解释说明工作。查勘照片、查勘报告和拒赔通知书等理赔材料应上传业务系统管理。

第三节　立　案

第二十一条　保险公司应在确认保险责任后，及时立案。报案后超过10日尚未立案的，业务系统应强制自动立案。保险公司应逐案进行立案估损，并根据查勘定损情况及时调整估损金额。

第四节　理赔公示

第二十二条　农业生产经营组织、村民委员会等组织农户投保种植业保险的，保险公司应将查勘定损结果、理赔结果在村级或农业生产经营组织公共区域进行不少于3天的公示。保险公司应根据公示反馈结果制作分户理赔清单，列明被保险人姓名、身份证号、银行账号和赔款金额，由被保险人或其直系亲属签字确认。农户提出异议的，保险公司应进行调查核实后据实调整，并将结果反馈。

第五节　核　赔

第二十三条　保险公司应加强核赔管理，合理设置核赔权限。原则上，权限应集中至省级分公司或总公司。

第二十四条　保险公司应对查勘报告、损失清单、查勘影像、公示材料等关键要素进行严格审核，重点核实赔案的真实性和定损结果的合理性。

P228

第六节　赔款支付

第二十五条　属于保险责任的，保险公司应在与被保险人达成赔偿协议后 10 日内支付赔款。农业保险合同对赔偿保险金的期限有约定的，保险公司应当按照约定履行赔偿保险金义务。

第二十六条　农业保险赔款原则上应通过转账方式支付到被保险人银行账户，并留存有效支付凭证。财务支付的收款人名称应与被保险人一致。

P230

第四章　协办业务管理

第二十七条　保险公司应加强自身能力建设，自主经营，自设网点。在基层服务网点不健全的区域，可以委托基层财政、农业等机构协助办理农业保险业务。

第二十八条　保险公司委托基层财政、农业等机构协助办理农业保险业务的，应按照公平、自主自愿的原则，与协办机构签订书面合同，明确双方权利义务，并由协办机构指派相关人员具体办理农业保险业务。保险公司应将每年确定的协办机构和人员名单报所在地区保险监管部门备案。

第二十九条　保险公司应定期对协办人员开展培训，包括国家政策、监管要求、经办流程、人员责任等。

第三十条　协办业务双方应按照公平、公正、按劳取酬的原则，合理确定工作费用，并建立工作费用激励约束机制。保险公司应加强工作费用管理，确保工作费用仅用于协助办理农业保险业务，不得挪作他用。工作费用应通过转账方式支付。

除工作费用外，保险公司不得给予或承诺给予协办机构、协办人员合同约定以外的回扣或其他利益。

第三十一条　保险公司应加强对协办业务的管理，确保其规范运作。要制定协办业务管理办法，加强对协办业务的指导和管理。应当将协办业务的合规性列为公司内部审计的重点，发现问题及时处理、纠正。

各地保监局应结合本地实际情况，确定保险公司可以委托第三方机构协办的业务种类、业务比例及对协办业务的抽查比例等。

第五章　内控管理

第三十二条　保险公司应建立客户回访制度。被保险人为规模经营主体的，应实现全部回访，其他被保险人应抽取一定比例回访。承保环节重点回访核实保险标的权属和数量、自缴保费、告知义务履行以及承保公示等情况。理赔环节重点回访核实受灾品种、损失情况、查勘定损过程、赔款支付、理赔公示等情况。保险公司应详细记录回访时间、地点、对象和回访结果等内容，并留存回访录音或走访记录等资料备查。

第三十三条　保险公司应建立投诉处理制度。农户投诉农业保险相关事项的，保险公司应及时受理、认真调查，在规定时限内做出答复。

第三十四条　保险公司应建立农业保险分级审核制度，根据承保、理赔涉及的数量和金额合理确定审核权限，留存审核手续，落实各层级、各环节的管理责任。

第三十五条　保险公司应建立农业保险内部稽核制度，根据《农业保险条例》、有关监管规定以及公司内控制度，定期对分支机构农业保险业务进行核查，并将核查结果及时报告保险监管部门。

第三十六条　保险公司应建立档案管理制度。承保档案应包括投保单、保险单、实地查验影像、公示影像、保费发票或收据等资料。理赔档案应包括出险通知书或索赔申请书、查勘报告、查勘影像、公示影像、赔款支付证明等资料。公示影像资料应能够反映拍摄日期、地点和公示内容。上述资料应及时归档、集中管理、妥善保管。

第三十七条　保险公司应加强防灾防损工作，根据农业灾害特点，因地制宜地开展预警、防灾、减损等工作，提高农业抵御风险的能力。

第三十八条 保险公司应加强信息管理系统建设，实现农业保险全流程系统管理，承保、理赔、再保险和财务系统应无缝对接。信息管理系统应能够实时监控承保理赔情况，具备数据管理和统计分析功能。

第三十九条 保险公司应加强服务能力建设，建立分支机构服务能力标准，完善基层服务网络，提高业务人员素质，确保服务能力和业务规模相匹配。

第六章 附 则

第四十条 保险公司应根据本办法制定公司农业保险承保理赔业务管理实施细则，并报保监会备案。

第四十一条 农业互助保险组织参照执行。

第四十二条 本办法未作规定的，适用《保险法》、《农业保险条例》中的经营规则和监督管理的有关规定。

第四十三条 本办法自 2015 年 4 月 1 日起施行，实施期限为三年。《关于加强农业保险承保管理工作的通知》（保监产险〔2011〕455 号）和《关于加强农业保险理赔管理工作的通知》（保监发〔2012〕6 号）同时废止。

𝒫8

机动车辆保险理赔管理指引

（2012 年 2 月 21 日中国保险监督管理委员会
以保监发〔2012〕15 号通知印发）

第一章 总 则

第一条 为维护被保险人合法权益，规范财产保险公司（以下简称“公司”）机动车辆保险（以下简称“车险”）经营行为，控制经营风险，提升行业理赔管理服务水平，促进行业诚信建设，根据《中华人民共和国保险法》及相关法律法规制订《机动车辆保险理赔管理指引》（以下简称《指引》）。

第二条　本《指引》所称公司，是指在中华人民共和国境内依法经营车险的财产保险公司，包括中资保险公司、中外合资保险公司、外商独资保险公司以及外资保险公司在华设立的分公司。

第三条　本《指引》中的车险理赔是指公司收到被保险人出险通知后，依据法律法规和保险合同，对有关事故损失事实调查核实，核定保险责任并赔偿保险金的行为，是保险人履行保险合同义务的体现。

第四条　车险理赔一般应包括报案受理、调度、查勘、立案、定损（估损）、人身伤亡跟踪（调查）、报核价、核损、医疗审核、资料收集、理算、核赔、结销案、赔款支付、追偿及损余物资处理、客户回访、投诉处理以及特殊案件处理等环节。

第五条　公司应制定完整统一的车险理赔组织管理、赔案管理、数据管理、运行保障管理等制度，搭建与业务规模、风险控制、客户服务相适应的理赔管理、流程控制、运行管理及服务体系。

第六条　公司车险理赔管理及服务应遵循以下原则：

（一）强化总公司集中统一的管理、控制和监督；

（二）逐步实现全过程流程化、信息化、规范化、标准化、一致性的理赔管理服务模式；

（三）建立健全符合合规管理及风险防范控制措施的理赔管理、风险控制、客户服务信息管理系统；

（四）确保各级理赔机构人员合理分工、职责明确、责任清晰、监督到位、考核落实；

（五）理赔资源配置要兼顾成本控制、风险防范、服务质量和效率。

第七条　本《指引》明确了公司在车险理赔管理中应达到的

管理与服务的基本要求。公司与客户之间的权利义务关系应以《保险法》及相关法律法规和保险合同条款为准。

第八条 中国保险监督管理委员会及其派出机构依法对公司车险理赔实施监督检查，并可向社会公开《指引》的有关执行情况。

第二章 理赔管理

第一节 组织管理和资源配置

第九条 公司应建立健全车险理赔组织管理制度。明确理赔管理架构、管理机制、工作流程及各环节操作规范，明确各类理赔机构和人员的工作职责及权限、考核指标、标准及办法。明确理赔关键环节管理机制、关键岗位人员管理方式。明确理赔岗位各相关人员资格条件，建立理赔人员培训考试及考核评级制度，制订与业务规模、理赔管理和客户服务需要相适应的理赔资源配置办法等。

第十条 公司应按照车险理赔集中统一管理原则，建立完整合理的车险理赔组织架构，有效满足业务发展、理赔管理及客户服务需要。

（一）集中统一管理原则是指总公司统一制定理赔管理制度、规范理赔服务流程及标准，完善监督考核机制，应实现全国或区域接报案集中，以及对核损、核价、医疗审核、核赔等理赔流程关键环节和关键数据修改的总公司集中管控。

（二）完整合理的理赔组织架构，应将理赔管理职能、理赔操作职能以及客户服务职能分开设置，形成相互协作、相互监督的有效管理机制。

鼓励总公司对理赔线实行人、财、物全部垂直化管理。

第十一条 公司应制定严格管控措施和 IT 系统管控手段，强化关键岗位和关键环节的集中统一管理、监督和控制。

对核损、核价、医疗审核、核赔等关键岗位人员，应逐步实行总公司自上而下垂直管理，统一负责聘用、下派、任命、考核、薪酬发放、职务变动以及理赔审核管理权限授予等。

第十二条　对分支机构实行分类授权理赔管理，应充分考虑公司业务规模、经营效益、管理水平、区域条件等，可以选择“从人授权”和“从机构授权”方式。从机构授权只限于总公司对省级分公司的授权。

“从人授权”应根据理赔人员专业技能、考试评级结果授予不同金额、不同类型案件的审核权限；“从机构授权”应根据分支机构的经营管理水平、风险控制能力、经营效益以及服务需求授予不同理赔环节和内容的管理权限。

鼓励公司采取“从人授权”方式，加强专业化管理。

第十三条　公司应针对不同理赔岗位风险特性，制订严格岗位互掣制度。

核保岗位不得与核损、核价、核赔岗位兼任。同一赔案中，查勘、定损与核赔岗位，核损与核赔岗位之间不得兼任。在一定授权金额内，查勘、定损与核损岗位，理算与核赔岗位可兼任，但应制定严格有效的事中、事后抽查监督机制。

第十四条　公司应根据理赔管理、客户服务和业务发展需要，充分考虑业务规模、发展速度及地域特点，拟定理赔资源配置方案，明确理赔资源和业务资源配比。保证理赔服务场所、理赔服务工具、理赔信息系统、理赔人员等资源配备充足。

（一）在设有营销服务部以上经营机构地区

1. 应设立固定理赔服务场所或在营业场所内设立相对独立理赔服务区域，接受客户上门查勘定损、提交索赔材料。理赔服务场所数量应根据业务规模、案件数量以及服务半径合理设置、科学布局。理赔服务场所应保证交通便利、标识醒目。公司应对外公布理赔服务场所地址、电话。

2. 各地保险行业协会应根据本地区地域、自然环境、道路交通情况等因素确定各理赔环节的基本服务效率标准，各公司应保证各岗位理赔人员、理赔服务工具的配备满足上述标准要求。

（二）在未设分支机构地区

公司应制定切实可行的理赔服务方案，保证报案电话畅通，采取委托第三方等便捷方式为客户提供及时查勘、定损和救援等服务。在承保时，应向客户明确说明上述情况，并告知理赔服务流程。

不能满足上述要求的，公司应暂缓业务发展速度，控制业务规模。

第十五条 公司应建立各理赔岗位职责、上岗条件、培训、考核、评级、监督等管理制度和机制，建立理赔人员技术培训档案及服务投诉档案，如实记录理赔人员技能等级、培训考核情况和服务标准执行情况。

鼓励保险行业协会逐步探索实施行业统一的理赔人员从业资格、培训考试、考核评级等制度，建立理赔人员信息库。

第十六条 公司应对理赔人员进行岗前、岗中、晋级培训并考试。制定详实可行的培训计划和考核方案，保证基本培训时间、质量和效果。

（一）岗前培训：各岗位人员上岗前应参加岗前培训和考核，培训时间不应少于60小时，考试合格后可上岗工作；

（二）岗中培训：公司应通过集中面对面授课、视频授课等形式，对各岗位人员进行培训。核损、核价、医疗审核、核赔人员每年参加培训时间不应少于100小时，其他岗位人员每年参加培训时间不应少于50小时；

（三）晋级培训：各岗位人员晋级或非核损、核价、医疗审核、核赔岗位人员拟从事核损、核价、医疗审核、核赔岗位的，应经过统一培训和考试，合格后可晋级。

第二节 赔案管理

第十七条 公司应制定覆盖车险理赔全过程的管理制度和操作规范。按照精简高效原则，对接报案、调度、查勘、立案、定损（估损）、人身伤亡跟踪（调查）、报核价、核损、医疗审核、资料收集、理算、核赔、结销案、赔款支付、追偿及损余物资处理、客户回访、投诉处理以及特殊案件处理等各环节的工作流程和操作办法进行统一规范，逐步实现标准化、一致性的理赔管理和客户服务。

为防范风险，提高工作质量和效率，理赔处理各环节衔接点要严格规范，前后各环节间应形成必要的相互监督控制机制。

第十八条 公司应建立严格的未决赔案管理制度。规范未决赔案管理流程，准确掌握未决赔案数量及处理进度；监督促进提升理赔处理时效。根据未决赔案估损及估损调整管理规则确定估损金额，确保未决赔款准备金准确计提，真实反映负债和经营结果。

第十九条 公司应制订报核价管理制度。建立或采用科学合理的汽车零配件价格标准，做好零配件价格信息维护和本地化工作。

行业协会应积极推动保险行业与汽车产业链相关行业共同研究建立科学、合理的维修配件和工时系数标准化体系。

第二十条 公司应建立特殊案件管理制度。对案件注销、注销恢复、重开赔案、通融赔案、拒赔案件、预付赔款、规定范围内的诉讼案件、追偿赔案及其它特殊案件的审核和流程进行规范，并将审批权限上收到总公司。

第二十一条 公司应建立反欺诈管理制度。总公司及分支机构应建立自上而下、内外部合作、信息共享的反欺诈专职团队。对重点领域和环节通过在理赔信息系统中设立欺诈案件和可疑赔案筛查功能加大反欺诈预防查处力度。建立投诉、举报、信访处理机制和反欺诈奖励制度，向社会公布理赔投诉电话。

有条件的地区应建立本地区保险行业内联合反欺诈处理（或信息共享）机制或保险行业与当地公安机关联合反欺诈处理（或信息共享）机制。

第二十二条 公司应建立异地理赔管理制度和考核奖惩办法。按照“异地出险，就地理赔”原则，建立信息管理系统和网络，搭建省间代查勘、代定损、代赔付操作平台，规范实务流程和操作规则，做好跨省间客户投诉管理工作，确保全国理赔服务标准规范统一。

第三节　数据管理

第二十三条　公司应建立支撑车险理赔管理、风险控制及客户服务全流程化业务处理及信息管理系统。系统间实现无缝连接，无人工干预，实时数据传送处理，避免数据漏失、人工调整及时滞差异。

第二十四条　公司应制定数据质量管理制度。加强理赔与承保、财务间数据规范性、准确性和及时性的管理监督，使业务、财务数据归集、统计口径保持一致。公司应对数据质量定期监控与考评，对疑问数据及时通报。

第二十五条　公司应规范理赔各环节间数据管理。明确数据间勾稽关系，做到历史数据可追溯，对日常数据日清日结。应确定数据维护流程、使用性质和查询范围。应制定数据标准化推行制度。对异常（风险）数据设立基础考察观测项目，根据管理控制的重点适时调整考察观测项目。

疑问数据修改应依法合规，严格修改规范。疑问数据应及时整改，整改时应充分考虑整改方案是否合理以及是否会引发其它数据质量问题，严禁随意修改。

第二十六条　公司应建立内部各部门、各地区间必要的信息交流沟通机制。根据理赔数据管理情况，实现理赔部门与产品、承保、财务、精算、法律和客户服务等相关部门间沟通及信息反馈。

建立信息平台地区，公司应及时向信息平台上传理赔信息，确保上传信息与核心业务系统信息完整一致。

第四节　运行保障

第二十七条　公司应建立理赔费用管理制度，严格按照会计制度规定，规范直接理赔费用和间接理赔费用管理。理赔费用分摊应科学、合理并符合相关规定。

直接理赔费用要严格按照列支项目和原始凭证、材料，如实列支，审批权应集中到省级或以上机构，并按照直接理赔费用占赔款的一定比例监控；间接理赔费用要制定严格的间接理赔费用预算管理、计提标准、列支项目、列支审核以及执行监督制度，间接理赔费用的列支项目和单笔大额支出应规定严格的审批流程等。

公司应将理赔费用纳入考核政策，对各级机构形成约束。

第二十八条　公司应制定未决赔款准备金管理制度。根据未决赔款数据准确估算未决赔款准备金，建立理赔与精算的联合估算规则，要真实、准确、及时反映车险经营状况，有效预警经营风险，保证经营稳定。

第二十九条　公司应加强对合作单位管理，包括合作修理厂、合作医疗机构、医疗评残机构、公估机构以及其他保险中介机构的管理。

（一）公司在选择合作单位时，应保证公正、公平、公开原则，维护被保险人、受害人以及保险人的合法权益，依法选择，严格管理，建立准入、考核、监督及退出机制。

（二）公司应保证客户自由选择维修单位的权利，不得强制指定或变相强制指定车辆维修单位。

公司选择合作修理厂，应与经过规定程序产生的车辆维修单位签订维修合作协议。承修方要保证维修质量、维修时间达到客户满意，保险公司应协助客户跟踪维修质量与进度。

保险行业协会应积极协调组织公司就保险理赔服务有关工作与汽车修理厂、医疗机构、医疗评残机构、公估机构等相关单位沟通协调，加强行业间协作。

（三）严格理赔权限管理

1. 公司严禁将核损、核价、医疗审核、核赔等关键岗位理赔权限授予合作单位等非本公司系统内的各类机构或人员。

2. 原则上不允许合作单位代客户报案，代保险公司查勘、定损（专业公估机构除外），代客户领取赔款。

第三十条　公司应制定防灾防损制度，包括控制保险标的风险，抗御灾害及应对突发事件办法，降低保险事故发生频率和减少事故损失程度技能，增强为客户服务能力。

第三十一条 公司应建立客户投诉管理制度。对客户投诉渠道、投诉信息、投诉受理人、建议解决措施、投诉结果反馈、投诉结果归档、投诉处理的监督考核等规范管理。

第三十二条 公司应建立客户回访制度，对出险客户回访量、回访类型、回访内容、问题处置流程、解决问题比率、回访统计分析与反馈、回访结果归档，回访质量监督考核办法等进行规范管理。

第三十三条 公司应建立绩效考核机制。科学设计理赔质量指标体系，制定绩效考核管理办法。

理赔质量指标体系应包括客户服务满意度、投诉率、投诉处理满意度等客户服务类指标，案均结案时长、结案率等理赔效率类指标，估损偏差率、限时立案率、未决发展偏差率、服务质量、数据质量等理赔管理类指标以及赔付率、案均赔款、理赔费用等理赔成本类指标。公司应加强对理赔质量整体考核监管，不得单纯考核赔付率，不合理压低赔偿金额，损害消费者权益，影响理赔服务质量。

第三十四条 公司应定期或不定期开展理赔质量现场或非现场专项检查，包括对理赔服务、理赔关键举措、赔案质量、特殊案件处理、理赔费用列支等问题专项检查或评估。在日常赔案管理中，总公司应加强对分支机构理赔质量的常规检查和远程非现场检查监督，必要时可进行理赔效能专项检查。

第三十五条 公司应严格遵守各项法律法规，忠实履行保险合同义务。诚实守信、合法经营，禁止下列行为：

（一）理赔人员“吃、拿、卡、要”、故意刁难客户，或利用权力谋取个人私利；

（二）利用赔案强制被保险人提前续保；

（三）冒用被保险人名义缮制虚假赔案；

（四）无正当理由注销赔案；

（五）错赔、惜赔、拖赔、滥赔；

（六）理赔人员与客户内外勾结采取人为扩大损失等非法手段骗取赔款，损害公司利益的行为；

（七）其他侵犯客户合法权益的失信或违法违规行为。

第三章 流程控制

第一节 理赔信息系统

第三十六条 公司应以支持公司理赔全过程、流程化、规范化、标准化运行管控为目标，统一规划、开发、管理和维护理赔信息系统。

第三十七条 理赔流程中关键风险点的合规管控要求，应内嵌入理赔信息系统，并通过信息系统控制得以实现。

理赔信息系统操作应与理赔实务相一致，并严格规范指导实际操作。

第三十八条 公司应保证所有理赔案件处理通过理赔信息系统，实现全流程运行管控。严禁系统外处理赔案。

第三十九条 理赔信息系统数据库应建立在总公司。总公司不得授权省级分公司程序修改权和数据修改权。所有程序、数据的修改应保存审批及操作记录。

严禁将理赔信息系统数据库建立在省级及省级以下分支机构。

第四十条 公司理赔信息系统的功能设置应满足内控制度各项要求，至少应包括以下内容：

（一）理赔信息系统应与接报案系统、承保系统、再保险系统、财务系统数据实现集成管理，无缝对接。通过公司行政审批系统审批的案件信息应该自动对接到理赔系统，如果不能自动对接，应将行政审批意见扫描并上传至理赔系统中。

（二）理赔信息系统应实现理赔全流程管控，至少包括接报案、调度、查勘、立案、定损（估损）、人身伤亡跟踪（调查）、报核价、核损、医疗审核、资料收集、理算、核赔、结销案、赔款支付、追偿及损余物资处理、客户回访、投诉处理以及特殊案件处理等必要环节及完整的业务处理信息。理赔信息系统应实时准确反映各理赔环节、岗位的工作时效。

（三）理赔信息系统应能对核损、报核价、医疗审核、核赔等重要环节实现分级授权设置，系统按照授权规则自动提交上级审核；未经最终核损人审核同意，理赔系统不能打印损失确认书。未经最终核赔人审核同意，理赔系统不得核赔通过，财务系统不得支付赔款。

（四）理赔信息系统应按法律法规及条款约定设定理算标准及公式。

（五）理赔信息系统中不得单方面强制设置保险条款以外的责任免除、赔款扣除等内容。

（六）理赔信息系统数据应保证完整、真实并不能篡改。

（七）理赔信息系统应设置反欺诈识别提醒功能，对出险时间与起保或终止时间接近、保险年度内索赔次数异常等情况进行提示。

（八）理赔信息系统可在各环节对采集到的客户信息进行补充修正，确保客户信息真实、准确、详实。

（九）理赔信息系统应具备影像存储传输功能，逐步实现全程电子化单证，推行无纸化操作；鼓励公司使用远程视频传输系统功能。

（十）理赔信息系统可对符合快速处理条件的赔案适当简化流程。

（十一）理赔信息系统应加强对一人多岗的监控，严禁使用他人工号。

第四十一条 公司应制订应急处理机制，保证系统故障时接报案等理赔服务工作及时有序进行。

第二节 接报案

第四十二条 公司应实行接报案全国或区域统一管理模式，不得将接报案统一集中到省级或以下机构管理。所有车险理赔案件必须通过系统接报案环节录入并生成编号后方可继续下一流程。

第四十三条　公司应建立有效报案甄别机制，通过接报案人员采用标准话术详细询问、接报案受理后及时回访等方法，逐步减少无效报案。

第四十四条　报案时间超过出险时间48小时的，公司应在理赔信息系统中设定警示标志，并应录入具体原因。公司应对报案时间超过出险时间15天的案件建立监督审核机制。

第四十五条　接报案时，理赔信息系统应自动查询并提示同一保单项下或同一车辆的以往报案记录，包括标的车辆作为第三者车辆的案件记录。对30天内多次报案的应设警示标志，防止重复报案并降低道德风险。

第四十六条　公司应积极引导被保险人或肇事司机直接向保险公司报案。对由修理单位等机构或个人代被保险人报案的，公司应要求其提供被保险人真实联系方式，并向被保险人核实。同时，公司应在后续理赔环节中通过查验被保险人有效身份证件或与被保险人见面方式对案件进行核实。

第四十七条　公司接报案受理人员应仔细询问并记录报案信息，报案记录应尽可能详尽，至少应包括以下内容：保单信息、出险车辆信息、被保险人信息、报案人信息、驾驶员信息、出险情况、损失情况、事故处理及施救等情况。

完成报案记录后，接报案人员或查勘人员要及时向报案人或被保险人详细明确说明理赔处理流程和所需证明材料等有关事项。

为方便客户了解赔偿程序和索赔要领，公司应向客户提供多渠道、多方式解释说明。

第三节　调　度

第四十八条　公司应建立完善、科学的调度体系，利用信息化手段准确调度，提高效率。

第四十九条　公司应通过调度系统实时掌握理赔人员、理赔车辆、理赔任务的工作状态。

第四节　查　勘

第五十条　公司应通过移动终端、远程控制或双人查勘等方式确保现场查勘信息真实。对重大、可疑赔案，应双人、多人查勘。

公司应加大对疑难重大案件复勘力度，并对第一现场、复勘现场、无现场查勘方式进行统计。

公司应建立查勘应急处理机制，防范并妥善处理突发大案或案件高峰期可能出现的查勘资源配置不到位。

第五十一条　理赔案件查勘报告应真实客观反映查勘情况，查勘报告重要项目应填写完整规范。重要项目至少应包括：出险车辆信息、驾驶员信息、事故成因、经过和性质、查勘时间、地点、内容、人员伤亡情况、事故车辆损失部位、程度等情况、查勘人员签名等。

现场照片应清楚反映事故全貌和损失情况。公司应采取技术手段防止或识别数码相片的修改。

查勘信息应及时录入理赔系统，超过规定时限的，应提交上级管理人员，对查勘人员进行考核处罚。

第五十二条　查勘人员应详细记录客户信息，了解事故情况，进行调查取证。

查勘人员应向客户递交书面“索赔须知”，并进行必要讲解，提示客户及时提出索赔申请。“索赔须知”至少应包括：索赔程序指引、索赔需提供的资料、理赔时效承诺、理赔投诉电话、理赔人员信息、理赔信息客户自主查询方式方法以及其他注意事项等。

第五十三条　公司查勘人员应在查勘环节收集真实完整的客户信息，并在后续环节中不断完善补充。

第五十四条　公司应对委托外部机构查勘严格管理。公司应制定外部合作机构资质标准，并与委托查勘机构签订合作协议。分支机构委托外部机构查勘的，应经总公司审批授权。

第五十五条　鼓励公司印制防伪易碎贴或防伪易碎封签（标签），加贴于特定部位，防止损坏配件被恶意替换，并加强配件残值管理处置。主要用于以下方面：

（一）第一现场估损符合自动核价条件的，对需要回收残值的配件加贴。

（二）第一现场不能估损的案件，对外表损坏配件加贴，对易产生替换和可能损坏的配件加贴；对需监督拆解车辆，在拆解关键点加贴。

（三）水损事故中对损失与否不能确认的配件，如电脑板等加贴。

第五十六条　公司应严格按照《保险法》及相关法律法规和保险合同的约定，在法律规定时限内，核定事故是否属于保险责任。情形复杂的，应在 30 日内作出核定，但合同另有约定的除外。不属于保险责任的，应自作出核定之日起 3 日内向被保险人发出拒绝赔偿通知书并说明理由，将索赔单证扫描存入系统后，退还相关索赔单证，并办理签收手续。

第五节　立　案

第五十七条　公司应加强立案过程管理，确保立案时估损金额尽量准确。公司原则上应实行报案即立案。接到报案后应及时在理赔信息系统中进行立案处理。系统应设置超过 3 日尚未立案则强制自动立案功能。

第五十八条　公司应及时充足准确录入估损金额，对自动立案并通过理赔系统对案件进行自动估损赋值的，应本着充分原则，赋值金额参考历史同类案件的案均赔款或其他合理统计量确定。公司应根据险别、有无人伤等不同情况明确赋值规则。

第六节　定损（估损）

第五十九条　公司定损人员应准确记录损失部位和项目，提出修理、更换建议，及时录入理赔信息系统。并请客户签字确认损失部位和项目。

第六十条 定损人员应及时向客户说明损失情况，并就定损项目、修复方式、配件类型、维修金额等向客户耐心细致解释。核损通过后的损失确认书，应由客户签字确认。对客户自行承担的损失，应明确告知客户并做好解释说明。

定损项目和金额需要调整的，定损人员应征得客户同意并签字确认。

第六十一条 公司应对委托外部机构定损严格管控。

第七节 报核价

第六十二条 公司应建立专业报核价队伍，在理赔信息系统中设置报核价模块，逐步实现常用配件自动报价。

第六十三条 公司应维护更新零部件价格信息，推行价格信息本地化，保证价格信息与区域市场匹配。

公司应采用经国家有关部门批准和认证的正规配件企业生产、符合原厂技术规范和配件性能标准、有合法商标、质量检验合格的配件。

第八节 核 损

第六十四条 公司应高度重视核损环节管理，加强核损队伍建设，提高核损人员专业技能。

第六十五条 核损人员应认真核对查勘、定损人员提交的事故现场查勘情况，与客户填报的事故经过是否一致，确定事故真伪及是否属于保险责任。

鼓励公司核损人员对拟提供给客户的“索赔须知”内容进行审核，确保对需提供的索赔材料说明准确。

第六十六条 核损人员应对定损人员提交的标的损失项目、修复方式、估损金额，根据报核价环节提供的配件价格信息进行远程在线审核或现场审核，并提出审核意见。

第六十七条 理赔信息系统应自动按照核损通过数值调整未决赔款金额。对于未决赔款金额波动较大的，应在系统中设置提醒标志。

第九节　人伤跟踪和医疗审核

第六十八条　总公司应建立人身伤亡案件（以下简称为“人伤”）审核专业管理团队，省级及以下理赔部门设置专职人伤跟踪（调查）和医疗审核团队或岗位，参与人伤损失的事故查勘、损伤调查、处理跟踪、协助合解、参与诉讼、资料收集、单证审核和费用核定等工作。公司应制订人伤跟踪、审核实务，应实现提前介入、过程跟踪、全程协助、加强管控的目标。

公司原则上应设置专线电话，安排人伤专业人员，为被保险人或受害人提供人伤处理全程咨询服务。

公司应加大人伤调查力度，制订人伤调查要求、具体内容和调查时效。

人伤审核人员应主动参与被保险人与事故受害人之间的损害赔偿合解工作，促成双方达成满意的合解结果。

在被保险人与受害人之间发生诉讼纠纷时，公司应积极主动协助被保险人做好诉讼案件处理工作。

第六十九条　公司在人伤跟踪过程中，应及时就诊疗方案、用药标准、后续治疗费用、残疾器具使用等问题向医疗单位、被保险人或受害人进行了解，并及时修正未决赔案估损金额。

第七十条　公司应根据相关法律法规和保险合同，按照以人为本和有利及时救治原则，进行人伤费用审核和支付。

第七十一条　公司对需进行伤残鉴定的人伤案件，应优先推荐和引导伤者到当地公信力较高的伤残鉴定机构进行评定，确保评残公正、客观。公司应跟踪评残过程及鉴定结果，发现疑义的应及时向鉴定机构反馈或要求复评。

公司应将“低残高评”、“疑义伤残”等记录在案，向有关主管部门反馈。

第十节　资料收集

第七十二条　公司接收、记录客户送达的索赔资料时，应按照“索赔须知”当场查验索赔资料是否齐全，及时出具接收回执。回执上应注明公司接收人、接收时间和公司咨询电话。

第七十三条 公司认为有关证明和资料不完整的，应当及时一次性书面通知投保人、被保险人或者受益人补充提供。

第十一节 理 算

第七十四条 公司对索赔资料齐全、无异议的案件，应及时完成理算工作。

第十二节 核 赔

第七十五条 公司理赔时效标准不得低于法律法规以及行业关于理赔时效的规定。

公司自收到索赔请求和有关证明、资料之日起 60 日内，对其赔偿数额不能确定的，应根据已有证明和资料可以确定的数额先予支付。最终确定赔偿数额后，支付相应差额。

第七十六条 公司应对疑难案件会商，在充分尊重事实，准确适用法律，综合评定各方利益，并与客户有效沟通后，做出最终结论，并将结果及时反馈。

第十三节 结销案

第七十七条 公司应当在全部损失标的核赔通过后自动或人工结案。结案后的重开赔案权限应通过理赔信息系统上收至总公司。

第七十八条 公司应明确规定赔案注销、零结案和拒赔条件，严格注销案件、零结案和拒赔管理。

注销恢复案件处理权限应通过理赔信息系统上收至总公司。

第十四节 赔款支付

第七十九条 公司应在与客户达成赔偿协议后 10 日内赔付。公司应及时通知客户领取保险赔款，定期清理已决未支付赔案。不得通过预付赔款方式支付已达成协议的赔款。

鼓励公司建立快速理赔机制。

第八十条 公司应在理赔信息系统中设定赔款收款人姓名、账号和开户银行名称，赔款支付时应遵守反洗钱的相关规定。

在赔款成功支付后，公司应通过电话、短信或书面等方式告知客户。

鼓励公司在客户投保时，积极引导客户约定赔款支付方式、明确赔款支付对象、开户行、账号等信息。

第八十一条　被保险人为个人的，公司应积极引导被保险人通过银行转账方式领取保险赔款。保险赔款金额超过一定金额的，要通过非现金方式支付，且支付到与被保险人、道路交通事故受害人等符合法律法规规定的人员名称相一致的银行账户。

各地区、各公司可根据实际情况，制订现金支付的最高限额。

第八十二条　被保险人为单位的，公司应严格按照有关支付结算规定，对 1000 元以上的保险赔款要通过非现金方式支付，且支付到与被保险人、道路交通事故受害人等符合法律法规规定的人员名称相一致的银行账户。

各地区、各公司可根据实际情况，进一步限定采取汇款、网上银行等无背书功能的转账支付方式。

鼓励公司采取无现金支付方式支付赔款。

第八十三条　公司应严格管控代领保险赔款风险。

（一）严格“直赔”修理厂管理

公司对签订“直赔”协议的修理单位（以下简称“直赔厂”），必须严格管理监督。

1. 不得将代报案、代查勘权限授予直赔厂。

2. 直赔厂在代客户索赔时，应提供维修发票、维修清单以及被保险人出具的授权书原件、身份证明等材料。

3. 公司应通过银行采用无背书功能的转账支付方式将保险赔款划入以承修事故车辆的修理单位为户名的银行账户，并通过电话回访或书面方式告知被保险人。

4. 对于不能提供被保险人真实联系方式、授权书的修理单位，公司不应与其签订或续签“直赔”协议。

（二）严格管控其他单位或个人代领保险赔款

对于直赔厂之外的其他单位或个人代被保险人或道路交通事故受害人领取保险赔款的，必须提供被保险人或道路交通事故受害人有效身份证明原件、授权书原件以及代领赔款人身份证明原件。

赔款支付方式按照第八十一条和第八十二条的规定执行。

第八十四条 被保险人给第三者造成损害，被保险人对第三者应负的赔偿责任确定的，根据被保险人的请求，公司应直接向该第三者赔偿保险金。被保险人怠于请求的，第三者有权就其应获赔偿部分直接向公司请求赔偿，公司应受理。

第十五节 追偿及损余物资处理

第八十五条 公司应加强代位追偿案件管理，制订制度规范以及追偿案件的业务、财务处理方式及流程。

第八十六条 公司应制订损余物资管理办法。损余物资折归被保险人的，应与被保险人协商同意，确保公平合理。

公司回收损余物资的，应在理赔信息系统中准确录入损余物资管理信息和处置情况，统计损余物资处置金额。处理款项应及时冲减赔款。

对于盗抢险追回车辆、推定全损车辆的损余处理，应上收到省级或以上机构统一处理。

第四章 理赔服务

第一节 服务标准

第八十七条 理赔服务应贯彻于理赔全过程，包括风险管理、客户回访、投诉处理等内容。

第八十八条 公司应制订理赔服务规范，确保流程控制中各环节理赔手续简便、服务时效明确、服务标准一致。

第八十九条 公司应建立“首问负责制”，保证流程顺畅，不互相推诿。

最先受理客户咨询、投诉的人员作为首问责任人，负责处理或督促相关部门解决客户提出的各类问题，并跟踪至问题解决。

第九十条　公司应设立全国统一的服务电话号码，并向社会公示，24 小时 ×365 天接受报案和咨询。公司应保证报案电话畅通，接通率不低于 85%。

公司应提供 24 小时 ×365 天查勘定损服务。

各地保险行业协会应根据本地实际情况，规定理赔人员到达事故现场时限，并向社会公布。

第九十一条　公司应建立理赔服务指标体系。理赔服务指标至少应包括：报案电话接通率、到达现场时长、平均结案周期、小额赔案结案周期、赔付时效、客户有效投诉率等。

各地保险行业协会应根据本地实际情况，制定理赔服务指标参考标准，并向社会公布。

第九十二条　公司应统一查勘定损员服装样式，统一制作并悬挂胸牌，按照公司视觉识别标识统一进行查勘车辆的外观喷涂和编号，便于各级理赔服务工作管理监督，提升理赔服务形象。

第九十三条　公司应制订理赔标准用语规范，涵盖理赔全流程。理赔人员在服务过程中应体现出良好的保险职业道德和精神风貌，主动迅速准确为客户提供优质服务。

第九十四条　异地理赔服务、委托外部机构理赔服务不得低于规定的理赔服务时效、理赔标准。

第二节　服务内容

第九十五条　公司应高度重视车险理赔服务工作，进一步强化理赔服务意识、增强理赔服务能力、提高理赔服务质量。

公司应积极协助被保险人向责任对方（责任对方是指在事故中对被保险人负有赔偿责任的当事人）进行索赔；当被保险人选择直接向投保保险公司索赔，并将向责任对方请求赔偿的权利转让给保险公司时，保险公司应该认真履行赔付义务。

各公司之间应进一步加强沟通协调。对于涉及多家保险公司的赔案，各公司均应积极参与处理，不得推诿。

为提高运行效率，各省级行业协会应逐步依托行业车险信息平台尽快实现数据及时传递和共享，应组织保险公司逐步建立行业间定损标准、赔付标准和追偿实务标准，积极解决保险理赔服务问题，提高客户满意度。

第九十六条 公司应根据赔案类型、客户分类和赔付数据建立差异化理赔服务机制。

公司应建立小额赔案理赔快速处理机制，不断提高小额案件理赔时效和服务质量。小额赔案的标准和赔付时限由各省级行业协会根据情况确定。

第九十七条 公司可在合理成本范围内为客户提供车辆救援、风险管理等增值服务。

第九十八条 公司应提供多渠道的理赔信息反馈服务。公司应按照相关规定，提供理赔信息自助查询服务。公司应在与理赔相关的营业场所或服务场所，张贴统一印制的索赔指引或索赔流程图，在保险凭证和保险宣传资料上明示服务电话，制订并对外公布理赔服务承诺。

公司应逐步实施电话、短信通知提醒、网络平台上传资料等服务内容。

第三节 服务保证

第九十九条 公司应建立客户回访制度，应设专职人员在赔款支付15个工作日内进行客户回访，各公司应根据案件量确保一定回访比例。

建立客户回访台账或留存回访电话录音，内容至少应包括：案件情况真实性、理赔服务质量、赔款领取情况等。回访记录应妥善保存，自保险合同终止之日起计算，保管期限不得少于5年。

第一百条 公司应建立投诉信访处理机制，设立客户服务部门或者咨询投诉岗位，向社会公布理赔投诉电话，接受社会监督。

（一）公司应设专职人员负责受理客户理赔投诉工作。建立客户投诉登记台帐，台帐内容至少应包括：投诉编号、投诉日期、投诉人及联系方式、被投诉人、涉及保单或赔案号、投诉原因、投诉具体内容、处理结果、答复客户日期等。

（二）对保险监管部门按照规定转办的涉及理赔服务方面的信访事项，不得推诿、敷衍、拖延、弄虚作假，由公司分管领导负责并按照监管部门要求报告受理情况和办理结果。

（三）上门投诉的客户，有专人负责接待，尽最大努力即时解决。无法即时解决的，明确答复时限。其他形式（如电话、传真、信访和电子邮件等）的一般性投诉，承办部门应在3个工作日内答复；重大、疑难类投诉，应在5个工作日内答复。

对信访投诉情况定期分析，并采取改进措施。

第一百零一条　公司应建立并不断完善重大突发性事件、群体性投诉和媒体曝光事件的应急机制。

第一百零二条　公司应建立对理赔服务的内部稽核检查机制。

公司应通过客户服务暗访、客户满意度调查制度等多种方式对理赔服务质量监督检查，确保理赔服务水平。

第一百零三条　公司在加强理赔管理的同时，应不断提升理赔服务水平，落实理赔服务承诺，不得以打击车险骗赔等各种理由为名，降低车险理赔服务质量。

第五章　附　则

第一百零四条　车险电销专用产品业务的理赔及后续管理等原则上在保险标的所在地进行，并实行属地管理。

第一百零五条　交强险案件的理赔，应严格遵照监管部门及行业协会的有关规定执行。

第一百零六条　公司在与保险公估机构建立业务合作关系时，双方签订的合作协议中应明确规定保险公估机构提供的相关服务不低于本《指引》要求的管理与服务质量水平。

第一百零七条　本《指引》自下发之日起实施。

𝒫16

旅行社责任保险管理办法

(2010 年 11 月 25 日国家旅游局、中国保险监督管理委员会令第 35 号公布　自 2011 年 2 月 1 日起施行)

第一章　总　则

第一条　为保障旅游者的合法权益，根据《中华人民共和国保险法》和《旅行社条例》，制定本办法。

第二条　在中华人民共和国境内依法设立的旅行社，应当依照《旅行社条例》和本办法的规定，投保旅行社责任保险。

本办法所称旅行社责任保险，是指以旅行社因其组织的旅游活动对旅游者和受其委派并为旅游者提供服务的导游或者领队人员依法应当承担的赔偿责任为保险标的的保险。

第三条　投保旅行社责任保险的旅行社和承保旅行社责任保险的保险公司，应当遵守本办法。

第二章　投　保

第四条　旅行社责任保险的保险责任，应当包括旅行社在组织旅游活动中依法对旅游者的人身伤亡、财产损失承担的赔偿责任和依法对受旅行社委派并为旅游者提供服务的导游或者领队人员的人身伤亡承担的赔偿责任。

具体包括下列情形：

（一）因旅行社疏忽或过失应当承担赔偿责任的；

（二）因发生意外事故旅行社应当承担赔偿责任的；

（三）国家旅游局会同中国保险监督管理委员会（以下简称

中国保监会）规定的其他情形。

第五条 中国保监会及其派出机构依法对旅行社责任保险的保险条款和保险费率进行管理。

第六条 旅行社责任保险的保险费率应当遵循市场化原则，并与旅行社经营风险相匹配。

第七条 旅行社投保旅行社责任保险的，应当与保险公司依法订立书面旅行社责任保险合同（以下简称保险合同）。

第八条 旅行社与保险公司订立保险合同时，双方应当依照《中华人民共和国保险法》的有关规定履行告知和说明义务。

第九条 订立保险合同时，保险公司不得强制旅行社投保其他商业保险。

第十条 保险合同成立后，旅行社按照约定交付保险费。保险公司应当及时向旅行社签发保险单或者其他保险凭证，并在保险单或者其他保险凭证中载明当事人双方约定的合同内容，同时按照约定的时间开始承担保险责任。

第十一条 保险合同成立后，除符合《中华人民共和国保险法》规定的情形外，保险公司不得解除保险合同。

第十二条 保险合同成立后，旅行社要解除保险合同的，应当同时订立新的保险合同，并书面通知所在地县级以上旅游行政管理部门，但因旅行社业务经营许可证被依法吊销或注销而解除合同的除外。

第十三条 保险合同解除的，保险公司应当收回保险单，并书面通知旅行社所在地县级以上旅游行政管理部门。

第十四条 旅行社的名称、法定代表人或者业务经营范围等重要事项变更时，应当及时通知保险公司。必要时应当依法办理保险合同变更手续。

第十五条 旅行社责任保险的保险期间为1年。

第十六条 旅行社应当在保险合同期满前及时续保。

第十七条 旅行社投保旅行社责任保险，可以依法自主投保，也可以有组织统一投保。

第三章 赔 偿

第十八条 旅行社在组织旅游活动中发生本办法第四条所列情形的，保险公司依法根据保险合同约定，在旅行社责任保险责任限额内予以赔偿。

责任限额可以根据旅行社业务经营范围、经营规模、风险管控能力、当地经济社会发展水平和旅行社自身需要，由旅行社与保险公司协商确定，但每人人身伤亡责任限额不得低于 20 万元人民币。

第十九条 旅行社组织的旅游活动中发生保险事故，旅行社或者受害的旅游者、导游、领队人员通知保险公司的，保险公司应当及时告知具体的赔偿程序等有关事项。

第二十条 保险事故发生后，旅行社按照保险合同请求保险公司赔偿保险金时，应当向保险公司提供其所能提供的与确认保险事故的性质、原因、损失程度等有关的证明和资料。

保险公司按照保险合同的约定，认为有关的证明和资料不完整的，应当及时一次性通知旅行社补充提供。

旅行社对旅游者、导游或者领队人员应负的赔偿责任确定的，根据旅行社的请求，保险公司应当直接向受害的旅游者、导游或者领队人员赔偿保险金。旅行社怠于请求的，受害的旅游者、导游或者领队人员有权就其应获赔偿部分直接向保险公司请求赔偿保险金。

第二十一条 保险公司收到赔偿保险金的请求和相关证明、资料后，应当及时做出核定；情形复杂的，应当在 30 日内作出核定，但合同另有约定的除外。保险公司应当将核定结果通知旅行社以及受害的旅游者、导游、领队人员；对属于保险责任的，在与旅行社达成赔偿保险金的协议后 10 日内，履行赔偿保险金义务。

第二十二条 因抢救受伤人员需要保险公司先行赔偿保险金用于支付抢救费用的，保险公司在接到旅行社或者受害的旅游者、导游、领队人员通知后，经核对属于保险责任的，可以在责任限额内先向医疗机构支付必要的费用。

第二十三条　因第三者损害而造成保险事故的，保险公司自直接赔偿保险金或者先行支付抢救费用之日起，在赔偿、支付金额范围内代位行使对第三者请求赔偿的权利。旅行社以及受害的旅游者、导游或者领队人员应当向保险公司提供必要的文件和所知道的有关情况。

第二十四条　旅行社与保险公司对赔偿有争议的，可以按照双方的约定申请仲裁，或者依法向人民法院提起诉讼。

第二十五条　保险公司的工作人员对当事人的个人隐私应当保密。

第四章　监督检查

第二十六条　县级以上旅游行政管理部门依法对旅行社投保旅行社责任保险情况实施监督检查。

第二十七条　中国保监会及其派出机构依法对保险公司开展旅行社责任保险业务实施监督管理。

第五章　罚　则

第二十八条　违反本办法第十二条、第十六条、第十九条的规定，旅行社解除保险合同但未同时订立新的保险合同，保险合同期满前未及时续保，或者人身伤亡责任限额低于 20 万元人民币的，由县级以上旅游行政管理部门依照《旅行社条例》第四十九条的规定处罚。

第二十九条　保险公司经营旅行社责任保险，违反有关保险条款和保险费率管理规定的，由中国保监会或者其派出机构依照《中华人民共和国保险法》和中国保监会的有关规定予以处罚。

第三十条　保险公司拒绝或者妨碍依法检查监督的，由中国保监会或者其派出机构依照《中华人民共和国保险法》的有关规定予以处罚。

第六章　附　则

第三十一条　本办法由国家旅游局和中国保监会负责解释。

第三十二条　本办法自2011年2月1日起施行。国家旅游局2001年5月15日发布的《旅行社投保旅行社责任保险规定》同时废止。

P22

财产保险公司保险条款和保险费率管理办法

（2010年2月5日中国保险监督管理委员会令
2010年第3号公布　自2010年4月1日起施行）

第一章　总　则

第一条　为了改善和加强对财产保险公司保险条款和保险费率的监督管理，保护投保人、被保险人和受益人的合法权益，维护保险市场竞争秩序，鼓励财产保险公司创新，根据《中华人民共和国保险法》，制定本办法。

第二条　本办法所称保险公司，是指经中国保险监督管理委员会（以下简称中国保监会）批准设立，并依法登记注册的财产保险公司。

本办法所称保险机构，是指财产保险公司及其分支机构。

第三条　中国保监会依法对保险机构的保险条款和保险费率实施监督管理。中国保监会派出机构（以下简称派出机构）在中国保监会授权范围内行使职权。

第四条　保险公司应当依据法律、行政法规和中国保监会的有关规定制订保险条款和保险费率，并对保险条款和保险费率承担相应的责任。

保险公司应当依据本办法的规定，由其总公司向中国保监会申报保险条款和保险费率审批或者备案。

第五条　关系社会公众利益的保险险种、依法实行强制保险的险种的保险条款和保险费率，保险公司应当依照本办法的规定报中国保监会审批。其他保险险种的保险条款和保险费率，保险公司应当依照本办法的规定报中国保监会备案。

第六条　中国保监会履行保险条款和保险费率监督管理职责，遵循保护社会公众利益和防止不正当竞争原则，遵循与偿付能力监管、公司治理结构监管、市场行为监管协调配合原则。

第二章　审　批

第七条　保险公司应当将下列险种的保险条款和保险费率报中国保监会审批：

（一）依照法律和行政法规实行强制保险的险种；

（二）中国保监会认定的其他关系社会公众利益的险种。

第八条　保险公司报送审批保险条款和保险费率，应当提交下列材料：

（一）申请文件；

（二）审批表一式两份；

（三）保险条款和保险费率文本；

（四）保险条款和保险费率的说明材料，包括保险条款和保险费率的主要特点、市场风险和经营风险分析；

（五）精算责任人签署的保险费率精算报告，包括精算假设、方法、公式和测算过程；

（六）精算责任人声明书；

（七）法律责任人声明书；

（八）符合格式要求的报送材料的电子文本；

（九）中国保监会规定的其他材料。

第九条　保险公司修改经批准的保险条款或者保险费率的，应当依照本办法报送审批。保险公司报送修改的保险条款或者保险费率的，除应当提交本办法第八条规定的材料外，还应当提交修改原因及修改前后的内容对比说明。

第十条 保险公司省级分公司可以在中国保监会规定的范围内调整其总公司报经审批的保险费率，但应当报经其总公司同意，并在获得总公司正式批复后十个工作日内报告所在地派出机构。

保险公司省级分公司调整其总公司报经审批的保险费率超过中国保监会规定的范围的，应当由其总公司报送中国保监会审批。

第十一条 保险公司省级分公司向所在地派出机构报告本办法第十条第一款规定的保险费率，应当提交中国保监会对总公司作出的批准文件、本办法第八条规定的材料以及加盖总公司印章的正式批复文件。

第十二条 对于应当申报审批的保险条款和保险费率，在中国保监会批准前，保险公司不得经营使用。

第三章 备 案

第十三条 保险公司制订本办法第七条规定以外的其他险种的保险条款和保险费率，应当在经营使用后十个工作日内报中国保监会备案。

保险公司对已经备案的保险条款中的保险责任或者保险费率进行修改调整的，应当重新报中国保监会备案。

第十四条 保险公司向中国保监会报备保险条款和保险费率，应当提交下列材料：

（一）备案表一式两份；

（二）保险条款和保险费率文本；

（三）法律责任人声明书；

（四）精算责任人声明书；

（五）符合格式要求的报送材料的电子文本；

（六）中国保监会规定的其他材料。

第十五条　中国保监会应当自收到报备材料之日起二十个工作日内，根据下列情况分别作出处理：

（一）报备材料不完整的，通知保险公司在十个工作日内补正材料；

（二）报备材料完整齐备或者保险公司补正材料的，中国保监会应当对备案表进行编号、加盖印章，一份存档，一份退还保险公司。

第四章　组合式及共保保险条款和保险费率的管理

第十六条　保险机构可以对已经审批或者备案的保险条款和保险费率进行组合式经营使用。

保险机构经营使用组合式保险条款和保险费率，对已经审批或者备案的保险条款和保险费率未作修改的，无需重新报送审批或者备案。

保险机构经营使用组合式保险条款和保险费率，对已经审批或者备案的保险条款和保险费率作出修改的，应当按照本办法的规定重新报送审批或者备案。

保险公司报送组合式保险条款和保险费率审批或者备案的，除应当提交本办法规定的材料外，还应当提交组合式保险条款和保险费率的名称及其保险单式样。

第十七条　保险机构经营使用组合式保险条款和保险费率，应当分别列明各保险条款对应的保险费和保险金额。

第十八条　在共保业务中，其他保险公司可直接使用首席承保人经中国保监会审批或者备案的保险条款和保险费率，无需另行申报。

第五章　法律责任人和精算责任人

第十九条　保险公司应当指定一名法律责任人和一名精算责任人，分别负责保险条款和保险费率的法律和精算事务。

保险公司应当向法律责任人和精算责任人提供其承担工作职

责必需的信息，并充分尊重法律责任人和精算责任人的专业意见。

保险公司应当加强对法律责任人和精算责任人的管理，建立健全法律责任人和精算责任人内部管控、问责等机制。保险公司法律责任人和精算责任人的内部管理制度应当报送中国保监会。

第二十条 保险公司指定法律责任人和精算责任人，应当经中国保监会核准。法律责任人、精算责任人未经核准的，中国保监会及其派出机构不认可其出具的法律责任人声明书、精算责任人声明书以及经其签署的其他相关报告。

第二十一条 保险公司法律责任人应当具备下列条件：

（一）在中华人民共和国境内有住所；

（二）属于公司正式员工，且在公司内担任部门负责人及以上职务；

（三）通过律师资格考试或者国家统一司法考试，或者有其他经历足以证明其具备良好法律专业能力；

（四）具备连续三年以上国内保险或者法律从业经验；

（五）过去二年内未因违法执业行为受到行政处罚；

（六）未受过刑事处罚；

（七）中国保监会规定的其他条件。

第二十二条 保险公司申请核准法律责任人，应当向中国保监会提交下列材料：

（一）资格审核申请表；

（二）拟任人身份证明和住所证明复印件；

（三）拟任人学历证明和专业资格证明复印件；

（四）国内保险或者法律从业经历；

（五）本公司任职情况说明；

（六）中国保监会规定的其他材料。

第二十三条 保险公司精算责任人应当具备的条件、保险公司在申请核准精算责任人时应当向中国保监会提交的材料，由中国保监会另行规定。

第二十四条　保险公司应当按照本办法的规定提交由法律责任人出具的法律责任人声明书。法律责任人对保险条款承担如下责任：

（一）保险条款符合《中华人民共和国保险法》等法律、行政法规和中国保监会的有关规定；

（二）保险条款不损害社会公共利益、不侵害投保人、被保险人和受益人的合法权益；

（三）保险合同要素完备、文字准确、语言通俗、表述严谨；

（四）中国保监会规定的其他责任。

第二十五条　保险公司应当按照本办法的规定提交由精算责任人签署的精算报告和出具的精算责任人声明书。精算责任人承担如下责任：

（一）精算报告内容完备；

（二）精算假设和精算方法符合通用精算原理和中国保监会的有关规定；

（三）对有利益演示的产品，利益测算方法符合通用精算原理和中国保监会的有关规定；

（四）保险费率厘定合理，结果满足充足性、适当性和公平性原则；

（五）中国保监会规定的其他责任。

第六章　监督管理

第二十六条　保险公司的保险条款和保险费率，应当符合下列要求：

（一）结构清晰、文字准确、表述严谨、通俗易懂；

（二）要素完整，不失公平，不侵害投保人、被保险人和受益人的合法权益，不损害社会公众利益；

（三）保险费率按照风险损失原则科学合理厘定，不危及保险公司偿付能力或者妨碍市场公平竞争；

（四）保险费率可以上下浮动的，应当明确保险费率调整的条件；

（五）《中华人民共和国保险法》等法律、行政法规和中国保监会规定的其他要求。

第二十七条 各保险机构应当严格执行经中国保监会批准或者备案的保险条款和保险费率，不得违反本办法规定改变保险条款或者保险费率。

第二十八条 保险公司需要修改已经批准或者备案的保险条款或者保险费率的，应当按照本办法规定重新报送审批或者备案。经中国保监会重新批准或者备案后，保险公司不得在新订立的保险合同中使用原保险条款和保险费率。

第二十九条 保险机构使用保险协议承保的，如协议内容对经批准或者备案的保险条款或者保险费率予以修改的，应当按照本办法的有关规定报送审批或者备案。

第三十条 保险机构使用的保险条款或者保险费率被发现违反法律、行政法规或者本办法第二十六条规定的，由中国保监会或者其派出机构责令停止使用，限期修改；情节严重的，可以在一定期限内禁止申报新的保险条款和保险费率。

第三十一条 保险公司与其法律责任人、精算责任人解除聘任或者委托关系的，应当自解除聘任或者委托关系之日起十个工作日内书面报告中国保监会。

保险公司与其法律责任人、精算责任人解除聘用或者委托关系的，该法律责任人或者精算责任人的资格自解除聘用或者委托关系之日起自动失效。

第三十二条 法律责任人违反本办法第二十四条规定的、精算责任人违反本办法第二十五条规定的，由中国保监会责令改正并可要求其提交书面检查；两年内两次违反上述规定的，中国保监会除可以依照本办法第四十条的规定撤销其法律责任人或者精算责任人资格外，还可以自发现第二次违规之日起二年内不再核准其法律责任人或者精算责任人资格。

第三十三条 中国保险行业协会应当切实履行保险条款和保

险费率的自律管理职能，建立行业自律机制和风险防范机制。

中国保险行业协会应当积极推进保险条款和保险费率的通俗化、标准化工作，建立行业基础数据平台及标准产品数据库。

第七章　法律责任

第三十四条　保险公司未按照规定申请批准保险条款、保险费率的，由中国保监会责令改正，处五万元以上三十万元以下的罚款；情节严重的，可以限制其业务范围、责令停止接受新业务或者吊销业务许可证。

第三十五条　保险公司有下列行为之一的，由中国保监会责令限期改正；逾期不改正的，处一万元以上十万元以下的罚款：

（一）未按照规定报送保险条款、保险费率备案的；

（二）未按照规定报送或者保管与保险条款、保险费率相关的报告、报表、文件、资料的，或者未按照规定提供有关信息、资料的。

第三十六条　保险公司有下列行为之一的，由中国保监会责令改正，处十万元以上五十万元以下的罚款；情节严重的，可以限制其业务范围、责令停止接受新业务或者吊销业务许可证：

（一）报送审批、备案保险条款和保险费率时，编制或者提供虚假的报告、报表、文件、资料的；

（二）报送核准法律责任人、精算责任人时，编制或者提供虚假的报告、报表、文件、资料的。

第三十七条　保险公司违反本办法规定，聘任不具有任职资格的法律责任人和精算责任人的，由中国保监会责令改正，处二万元以上十万元以下的罚款。

第三十八条　保险机构有违反本办法第二十七条规定的，由中国保监会或者其派出机构责令改正，处十万元以上五十万元以下的罚款；情节严重的，可以限制其业务范围、责令停止接受新业务或者吊销业务许可证。

第三十九条　中国保监会或者其派出机构依照本办法第三十

条的规定，责令保险机构停止使用或限期修改保险条款和保险费率，保险机构逾期不改正或者未停止使用的，处五万元以上三十万元以下的罚款；情节严重的，限制其业务范围、责令停止接受新业务或者吊销业务许可证。

第四十条 保险机构违反本办法规定的，中国保监会或者其派出机构除依照法律、行政法规和本办法的规定对该单位给予处罚外，对其直接负责的主管人员、负有直接责任的法律责任人、精算责任人和其他直接责任人员，视情节依法予以警告，并处一万元以上十万元以下的罚款；情节严重的，撤销任职资格或者从业资格，并可以禁止其一定期限直至终身进入保险业。

第八章 附 则

第四十一条 中国保监会对保险公司保险条款和保险费率的审批程序、法律责任人和精算责任人的核准程序，适用《中华人民共和国行政许可法》和《中国保险监督管理委员会行政许可实施办法》的规定。

第四十二条 本办法施行前已经中国保监会核准的法律责任人资格和精算责任人资格继续有效。本办法施行后，对于不符合本办法规定条件的法律责任人和精算责任人，保险公司应在本办法施行之日起一年之内予以调整。

第四十三条 责任保险公司和农业保险公司财产保险条款和保险费率的管理适用本办法。

外国财产保险公司分公司保险条款和保险费率的管理适用本办法对财产保险公司总公司的规定。

第四十四条 港澳台地区保险公司在中国境内的财产保险公司分公司，比照外国财产保险公司分公司进行管理。

第四十五条 本办法由中国保监会负责解释。

第四十六条 本办法自2010年4月1日起施行。中国保监会2005年11月10日发布的《财产保险公司保险条款和保险费率管理办法》（保监会令〔2005〕4号）同时废止。

第二部分

理解与适用

本部分出现的以下司法解释使用简称：

1.《最高人民法院关于适用〈中华人民共和国保险法〉若干问题的解释（一）》，简称为《保险法解释（一）》。

2.《最高人民法院关于适用〈中华人民共和国保险法〉若干问题的解释（二）》，简称为《保险法解释（二）》。

3.《最高人民法院关于适用〈中华人民共和国保险法〉若干问题的解释（三）》，简称为《保险法解释（三）》。

4.《最高人民法院关于适用〈中华人民共和国保险法〉若干问题的解释（四）》，简称为《保险法解释（四）》。

1. 财产的使用人、租赁人、承运人对保险标的的保险利益及人身保险因投保人不具有保险利益导致合同无效的保险费退还问题[①] P5

保险利益是保险合同法特有的制度，投保人或被保险人是否具有保险利益涉及保险合同的效力及保险人保险责任的承担。P69 2009年的《保险法》将保险利益界定为“投保人或者被保险人对保险标的具有的法律上承认的利益”，该界定较为原则，实务界有观点建议司法解释对保险利益的内涵和外延作出较为一般性的界定，以提高保险利益原则的可操作性。考虑到保险利益的内涵伴随保险行业的发展不断变化，并非一成不变，且理论界与实务界对保险利益的分类尚未形成共识，《保险法解释（二）》没有采纳该建议，仅对实践中争议较大的问题进行了规定，以解决人民法院对此类问题的执法依据问题。

在财产保险中，财产的使用人、租赁人、承运人虽不是财产所有权人，但也有转移风险的需求，可能向保险公司投保，实践中对这些主体是否具有保险利益存在较大争议。为此，《保险法解释（二）》第一条规定，不同投保人可以就同一保险标的分别投保，承认财产的使用人、租赁人、承运人等主体对保险标的也具有保险利益，防止保险人滥用保险利益原则拒绝承担保险责任。财产保险必须遵循损害填补原则，任何被保险人能够获得的保险赔偿应以保险利益为限。因此，虽然同一保险标的可能涉及不同被保险人的利益而存在多份保险合同，但任何被保险人都只能在各自保险利益的范围内主张赔偿。例如，货物所有权人及货物承运人可分别就承运货物投保财产损失险和责任险，由于货物承运人对承运货物享有责任保险利益，而不是所有权保险利益，

① 摘自保险法司法解释起草小组：《关于适用保险法若干问题的解释（二）的理解与适用》，载《人民司法·应用》2013年第13期。

故发生保险事故后只能在责任保险利益范围内获得赔偿。实践中，有保险公司明知货物承运人不得投保财产损失险仍然同意承保，有些货物承运人甚至是在保险展业人员的诱导下投保财产损失险，货物承运人因对承运货物不享有所有权保险利益，在保险事故发生后，无法依据财产损失保险合同获得赔偿。在上述情况中，由于保险人对货物承运人投保损失险存在过错，人民法院可根据其过错程度判令保险人承担一定的赔偿责任。

P69

2009年《保险法》第三十一条第三款规定："订立合同时，投保人对被保险人不具有保险利益的，合同无效。"实践中，对于人身保险合同无效后保险人是否应当返还全部保险费、是否可以扣除手续费存在不同认识。《合同法》第五十八条规定，合同无效后，因该合同取得的财产，应当予以返还；不能返还或者没有必要返还的，应当折价补偿。有过错的一方应当赔偿对方因此所受到的损失，双方都有过错的，应当各自承担相应的责任。根据该规定，人身保险合同被确认无效后，保险人应当将已经收取的保险费全部退还投保人，保险人支出的手续费应由投保人与保险人根据过错程度进行分担。因此，《保险法解释（二）》第二条规定，在人身保险中，因投保人对被保险人不具有保险利益导致保险合同无效，投保人主张保险人退还扣减相应手续费后的保险费的，人民法院应予支持。

2. 代签名和代为填写保险单证的效力认定[①]

P69

在规范的保险市场中，投保人订立保险合同时应亲自填写相关保险单证，并签字、盖章，以确保保险单证所填写的内容及保险合同的订立是其真实意思表示。但在我国目前的保险市场上，由于种种原因，保险人及其代理人代投保人签字、盖章或者代填

---

① 摘自保险法司法解释起草小组：《关于适用保险法若干问题的解释（二）的理解与适用》，载《人民司法·应用》2013年第13期。

保险单证的行为屡见不鲜。对于这些代签名或代填保险单证的行为，如果一律否认其效力，将导致大量合同失去效力，不仅不利于维护正常的保险市场秩序，也不利于保护投保人的利益，对此《保险法解释（二）》第三条规定："投保人或者投保人的代理人订立保险合同时没有亲自签字或者盖章，而由保险人或者保险人的代理人代为签字或者盖章的，对投保人不生效。但投保人已经交纳保险费的，视为其对代签字或者盖章行为的追认。保险人或者保险人的代理人代为填写保险单证后经投保人签字或者盖章确认的，代为填写的内容视为投保人的真实意思表示。但有证据证明保险人或者保险人的代理人存在保险法第一百一十六条、第一百三十一条相关规定情形的除外。"对于该条规定，应从以下几个方面进行理解：

第一，保险人及其代理人代投保人签字、盖章的合同，经投保人追认对投保人产生效力。保险人及其代理人代投保人签章的行为，如果事先没有得到投保人的授权，本质上属无权代理问题，经投保人追认后对投保人产生效力。交纳保险费是投保人应承担的主要合同义务，投保人主动交纳保险费应当视为其对保险合同的追认。第二，保险人及其代理人代为填写保险单证的，经投保人签字或者盖章确认的，代为填写的内容视为投保人的真实
意思表示。投保人在订立合同时应根据保险人的询问履行如实告 P6
知义务，填写风险询问表是投保人履行如实告知义务的主要方式。风险询问表的相关内容如由保险展业人员代为填写，该内容需经投保人签章确认后才能视为投保人的真实意思表示。实践中，有的保险展业人员先让投保人签章，后代为补充填写风险询问表的相关内容，因投保人的签章形成于保险展业人员代为填写的相关内容之前，投保人签章时并未看到代为填写的相关内容，不应认为保险人已经进行了询问，相关内容也不应视为投保人的真实意思表示。第三，有证据证明保险人或者保险人的代理人存
在《保险法》第一百一十六条、第一百三十一条相关规定情形 P25
的，投保人的签章不能视为对保险人及其代理人代填写内容的确 P27

认。《保险法》第一百一十六条、第一百三十一条规定的情形主要指的是保险人或其代理人存在阻碍投保人履行《保险法》规定的如实告知义务，或者诱导其不履行《保险法》规定的如实告知义务的情形。

𝒫70

3. 见费未出单时发生保险事故，保险责任的承担①

所谓见费出单，是指保险公司先收保险费后签发保单，这是保险业界的行规。由于很多保险公司将签发保单作为保险合同成立的条件，故保险公司对签发保单前发生的保险事故通常不承担保险责任。这种行规不符合权利对等原则，也不利于督促保险公司尽快承保。为此，《保险法解释（二）》第四条规定：“保险人接受了投保人提交的投保单并收取了保险费，尚未作出是否承保的意思表示，发生保险事故，被保险人或者受益人请求保险人按照保险合同承担赔偿或者给付保险金责任，符合承保条件的，人民法院应予支持；不符合承保条件的，保险人不承担保险责任，但应当退还已经收取的保险费。保险人主张不符合承保条件的，应承担举证责任。”对该条规定的适用应注意以下两个方面：一是该规定仅适用于保险人已经收取保险费的情形。根据权利义务对等原则，保险人享有的权利与承担的义务应当对等，收取了保险费，就应承担相应的责任；如未收取保险费，要求其承担相应的责任缺乏依据。二是保险人对作出是否同意承保意思表示前发生的保险事故承担保险责任，应以保险标的或被保险人符合承保条件为前提。保险人认为其不应承担保险责任的，应对保险标的或被保险人不符合承保条件承担举证责任。

---

① 摘自保险法司法解释起草小组：《关于适用保险法若干问题的解释（二）的理解与适用》，载《人民司法·应用》2013 年第 13 期。

4. 投保人的如实告知义务[①] *P*6

1995 年的《保险法》第十六条确立了投保人的如实告知义务 *P*70 制度，2009 年《保险法》第十六条对该制度予以完善，但仍存在一些争议及不足，故《保险法解释（二）》第五条至第八条对《保险法》第十六条的规定进行了细化和补充。对于该规定的理解与适用，应注意以下几个方面：

第一，投保人仅对其明知的内容承担告知义务。为防止保险人无限扩大投保人如实告知的范围，《保险法解释（二）》第五条 *P*70 规定，投保人仅对其明知的与保险标的或者被保险人有关的情况承担告知义务，保险人不得要求投保人告知其不知道的事实。需要注意的是，投保人明知相关事实而未如实告知的，并不当然构成故意，也可能是重大过失。投保人明知相关事实，且知道该事实是重要事实而有意不如实告知的，才能认定为投保人存在故意。投保人明知相关事实，但因重大过失不知道该事实为重要事实，或者虽知该事实为重要事实，但因重大过失未告知的，则应认为投保人仅存在重大过失。

第二，投保人仅在保险人询问的范围和内容内承担如实告知义务。投保人只有在保险人询问时才承担如实告知义务，告知范围以保险人询问的范围和内容为限；保险人采用概括性条款进行询问的，视为未询问，除非该概括性条款有具体内容；当事人对询问范围及内容有争议的，保险人应对其询问承担举证责任。

第三，正确适用弃权制度。为体现诚实信用原则，《保险法解释（二）》第七条借鉴域外经验，引入了弃权制度。该条规定，保险人在保险合同成立后知道或者应当知道投保人未履行如实告知义务，仍然收取保险费的，不得解除保险合同。该条规定仅适

① 摘自保险法司法解释起草小组：《关于适用保险法若干问题的解释（二）的理解与适用》，载《人民司法·应用》2013 年第 13 期。

用于保险人在保险合同成立后知道或者应当知道投保人未履行如实告知义务的情形。保险人在保险合同订立时知道投保人未如实告知义务的情况，仍与投保人订立保险合同的，应适用《保险法》第十六条第六款关于禁止反言的规定。

P6

第四，正确认定保险合同解除与拒绝赔偿。关于投保人违反如实告知义务的法律后果，《保险法》第十六条第二款和第四款、第五款分别赋予保险人解除合同和拒绝赔偿两种权利。实践中，对保险人在投保人违反如实告知义务的情况下能否不解除保险合同直接拒赔存在较大争议，对此《保险法解释（二）》第八条规定，保险人未行使合同解除权，直接以存在《保险法》第十六条第四款、第五款规定的情形为由拒绝赔偿的，人民法院不予支持；但当事人就拒绝赔偿事宜及保险合同存续另行达成一致的情况除外。对于该条规定的适用，应注意以下几个方面：

一是保险人没有合同解除权或者丧失合同解除权的，不得依据《保险法》第十六条第四款、第五款的规定拒绝赔偿。保险人不承担保险责任是保险人解除保险合同的法律后果，保险人不具有合同解除权，当然不得以投保人违反如实告知义务为由拒赔。具体来说，投保人虽因故意或重大过失未履行如实告知义务，但如不具备《保险法》第十六条第二款规定的“足以影响保险人决定是否同意承保或者提高保险费率”的，或者合同解除权超过《保险法》第十六条第三款规定的行使期间，或者存在《保险法》第十六条第六款规定的禁止反言情形或《保险法解释（二）》第七条规定的弃权情形的，保险人均不得解除保险合同，也不得拒绝赔偿。二是保险人虽享有合同解除权，但未行使该权利的，也不得直接依据《保险法》第十六条第四款、第五款的规定拒绝赔偿。保险人享有的拒绝赔偿的权利以保险合同的解除为条件，故保险人即使享有合同解除权，也不能不主张解除合同而直接拒赔。也就是说，保险人只有实际行使合同解除权，解除保险合同后，才可以拒绝赔偿。三是当事人可以就拒绝赔偿事宜及保险合同的存续另行约定。因合同解除不一定符合当事人的利益，故

《保险法解释（二）》允许当事人可以在保险事故发生后就赔偿事宜另行协商，以维持保险合同的效力。值得注意的是，这种协商只能发生于保险事故发生之后，当事人不能事先作出相关约定。保险格式条款中存在的保险人可以不解除保险合同直接拒绝赔偿的内容，根据《保险法》第十九条的规定应认定无效。

5. 保险人的提示和明确说明义务[①]

自1995年《保险法》确立保险人的明确说明义务以来，对保险人明确说明义务的争议始终存在。2009年《保险法》在原有保险人明确说明义务的基础上增加了保险人的提示义务。对于实践中如何把握提示和明确说明义务，《保险法解释（二）》第九条到第十三条作了规定。对该规定，应从以下几个方面进行理解：

第一，从宽理解《保险法》第十七条第二款规定的免除保险人责任的条款。关于《保险法》第十七条第二款规定的免除保险人责任的条款如何理解，实践中存在较大争议。为此，《保险法解释（二）》第九条第一款规定，保险人提供的格式合同文本中的责任免除条款、免赔额、免赔率、比例赔付或者给付等免除或者减轻保险人责任的条款，可以认定为免除保险人责任的条款。该条规定所列举的免除保险人责任的条款并不是封闭的，除了以上所列举的几种情况外，仍可能存在其他免除保险人责任的情形。根据《保险法解释（二）》第九条第二款的规定，保险人因投保人、被保险人违反法定或者约定义务，享有解除合同权利的条款，虽也可能导致保险人不承担保险责任，但这是保险人解除保险合同的法律后果，而不是直接免除保险人的保险责任，故不属于免除保险人责任的条款。值得注意的是，保险合同中关于保险合同解除的条款应当符合《保险法》的规定，否则可根据《保

① 摘自保险法司法解释起草小组：《关于适用保险法若干问题的解释（二）的理解与适用》，载《人民司法·应用》2013年第13期。

险法》第十九条的规定认定无效。

P71 第二，正确认识保险人的提示义务。保险人对免除保险人责任条款的提示义务是2009年《保险法》新增的内容，该义务具有独立性，是明确说明的前置义务。如保险人未能举证证明其已履行了提示义务，使投保人知悉免除保险人责任条款的存在，则相关条款不产生效力，无需进一步审查保险人对这些条款是否进行了明确说明。实践中，保险人可以采用文字、字体、符号或者其他明显标志等形式进行提示，且提示必须足以引起投保人的注意，使投保人知道免除保险人责任条款的存在。

P71 对于通过网络、电话等方式订立的保险合同，《保险法解释（二）》第十二条允许保险人以网页、音频、视频等形式对免除保险人责任条款进行提示和明确说明，但其提示和明确说明必须达到第十一条规定的标准，否则相关的免除保险人责任条款不生效。实践中，有些保险公司设计的网络投保程序并没有主动出示格式条款，或者虽出示格式条款，但该格式条款并没有对免除保险人责任的内容采取特别标识，不能认为其履行了提示义务。

第三，正确认定保险人明确说明义务的履行。为防止明确说明义务流于形式，《保险法解释（二）》第十一条第二款规定，保险人对保险合同中有关免除保险人责任条款的概念、内容及其法律后果的说明，必须达到常人能够理解的程度，即需使通常的投保人理解免除保险人责任条款的含义。

对于以法律、行政法规中的禁止性规定情形作为免责事由的免责条款，有观点认为，禁止性规定为法律的强制性规定，即便保险人对该免除条款未尽提示或明确说明义务，被保险人也不能以此作为抗辩主张该条款未生效。我们认为，该观点忽视了禁止性规定与法定免责条款的区别。法定免责条款是法律、行政法规明确规定的不承担责任的情形，在法定免责条款中，行为人违反法律规定的法律后果是保险人不承担保险责任。禁止性规定是禁止当事人为一定行为的法律规定，行为人违反禁止性规定，应根据该规定的立法目的受到相应的行政处罚或者刑事处罚。如保险合同未将禁止性规定作为免责事由，并不会直接产生保险人免除保险责任的法律效果。因此，保险人如将禁止性规定作为免责条款的免责事由的，仍应向投保人进行提示和说明。当然，禁止性规定属于法律强制性规范，投保人对禁止性规定的概念和内容推定是知道的，只是不知道被保险人违反禁止性规定将导致保险人免责的后果，故如果保险人就上述后果通过充分的提示使得投保人知道违反禁止性规定与保险人免责之间的直接关联性，则保险人的上述行为就已经符合《保险法解释（二）》第十一条的要求，《保险法》第十七条第二款的立法目的即可实现，此时投保人、被保险人或者受益人不得再以保险人对该条款的概念、内容等未进行明确说明为由主张该条款不生效。

第四，保险人对其履行了明确说明义务负举证责任。保险人履行明确说明义务须符合《保险法解释（二）》第十一条第二款的要求。根据《保险法解释（二）》第十三条的规定，保险人对 $\mathscr{P}_{71}$
其履行了明确说明义务负有举证责任；投保人对保险人履行了明确说明义务在相关文书上签字、盖章或者以其他形式予以确认的，应当认定保险人履行了该项义务。当然，投保人可以提供相反证据推翻该认定。

6. 保险核定期间[①] $\mathscr{P}_{71}$

《保险法解释（二）》第十五条对保险核定期间的起算点、期间的确定和计算问题作出了规定。2009 年《保险法》明确了一些理赔的时限，《保险法》第二十三条第一款规定，保险人应当及 $\mathscr{P}_{8}$
时核定，情形复杂的，应当在 30 日内作出核定，但《保险法》并未明确该 30 日的起算点。保险人收到索赔请求后，才能开始核定，但如果被保险人和受益人仅提出索赔请求，不提交《保险

① 摘自保险法司法解释起草小组：《关于适用保险法若干问题的解释（二）的理解与适用》，载《人民司法·应用》2013 年第 13 期。

法》第二十二条规定的有关证明和资料，保险人也无法核定。所以，该30日的起算点应自保险人初次收到被保险人或者受益人索赔请求及有关证明或者资料之日时起算。另外，如果按照保险合同的约定，被保险人或者受益人初次提交的有关证明和资料不完整，依据《保险法》第二十二条第二款的规定，保险人应当及时一次性通知投保人、被保险人或者受益人补充提供。在补充提供的有关证明和资料到达保险人之前，保险人仍无法完成核定，故该补充提交有关证明和资料的期间应予扣除。适用《保险法解释（二）》第十五条的规定应注意两点：第一，保险人初次收到索赔请求及有关证明和资料之日，即为30日的起算之日。第二，扣除期间的始点和终点均采用到达主义。

$\mathscr{P}_{72}$ $\mathscr{P}_{15}$

7. 保险代位求偿权的行使名义及诉讼时效起算[①]

《保险法解释（二）》第十六条对保险代位求偿权的行使名义及诉讼时效期间的起算问题作出了规定。保险代位求偿权不属于保险合同一般规定部分的内容，但是，鉴于保险审判工作中保险代位求偿权的问题较为突出，为满足审判工作的实际需要，《保险法解释（二）》对此作了规定。在这里特别需要注意的是，关于保险代位求偿权的诉讼时效期间问题，《保险法解释（二）》与最高人民法院以前的规定不完全一致。2001年1月3日，最高人民法院作出《关于中国上海抽纱进出口公司与中国太平洋保险公司上海分公司海上货物运输保险合同纠纷请示的复函》（[2000]交他字第8号）。该复函明确指出："保险人取得的代位求偿权是被保险人移转的债权，保险人取代被保险人的法律地位后，对承运人享有的权利范围不得超过被保险人；凡承运人得以对抗被保险人而

① 摘自保险法司法解释起草小组：《关于适用保险法若干问题的解释（二）的理解与适用》，载《人民司法·应用》2013年第13期。

享有的抗辩权同样可以对抗保险人，该抗辩权包括因诉讼时效超过而拒绝赔付的抗辩权。保险人只能在被保险人有权享有的时效期间提起诉讼。”根据该复函的规定，保险人承继被保险人对第三人的请求权，包括请求权的时效期间，即保险人保险代位求偿权与被保险人对第三人请求权的诉讼时效期间起算点应是一致的。根据《保险法》第六十条第一款的规定，《保险法解释（二）》规定保险代位求偿权的诉讼时效期间应自保险人取得保险代位求偿权之日起算。本条的规定并未改变［2000］交他字第8号复函关于保险代位求偿权是被保险人移转的债权的基本观点，只是改变了保险代位求 𝒫109
偿权诉讼时效期间的起算点。除该起算点外，保险代位求偿权仍然应在被保险人对第三人的权利范围内行使。

8. 第三人导致的保险事故发生后，被保险人、受益人对第三人、保险人的请求权应如何行使[1] 𝒫72

《保险法解释（二）》第十九条对此作了规定。在保险合同纠纷案件中，有保险人以保险事故系第三人的原因导致，被保险人或者受益人应先向第三人请求赔偿后再向保险人请求赔偿为由拒绝承担保险责任。无论从保险合同的目的还是从两个请求权的关系角度考察，保险人的该抗辩均不应得到支持。主要理由在于：第一，投保人投保的目的就是分散风险，保险人如此抗辩违反了分散风险的合同目的。第二，保险人与投保人签订的保险合同生效后，保险人与投保人之间形成有效的保险合同法律关系。保险事故发生后，保险人应当承担保险责任，如果保险事故是第三人导致的，被保险人亦有权请求该第三人承担违约或者侵权责任。即被保险人或者受益人同时享有向保险人的请求权和向第三人的

---

① 摘自保险法司法解释起草小组：《关于适用保险法若干问题的解释（二）的理解与适用》，载《人民司法·应用》2013年第13期。

请求权两种不同性质的请求权，其有权选择行使，保险人无权要求其先行向第三人请求赔偿。《保险法解释（二）》第十九条第一款适用于人身保险和财产保险，是关于实体权利的规定，第二款适用于财产保险，是关于诉讼权利的规定。在财产保险中，被保险人先向第三人请求赔偿的，获取的赔偿可能不足以弥补其损失，其就不足部分可依据保险合同向保险人请求赔偿。但被保险人能否获取赔偿及能获取多少，应通过审理确定，其起诉并不是当然能够全部得到支持。故条文仅写明被保险人享有诉权，法院应予受理，而不是支持被保险人的诉讼请求。根据《保险法》第四十六条的规定，人身保险的被保险人、受益人对保险人的请求权与其对第三人的请求权互不影响，故第十九条第二款不适用于人身保险合同纠纷。

9.《保险法解释（三）》的适用范围[①]

保险合同根据保障对象的不同可分为人身保险合同与财产保险𝒫73合同，不同的保险合同基于各自的特点适用不同的法律规则。我国《保险法》保险合同章分为一般规定、人身保险合同、财产保险合同三个部分，一般规定部分的内容同时适用于人身保险合同与财产保险合同，人身保险合同部分与财产保险合同部分的内容则分别适用于人身保险合同与财产保险合同。《保险法解释（三）》是对人身保险合同部分的解释，相关条文仅适用于人身保险合同，不能简单将《保险法解释（三）》的条文直接适用于财产保险合同中。例如，医保标准条款不仅存在于人身保险的医疗保险合同中，也可能存在于财产保险的第三者责任险，《保险法解释（三）》第十九条𝒫76关于医保标准条款的规则仅适用于人身保险的医疗保险，能否适用于财产保险的第三者责任险还有待研究。

---

① 摘自杨临萍、刘竹梅、林海权：《关于适用保险法若干问题的解释（三）的理解与适用》，载《人民司法·应用》2016 年第 1 期。

10. 以死亡为给付保险金条件的保险合同①

𝒫10
𝒫73

以死亡为给付保险金条件的保险合同，关系被保险人的生命安全，防范道德风险的责任重大。为防止他人为谋取保险金杀害被保险人，《保险法》第三十四条规定，以死亡为给付保险金条件的合同，未经被保险人同意并认可保险金额的，合同无效。该规定要求投保人为他人订立死亡险时，必须经过被保险人同意并认可保险金额，这是对投保人和保险人的共同要求。实践中，该要求并没有得到很好落实，很多附带死亡险的保险产品并没有得到被保险人的同意并认可保险金额，保险合同效力认定存在隐患，给投保人和保险人的逆向选择留下空间，投保人以及保险人均可根据保险事故是否发生作出对自己有利的选择。尤其是有些保险人为展业需要，在订立死亡险合同时不主动审查死亡险是否经过被保险人同意并认可保险金额，甚至明知死亡险合同未经被保险人同意并认可保险金额仍然承保，收取保险费，但在保险事故发生后，却以死亡险合同未经被保险人同意为由主张合同无效，拒绝给付保险金。针对该问题，《保险法解释（三）》第一条规定："当事人订立以死亡为给付保险金条件的合同，根据保险法第三十四条的规定，'被保险人同意并认可保险金额'可以采取书面形式、口头形式或者其他形式；可以在合同订立时作出，也可以在合同订立后追认。有下列情形之一的，应认定为被保险人同意投保人为其订立保险合同并认可保险金额：（一）被保险人明知他人代其签名同意而未表示异议的；（二）被保险人同意投保人指定的受益人的；（三）有证据足以认定被保险人同意投保人为其投保的其他情形。"

对该规定的适用，应注意以下几个问题：第一，以死亡为给

---

① 摘自杨临萍、刘竹梅、林海权：《关于适用保险法若干问题的解释（三）的理解与适用》，载《人民司法·应用》2016年第1期。

付保险金条件的合同，需要经过被保险人同意并认可保险金额，适用于投保人与被保险人为不同主体的情形。投保人为自己订立死亡险，不需要通过被保险人同意并认可保险金额来判断合同效力。第二，以死亡为给付保险金条件的合同，被保险人的同意包括两个层次：一是同意投保人以其为被保险人订立死亡险；二是同意保险合同约定的保险金额。第三，被保险人的同意可以采取书面形式、口头形式和其他形式。被保险人的同意在实践中主要以书面形式作出，最为常见的是被保险人在投保单上对死亡险保险合同的订立签名同意。当然，这种签名如果是他人代签的，则不能认为被保险人已经表示同意，除非有证据证明被保险人明知他人代其签名同意而未表示异议的。口头形式证据难以保存，但如确有证据证明被保险人以口头方式表示同意的，也应予认可。例如，保险人对被保险人本人进行电话回访，被保险人在电话回访中对保险合同表示同意。其他形式主要是指网销中，被保险人通过网络平台同意的情形。第四，被保险人同意可以在保险合同订立时作出，也可以在保险合同订立后追认。此处的保险合同订立后，包括保险事故发生后。有观点认为，允许被保险人在保险事故发生后进行追认，会给保险人的逆向选择留下空间，被保险人可以根据保险事故是否发生决定追认与否。我们认为，死亡险以被保险人死亡为保险事故，保险事故的发生意味着被保险人死亡，故实际上不存在保险事故发生后追认的问题。当然，死亡险可能同时附带其他险种，如医疗险，医疗险保险事故发生的，被保险人如仍然生存，允许其进行追认不存在道德风险的问题，没有必要进行限制。同时，允许被保险人事后追认其实也是对保险人的一种督促，可以促使保险人在核保死亡险时，切实按照保险法的要求，征求被保险人的意见。

P73 以死亡为给付保险金条件的合同，需要经过被保险人同意并认可保险金额，立法目的在于防范道德风险，同时也体现对被保险人自主决定权的尊重。人身保险合同存续期间长，被保险人虽在订立保险合同时同意投保人为其订立死亡险，但合同存续期间，二者之间的关系可能发生变化甚至恶化，被保险人不愿意投保人继续为其投保死亡险的，此时应允许被保险人撤销之前作出同意的意思表示，尊重被保险人的意愿，故《保险法解释（三）》规定："被保险人以书面形式通知保险人和投保人撤销其依据保险法第三十四条第一款规定所作出的同意意思表示的，可认定为保险合同解除。"对于该规定的适用，应注意以下几个方面：第一，被保险人撤销同意仅适用于以死亡为给付保险条件中的被保险人同意，不适用于人身保险利益中的被保险人同意。第二，被保险人撤销同意，应采用书面形式作出，并且需要同时通知保险人和投保人。第三，被保险人撤销同意的法律后果，视为投保人解除保险合同，保险人应向投保人返回保险单现金价值。第四，被保险人同意的撤销属于被保险人的自主决定权，被保险人可以选择放弃该权利，故应允许投保人、保险人与被保险人通过约定的方式对被保险人撤销的权利进行限制，只是这种限制不能违反公序良俗。

无民事行为能力人自我保护能力低，容易受到伤害，故应对 P74
以无民事行为能力人为被保险人订立死亡险给予限制。《保险法》第三十三条规定，投保人不得为无民事行为能力人投保以死亡为给付保险金条件的人身保险，保险人也不得承保；父母为其未成年子女投保的人身保险，不受前款规定限制。这种仅允许未成年人父母为未成年人投保死亡险的做法，虽能很好地保护未成年人免于被他人作为骗保的对象，但也带来新的问题。实践中，未成年人父母之外的其他人也可能为未成年人子女投保死亡险，一律不承认这类保险合同的效力并不尽合理。例如，有些未成年人所在的幼儿园、学校可能为未成年人投保附带死亡险的保险；有些未成年人外出旅游期间，负责看护未成年人的人员也可能为未成年人投保附带死亡险的意外险；还有的未成年人并不与父母一起生活，而是与祖父母、外祖父母等亲属生活在一起，这些人也可能为未成年人投保死亡险。对于以上这些保险合同，保险人通常都同意承保，收取保费并签发保险单，但当保险事故发生后可能以父母之外的其他人不得为未成年人投保死亡险为由主张合同无效，并拒绝给付保险金，引起纠纷。诉讼中，如果一律认定这类保险合同无效，纵容了保险人的不诚信行为，不利于保护未成年人家属的合理期待。

鉴于此，《保险法解释（三）》第六条规定：“未成年人父母之外的其他履行监护职责的人为未成年人订立以死亡为给付保险金条件的合同，当事人主张参照保险法第三十三条第二款、第三十四条第三款的规定认定该合同有效的，人民法院不予支持，但经未成年人父母同意的除外。”该规定的适用，应注意以下几个方面：第一，原则上父母之外的任何人不得为未成年人订立死亡险，经父母同意的其他履行监护职责的人除外。此处的父母应是有监护能力的父母，其他经父母同意可以为未成年人订立死亡险的人也仅限于其他履行监护职责的人。第二，未成年人父母的同意可以在保险合同订立时作出，也可以在保险合同订立后追认。是否允许父母在保险事故发生后追认，还应根据审判实践进行探索。父母的同意可以是明示的方式，也可能是通过可推断的行为进行判断，实践中应结合具体案件进行判断，一方面，防止增加未成年人可能遭受的风险；另一方面，防止保险人不诚信拒赔。第三，未成年人父母死亡的，父母之外的其他法定监护人或者其他履行监护职责的人不得为未成年人订立死亡险。

𝒫74

11. 人身保险的保险利益审查[①]

根据《保险法》第三十一条，保险合同订立时，投保人需对被保险人具有保险利益，否则保险合同无效。人身保险合同期限较长，投保人与被保险人的关系可能在合同存续期间发生变化，从而使在保险合同订立时对被保险人有保险利益的投保人丧失了

---

① 摘自杨临萍、刘竹梅、林海权：《关于适用保险法若干问题的解释（三）的理解与适用》，载《人民司法·应用》2016 年第 1 期。

保险利益，此时保险合同效力是否受到影响，存在不同认识。例如，夫妻一方在婚姻存续期间为另一方投保人身险，后双方离婚，此时保险合同效力是否受到影响，存在有效与无效两种观点。鉴于此，《保险法解释（三）》依据立法原意，明确保险合同的效力不因投保人在合同存续期间丧失保险利益受到影响。实践中，投保人丧失被保险人的保险利益，可能是基于投保人与被保险人之间的身份关系发生变化，也可能是因保单转让或者继承导致投保人与被保险人身份关系发生变化。不管何种原因导致投保人丧失对被保险人的保险利益，保险合同效力均不应受到影响。

人身保险利益以及死亡险中被保险人同意并认可保险金额，目的在于防止被保险人因他人为其投保而遭受伤害，关系社会公共利益，故直接影响合同效力。根据民事诉讼的基本原理，此类影响合同效力、关系社会公共利益的事项，法院在审理案件时应主动审查，但这在实践中并没有得到贯彻执行，有的法院囿于可能增加的负担不愿主动审查，导致一些通过伤害被保险人骗取保险金的行为得逞。鉴于此，《保险法解释（三）》明确规定，人民法院审理人身保险合同纠纷案件时，应主动审查投保人订立保险合同时是否具有保险利益，以及以死亡为给付保险金条件的合同是否经过被保险人同意并认可保险金额。

𝒫74

具体的审查方式可以采取这样几个步骤：第一，确定人身保险合同是否属于以死亡为给付保险金条件的合同。不属于上述情形的人身保险，法院仅需要审查保险利益有无即可。反之，法院则需要就保险利益有无和被保险人是否同意进行双重审查。第二，就投保人有无保险利益，区分投保人与被保险人有无特定身份关系。对符合《保险法》第三十一条第一款所列情形的，查明投保时相关的身份证明资料；对不具有上述身份关系的，调查被保险人于投保时是否作出了同意。第三，在被保险人也是案件当事人的情形下，询问其是否于投保时同意他人投保，签名是否属实，对以死亡为给付条件的保险是否同意并认可其金额。第四，在被保险人不是案件当事人或已死亡时，应当要求案件当事人提交被保险人同意的相关证据。主张合同无效的当事人也可以提交证据证明签名虚假、形成时间虚假。法院对上述证据进行审查，如发现疑点的，可以依据职权启动笔迹鉴定、走访调查被保险人等方式进行查证。第五，被保险人可以作为证人对上述事实问题进行证明，也可以作为无独立请求权的第三人介人诉讼。第六，在综合各方证据和调查取证后，法院审查认为证据可以证明保险利益、被保险人的同意具有高度可能性的，法院可以认定合同有效。

𝒫74

12. 体检与如实告知义务的关系①

保险合同是最大诚信合同。为协助保险人准确评估风险，《保险法》第十六条规定，投保人在订立保险合同时应根据保险人的询问承担如实告知义务；投保人故意或者因重大过失未履行如实告知义务，足以影响保险人决定是否同意承保或者提高保险费率的，保险人有权解除合同。实践中，人身保险公司在承保特定险种时会安排被保险人进行体检，以更好地控制风险。被保险人根据保险公司的安排进行体检后，投保人是否仍需要如实告知，审判实践中存在不同观点。针对该问题，《保险法解释(三)》第五条明确，被保险人在保险合同订立时根据保险人要求到指定医疗服务机构进行体检，投保人如实告知义务不能免除，鼓励最大诚信；保险人知道被保险人的体检结果仍同意订立保险合同，构成弃权，不得再以投保人未就相关情况履行如实告知义务为由要求解除合同。

对该规定的理解，应注意以下两个方面：第一，保险人知道被保险人的体检结果，应当包括保险人自身知道被保险人的体检结果以及医疗机构知道被保险人的体检结果这两种情形。医疗机

---

① 摘自杨临萍、刘竹梅、林海权：《关于适用保险法若干问题的解释（三）的理解与适用》，载《人民司法·应用》2016年第1期。

构接受保险人的委托对被保险人进行体检，从而在医疗机构与保险人之间形成委托代理关系。医疗机构作为保险人的代理人，在保险人的授权范围内（即对被保险人进行体检），对外与投保人、被保险人发生法律关系，医疗机构所实施法律行为的后果由被代理人保险人承受。因此，医疗机构知道体检结果的，即视为保险人知道体检结果。因医疗机构的过错而产生的不利后果不应归属于投保人，保险人不能以其客观上确实不知体检结果为由行使保险合同解除权。第二，弃权的适用条件并不限于保险人明知投保人未如实告知的情形，还应包括其应当知道投保人未如实告知的情形。对于“应当知道”标准的把握，应以理性保险人因重大过失应知而不知作为判断标准。理性保险人标准是指，若一个理性的保险人在同等事实状态下能够知道投保人未如实告知的，即应认为应当知道。

13. 第三人代交保险费[①] P74

保险合同的交费义务主体是投保人。人身保险合同中，投保人与被保险人、受益人经常为不同主体，作为交费义务主体的投保人可能因交费能力不足或者与被保险人、受益人关系恶化而没有继续交纳保险费，此时被保险人、受益人可能基于自身的利益代为交付保险费。这种行为从合同法角度来看属于第三人代为履行，应予准许。实践中，有些保险公司收取了他人代交的保险费，但却在保险事故发生时以投保人未交付保险费为由主张保险合同效力中止，甚至要求解除保险合同，并拒绝承担给付保险金的责任。针对这种不诚信行为，《保险法解释（三）》第七条规定，当事人以被保险人、受益人或者他人已经代为支付保险费为由，主张投保人对应的交费义务已经履行的，人民法院应予

① 摘自杨临萍、刘竹梅、林海权：《关于适用保险法若干问题的解释（三）的理解与适用》，载《人民司法·应用》2016 年第 1 期。

支持。

对于第三人代为支付保险费的理解，应注意以下几个方面：第一，保险人不得随意拒绝第三人代为支付保险费。被保险人、受益人代为支付保险费的，投保人与保险人原则上不得拒绝。无利害关系人以自己名义代交保险费，且投保人拒绝代交的，保险人可以拒绝收取。第二，保险人收取第三人代为支付的保险费后，投保人交费义务因清偿而消灭，保险人不能再以投保人交费义务未履行主张保险合同效力中止或者解除保险合同。第三，第三人代为支付保险费后，可否向投保人进行追偿，要区分不同情况区别对待。在没有保险单现金价值的保险产品中，被保险人、受益人交付的保险费是保险人承保风险的对价，而保险事故发生时取得保险金的是受益人或者被保险人的继承人，投保人并未因被保险人、受益人交付保险费获得利益，故不应允许被保险人或者受益人向投保人进行追偿，防止强制投保人投保。存在保险单现金价值的保险产品中，被保险人、受益人交付的保险费如转化为投保人的保险单现金价值的，投保人因被保险人、受益人交付保险费的行为获得利益，应该允许被保险人、受益人向投保人进行追偿。保险事故发生前，投保人解除保险合同的，被保险人、受益人可向投保人进行追偿。投保人未解除保险合同的，被保险人、受益人如何追偿有待进一步研究。保险事故发生后，保险单现金价值转化为保险金，而受益人是保险金的真正受益人，此时不得再向投保人进行追偿。

P74

14. 保险合同的复效[①]

人身保险合同存续期间较长，为防止保险人仅因投保人未及时支付某期保险费解除保险合同，保险法确立了复效制度，允许

---

① 摘自杨临萍、刘竹梅、林海权：《关于适用保险法若干问题的解释（三）的理解与适用》，载《人民司法·应用》2016 年第 1 期。

投保人在逾期支付保险费之后的一定期限内补交保险费，恢复合同效力。《保险法》第三十七条规定，保险合同效力中止的，经保险人与投保人协商并达成协议，在投保人补交保险费后，合同效力恢复。该规定中的“保险人与投保人协商并达成协议”，实际上剥夺了投保人申请复效的权利，使保险合同复效制度丧失了应有的功能。鉴于此，《保险法解释（三）》第八条第一款规定，投保人提出恢复效力申请并同意补交保险费的，除被保险人的危险程度在中止期间显著增加外，保险人应予恢复效力。

对于该规定，应正确认识“危险程度在中止期间显著增加”。第一，危险程度显著增加，应以危险变化达到影响保险人决定是否同意承保或提高保险费率为标准。第二，危险程度显著增加的客观判断因素大致有两大类：一类是被保险人自身危险增加的情形，如被保险人的职业变更为危险职业、健康状况恶化、到国外旅行等；另一类是可能产生道德危险的情形，如财务状况欠佳却投保巨额保险者。第三，危险程度显著增加的判断，应采取理性保险人标准，即在同一事实状态下，处于同一地位的一般保险人对投保人提出可保证明的判断。如果一般保险人认为投保人提交的可保证明符合复效的标准，则保险合同可以复效，反之则不能复效。第四，判断被保险人的危险程度是否显著增加，应当限定在效力中止期间。如果被保险人的危险程度在合同效力中止之前即已显著增加，则其申请复效不会增加逆选择的风险，保险人拒绝恢复效力缺乏正当性。

关于保险合同复效的时点，《保险法解释（三）》第八条第三款规定，保险合同自投保人补交保险费之日恢复效力。据此，投保人补交保险费后保险合同应即时生效，而不是次日生效。这也就意味着，保险人同意投保人的复效申请且投保人已经补交了保险费后，合同随即生效，不存在空档期，发生保险事故的，保险人应承担保险责任。

P74

15. 受益人的指定与变更[①]

受益人是人身保险合同中特有的一类主体，是基于投保人或者被保险人的指定享有保险金请求权的人。实践中，受益人的指定一般都是由保险格式条款提前拟定，由投保人或者被保险人进行选择。由于保险格式条款不够明确以及被保险人身份关系的变化，受益人如何确定在实务中存在争议。针对实践中存在争议突出的情形，《保险法解释（三）》第九条规定，当事人对保险合同约定的受益人存在争议，除投保人、被保险人在保险合同之外另有约定外，按照以下情形分别处理：受益人约定为法定或者法定继承人的，以继承法规定的法定继承人为受益人；受益人仅约定为身份关系，投保人与被保险人为同一主体的，根据保险事故发生时与被保险人的身份关系确定受益人，投保人与被保险人为不同主体的，根据保险合同成立时与被保险人的身份关系确定受益人；受益人的约定包括姓名和身份关系，保险事故发生时身份关系发生变化的，认定为未指定受益人。

对于该规定的适用，应注意以下几个方面的问题：第一，以《继承法》规定的法定继承人为受益人，不仅要考虑《继承法》规定的法定继承人范围，还应考虑《继承法》规定的法定继承人顺序，按照《继承法》规定的法定继承人顺序和范围确定受益人。有第一顺序继承人的，由第一顺序继承人作为受益人；没有第一顺序继承人的，才可由后顺序的继承人作为受益人。第二，受益人约定为身份关系的，应以被保险人的身份关系为依据来确定受益人，而不是以投保人的身份关系为依据确定受益人。第三，保险合同所约定受益人虽存在争议，但投保人或者被保险人在保险合同之外存在其他约定，而根据其他约定能够消除争议、准确确定受益人的，则

---

① 摘自杨临萍、刘竹梅、林海权：《关于适用保险法若干问题的解释（三）的理解与适用》，载《人民司法·应用》2016 年第 1 期。

不适用本规定。例如，投保人与被保险人在离婚协议中对受益人明确约定的，则应根据离婚协议的约定确定受益人。

《保险法》第四十一条规定，被保险人或者投保人变更受益人要书面通知保险人，保险人收到变更受益人的书面通知后，应当在保险单或者其他保险凭证上批注或者附贴批单。有观点认为，根据该规定，投保人或者被保险人变更受益人应当征得保险人同意，并且在保险人办理批注后才产生效力。这种观点不符合变更是单方法律行为的特征，不利于投保人或被保险人变更受益人，甚至将导致投保人和被保险人无法通过遗嘱变更受益人。鉴于此，《保险法解释（三）》第十条规定：“投保人或者被保险人变更受益人，当事人主张变更行为自变更意思表示发出时生效的，人民法院应予支持。投保人或者被保险人变更受益人未通知保险人，保险人主张变更对其不发生效力的，人民法院应予支持。投保人变更受益人未经被保险人同意的，人民法院应认定变更行为无效。”

对于该规定的适用，应注意以下几个方面：第一，变更受益 P75
人的意思表示无需保险人与原受益人同意，为无需受领的意思表示，故只要被保险人或投保人完成变更受益人的表示行为，变更行为即产生效力，无需到达保险人。第二，受益人的变更，原则上应以明示的方式，被保险人或投保人可以口头方式发出变更的意思表示，也可以书面形式发出变更的意思表示。以书面形式变更受益人的，因有书面证据材料，实践中争议较少。以口头形式变更受益人的，实践中容易产生争议，诉讼中认定口头方式变更受益人的，应有充分的证据予以支撑。变更受益人原则上应以明示方式，但并不排除在特殊情况下，可以从被保险人或投保人的行为中间接推知其有变更受益人的意思表示。对于默示方式进行的变更，实践中的认定应更为慎重，需要全面审查证据材料，结合相关案件事实综合进行判断。第三，投保人或被保险人可以遗嘱方式变更受益人。受益人指定和变更属于投保人和被保险人单方自主行为，投保人、被保险人可以选择指定或者变更的方式，可以在订立保险合同时，也可以在保险合同订立后变更；可以在生前进行指定或者变更并通知保险人，也可以通过遗嘱的方式进行指定或者变更，待遗嘱生效后由遗嘱继承人通知保险人。当然，以遗嘱方式变更受益人，需要遵循遗嘱生效规则，只有在遗嘱产生效力时受益人的指定和变更才发生效力。根据《保险法》第四十一条规定，投保人指定和变更受益人，需要经过被保险人同意。投保人遗嘱指定、变更如未得到被保险人同意，则指定和变更行为不产生效力。第四，投保人或被保险人变更受益人，虽然不需要保险人的同意，但需要通知保险人才能对抗保险人。对于通知的主体，只有有权变更受益人的主体作出的通知才是有效的。投保人变更受益人需要经过被保险人的同意，故投保人与被保险人作出的变更受益人的通知均有效，受益人的通知无效。投保人单方通知保险人变更受益人，保险人应当审查该变更是否取得被保险人同意。第五，受益人享有的受益权根据保险事故是否发生具有不同性质。保险事故发生前，受益权是从属于保险合同的期待利益，投保人或被保险人可以变更受益人；保险事故发生后，受益权则从期待权变为确定性的权利，投保人与被保险人均不得变更受益人。需要注意的是，保险事故发生后，不得变更的是该次业已发生的保险事故所生保险金请求权对应之受益权。如果存在数份保险合同，投保人或被保险人仍可以变更尚未发生保险事故的保险合同受益人。如果保险合同约定的保险事故发生后，保险合同并不终止的，投保人或被保险人则仍可以就将来发生的事故变更受益人，只是此次事故对应的保险金仍归原受益人。

受益人与被保险人在同一事件中死亡且不能确定死亡先后顺序的，《保险法》第四十二条第二款规定，应推定受益人先死亡。相互有继承关系的几个人在同一事件中死亡且不能确定死亡先后时间的，《最高人民法院关于贯彻执行〈中华人民共和国继承法〉若干问题的意见》（以下简称《意见》）第二条规定，应推定没有继承人的人先死亡；死亡人各自都有继承人的，如几个死亡人辈分不同，推定长辈先死亡。人身保险中的受益人与被保险人通常都是近亲属，存在继承关系，如二人在同一事件中死亡，且不能确定死亡先后顺序的，根据《保险法》的规定与《意见》可能出现不同的结论。鉴于此，《保险法解释（三）》明确，《保险法》第四十二条是为了解决被保险人与受益人均死亡时保险金归属的问题，《意见》第二条则是为了解决继承人与被继承人均死亡的情况下，被继承人的遗产如何分配的问题，两者各有适用范围和不同的立法宗旨。在确定保险金归属时应根据《保险法》第四十二条第二款推定受益人先死亡，并根据《保险法解释（三）》 P75
第十二条来确定其受益份额归谁所有；如果没有其他受益人的，则保险金作为被保险人的遗产；在保险金作为被保险人遗产进行分配时，则需根据《意见》第二条进行推定。

16. 保险单的现金价值[①]

P76

关于保险单现金价值的归属，理论界有观点认为，人身保险合同的被保险人虽不是保险合同的当事人，但却是保险合同的保障对象，是保险事故的承载主体，故投保人与被保险人、受益人为不同主体时，保单现金价值应属于被保险人，而不属于投保人。这种观点在实务界也有一些支持者。我们认为，这种观点不符合保险精算原理与实务，也不符合保险合同的基本原理，应予纠正。故《保险法解释（三）》第十六条第一款规定，保险合同解除时，投保人与被保险人、受益人为不同主体，被保险人或者受益人要求退还保险单的现金价值的，人民法院不予支持，但保险合同另有约定的除外。

该条规定的理由如下：第一，根据保险原理，保险单的现金价值来源于保险人在保险期间前期超收的保险费，具有储蓄性质，是投保人的财产，保险合同提前终止的，应当返还给投保

---

① 摘自杨临萍、刘竹梅、林海权：《关于适用保险法若干问题的解释（三）的理解与适用》，载《人民司法·应用》2016 年第 1 期。

人。第二，根据合同法原理，投保人是保险合同当事人，享有基于保险合同的现金价值请求权。保险合同的设立，依投保人与保险人的意志、意愿而定，投保人与保险人是合同的当事人，具有保险合同设立与否的决定权。保险合同解除时，无论退还的是保险费还是由保险费所形成的现金价值，均应归属于作为合同当事人的投保人。第三，投保人承担交纳保险费的义务，享有基于保险费产生的保险单现金价值。人身保险合同中，投保人是交费义务的主体。被保险人、受益人不是缴纳保险费的义务主体，即使在某些情况下，保险费因故转由被保险人或受益人实际缴纳，但此时的被保险人或受益人只是以投保人的名义履行交纳保险费义务。依据权利与义务对等的民法原则，理应由承担给付保险费义务的投保人享有对保险单现金价值的所有权。第四，其他国家和地区相关规定和实践，均是将保险单现金价值支付给投保人。德国、日本、韩国以及我国台湾地区的保险合同规定，均明确规定保险单的现金价值归属于投保人，而不是被保险人和受益人。至于英美法系，一般认为保险单现金价值归属于保单持有人，但该保单持有人并不是被保险人，而更多是指投保人，除非被保险人实际持有保单。第五，从审判实践看，大部分法院在实践中判决保险单现金价值归属于投保人。

审判实践中，应当注意区分保险单现金价值与保险费。保险单现金价值虽然来源于保险费，但并不等同于保险费。根据保险精算原理，保险单的现金价值是投保人所交保险费，在扣除保险人各种经营费用后所剩余额，按照预定利率计算出的现值。保险单现金价值的计算，除了要考虑投保人交了多少保险费，还应考虑得到的保障成本、保险公司建立和处理保单中发生的费用等因素。从合同法角度来看，保险合同无效时，保险人返回的保险费，不是保险单现金价值；保险合同解除或者保险人依法不承担给付保险金责任时，保险人返回的是保险单现金价值，而不是退还保险费。保险合同纠纷案件审理中，一定要注意区分保险合同无效与保险合同解除，准确认定保险人应当返还的是保险费还是保险单现金价值。

审判实践中，还应注意区分保险单现金价值与保险金。现金价值是保险期间内保险合同提前终止或者保险人依法不承担给付保险责任时需要向投保人返回的责任准备金。保险金是保险事故发生时保险人根据保险合同应当向受益人支付的金额。现金价值与保险金均是保险人根据保险合同应当支付的款项，但其产生基础、给付条件、给付对象以及计算方法均不一致：现金价值源于投保人在保险期间早期多交付的保险费的积累，保险金是保险人基于保险合同产生的主给付义务，是其收取保险费的对价；现金价值以保险合同提前终止或者保险人依法不承担给付保险责任为给付条件，保险金则以保险事故发生为给付条件；现金价值归属于投保人，保险金则应支付给投保人或者被保险人指定的受益人；现金价值是为了保障保险人未来支付保险金的准备金，保险金的数额通常高于现金价值。一般而言，保险事故发生前，投保人有权解除保险合同取得现金价值，受益人无权取得保险金，但在保险事故发生后，投保人不得再解除合同取得现金价值，而受益人可以基于保险合同约定要求保险人给付保险金。实践中，有投保人与受益人的利益不完全一致，在明知保险事故发生的情况下，未向保险人告知保险事故发生的事实，仍要求保险人解除保险合同并返回现金价值。此时如保险人可能因未审查到保险事故已经发生的事实，为投保人办理退保手续并返回现金价值，受益人如依据保险合同要求保险人给付保险金的，保险人仍需给付保险金，不能以保险合同已经解除为由作为抗辩。保险人因不当解除保险合同支出的现金价值，只能通过不当得利向投保人主张返还。在这类案件审理中，投保人解除保险合同的时点判断尤为重要。如解除保险合同是在保险事故发生前，投保人可取得现金价值，保险人不承担给付保险金责任；如解除保险合同是在保险事故发生后，保险合同因保险事故发生已经终止，投保人解除保险合同行为无效，不能取得现金价值，保险人承担给付保险金责任。

𝒫12

《保险法》第四十三条规定，投保人故意造成被保险人死亡、伤残或者疾病的，保险人不承担给付保险金的责任，应当按照合同约定向其他权利人（而不是投保人）退还保险单的现金价值。此处的“其他权利人”如何确定，存在被保险人与受益人两种观点。我们认为，在投保人指定受益人的情况下，受益人的指定体现了投保人的意志，如认为保险单现金价值仍由受益人享有，不能体现对投保人的惩罚，故由被保险人或者其继承人享有更为妥当。鉴于此，《保险法解释（三）》第十六条第二款规定，投保人故意造成被保险人死亡、伤残或者疾病，保险人依照《保险法》第四十三条规定退还保险单的现金价值的，其他权利人按照被保险人、被保险人继承人的顺序确定。

𝒫76

17. 投保人的任意解除权①

人身保险合同除了作为当事人的保险人与投保人外，还有作为保障对象的被保险人、享有保险金请求权的受益人。投保人与被保险人、受益人为不同主体时，投保人解除保险合同是否需要经过被保险人和受益人同意，理论界与实务界存在截然相反的观点。鉴于此，《保险法解释（三）》第十七条规定：“投保人解除保险合同，当事人以其解除合同未经被保险人或者受益人同意为由主张解除行为无效的，人民法院不予支持，但被保险人或者受益人已向投保人支付相当于保险单现金价值的款项并通知保险人的除外。”理由在于：一是从保险立法来看，《保险法》第十五条确立了投保人的任意解除权，并没有对其行使进行限制，如要求投保人解除合同需征得被保险人或受益人同意，不符合立法精神。二是从合同原理来看，保险合同的当事人是投保人与保险人，被保险人与受益人是保险合同的保障对象和保险金请求权的

---

① 摘自杨临萍、刘竹梅、林海权：《关于适用保险法若干问题的解释（三）的理解与适用》，载《人民司法·应用》2016年第1期。

主体，不承担交费义务，从合同法角度来看属于受益第三人，其权利依附于投保人与保险人之间的合同，不享有影响保险合同存续的权利。三是从保险行业发展来看，保险单转让与质押是人身保险未来发展的方向之一，这些业务的开展是以投保人能够随时解除保险合同并取得保险单现金价值为条件的，如要求投保人解除合同需要经过被保险人和受益人同意，可能限制保险单转让与质押业务的开展。四是虽然投保人解除保险合同无需经过被保险人与受益人的同意，但是保险合同的存续确实对被保险人与受益人的利益有较大影响，故如果被保险人、受益人同意向投保人支付相当于保单现金价值的款项，可以承受投保人的合同地位，保险合同无需解除。这样做，一方面保护投保人对保险单现金价值的权利，另一方面，也照顾被保险人、受益人的合理期待。

需要注意的是，投保人的任意解除权无需征得被保险人、受益人的同意，但不能因此认为，投保人行使解除权后一概无需对被保险人或者受益人进行补偿或赔偿。实务中，如被保险人、受益人以解除导致损失为由提起诉讼的，法院应当予以受理，并根据投保人与被保险人、受益人之间的基础关系确定案由和请求权基础，审查投保人解除有无违反约定或法律规定，判决投保人是否应当承担赔偿责任。比如，单位为企业高管投保人身保险，将保险费支付作为高管的福利待遇，而后又擅自退保的，就应当依据他们之间的劳动合同关系加以审查处理。

18. 医疗费用保险的相关条款[①] 𝒫76

医疗保险是人身保险的重要类型。实践中，对医疗保险格式条款中关于商业医疗保险与社会医疗保险关系条款、按医保标准核定医疗费用条款、定点医院条款等内容的效力认定存在较大争

① 摘自杨临萍、刘竹梅、林海权：《关于适用保险法若干问题的解释（三）的理解与适用》，载《人民司法·应用》2016 年第 1 期。

议。鉴于此，《保险法解释（三）》根据保险人承保风险与投保人支付保险费应当保持平衡的基本原理进行规定。

为协调商业医疗保险与公费医疗、社会医疗保险的关系，保监会《健康保险管理办法》要求，保险公司开发医疗保险应区分费用补偿型医疗保险与定额给付型医疗保险，前者不能在公费医疗、社会医疗保险之外重复给付，后者可以在公费医疗、社会医疗保险之外重复给付；保监会还要求，保险公司开发医疗费用补偿性医疗保险时，应区分被保险人是否存在公费医疗、社会医疗保险，有公费医疗或者社会医疗保险的被保险人因仅在公费医疗、社会医疗保险范围之外赔偿，保险费较低，没有公费医疗或者社会医疗保险的被保险人可以获得全部赔偿，保险费较高。保险公司如严格依据保监会的规则开发并销售医疗保险产品，不会产生争议，但有一些保险公司出于收取高额保险费的目的，明知被保险人有公费医疗或者社会医疗保险，仍然将其作为没有公费医疗和社会医疗保险的被保险人，并收取高额保费，但在保险事故发生时，却要求仅在公费医疗或者社会医疗保险范围之外给付保险金。为纠正这种不诚信行为，《保险法解释（三）》第十八条规定："保险人给付费用补偿型的医疗费用保险金时，主张扣减被保险人从公费医疗或者社会医疗保险取得的赔偿金额的，应当证明该保险产品在厘定医疗费用保险费率时已经将公费医疗或者社会医疗保险部分相应扣除，并按照扣减后的标准收取保险费。"保险人如能证明其厘定医疗费用保险费率时已将公费医疗或者社会医疗保险部分相应扣除，并按照扣减后的标准收取保险费，给付保险金时可以扣减被保险人从公费医疗或者社会医疗保险取得的赔偿金额；未能举证证明的，其要求扣减被保险人从公费医疗或者社会医疗保险取得的赔偿金额的主张不能得到支持。

为了控制经营风险，保险人开发的商业医疗保险产品往往会引入医保标准条款，即保险公司对被保险人支出的医疗费用，按照当地基本医疗保险的标准核定医疗费用。对于该类条款的效力，实践中曾存在两种截然相反的观点：一种认为，医保标准条款是保险公司厘定费率、控制风险的基础，应认可其效力，故同意保险公司拒赔；另一种则认为，保险公司拒赔不符合被保险人的合理期待，不应认可该条款的效力，保险公司应按照实际支出的费用进行赔付。经过多次论证，《保险法解释（三）》第十九条规定："保险合同约定按照基本医疗保险的标准核定医疗费用，保险人以被保险人的医疗支出超出基本医疗保险范围为由拒绝给付保险金的，人民法院不予支持；保险人有证据证明被保险人支出的费用超过基本医疗保险同类医疗费用标准，要求对超出部分拒绝给付保险金的，人民法院应予支持。"

对于该规定的理解，应注意以下两个方面：第一，保险人需 P76
对医保标准条款进行提示和明确说明。医保标准条款虽非无效条款，但符合免责条款的特征。医保标准条款虽设置于保险合同的"理赔处理"章节，并没有放置于"除外或免责条款"章节中，但从其文义及作用来看，对保险公司在赔偿限额内的责任又进行了限定，即保险公司对国家基本医疗保险标准以外的医疗费用不予赔付，该条款应当属于限制保险公司赔偿责任的责任免除条款。既然属于责任免除条款，则根据《保险法》第十七条第二款的规定，保险人未对医保标准条款履行提示和明确说明义务的，该条款不产生法律效力。第二，正确理解超过基本医疗保险同类医疗费用标准。司法解释条文使用的表述是"医疗费用标准"，而非"医疗费用范围"，因此，不能将超过基本医疗保险同类医疗费用标准理解为超过基本医疗保险用药范围。对于基本医疗保险范围外的医疗项目支出，保险人应当按照基本医疗保险范围内的同类医疗费用标准赔付。比如，使用了医保范围外的药品，而医保范围中有同种类或者同功能可使用的药品，则应按医保范围内同种类或者同功能药品的标准予以赔付。第三，正确理解保险人有证据证明。本规定将举证责任分配给了保险人，诉讼中，保险人主张被保险人支出的费用超过基本医疗保险同类医疗费用标准，但不能提供相关证据证明的，由保险人承担不利的法律后果。

医疗保险中，保险公司为控制风险，通常在格式条款中约定，被保险人必须到定点医院就医，否则不予赔付。对于该条款是否应予认可，实践中存在肯定说与否定说两种相反观点。《保险法解释（三）》采折中观点，其第二十条规定：“保险人以被保险人未在保险合同约定的医疗服务机构接受治疗为由拒绝给付保险金的，人民法院应予支持，但被保险人因情况紧急必须立即就医的除外。”
P77 理由在于：一是防范保险欺诈。被保险人与医院工作人员串通骗取保险金的情况在实践中时有发生，定点医院条款有助于保险公司控制风险，减少保险欺诈行为。二是保护被保险人的医疗需求。保险公司指定的定点医院涵盖大部分三级以上医院，基本上能够满足被保险人就医的需要，但考虑到被保险人在一些紧急情况下可能无法到指定医院就医，故增加例外条款，如被保险人因情况紧急必须立即就医的，则即使在定点医院之外就医，保险公司仍需赔付。

P78

19.《保险法解释（四）》遵循的原则[①]

《保险法解释（四）》制定过程主要坚持了以下原则：

一是坚持以人为本，注重保护保险消费者合法权益。加强对保险消费者合法权益的保护，既是我国保险立法坚持的价值取向，也是我们坚持以人民为中心思想的必然要求。我们在司法解释中始终秉持了这一精神，正确处理了契约自由与契约正义之间的关系，始终将保护投保人、被保险人的合法权益作为贯穿司法解释的一条主线。

二是坚持平衡保护，促进保险业健康发展。保险审判是商事审判工作的重要组成部分，妥善化解保险纠纷，为保险业健康有序发展提供司法保障也是人民法院的法定职责。司法解释在保护投保人、被保险人利益的同时，注重寻找与保险业健康发展的平

---

① 摘自关于《最高人民法院关于适用〈中华人民共和国保险法〉若干问题的解释（四）》有关情况的新闻发布会，载最高人民法院网站。

衡点，充分关照我国保险业发展的客观实际，完善和细化了保险代位求偿权、责任保险等制度，促进保险业健康发展，为提升我国保险业的国际竞争力提供更加有力的司法保障。

三是尊重保险司法规律，恪守保险的一般原理。保险是当事人之间就分担意外事故损失达成的一种合意，具有其自身独有的规律和特点。我们在制定司法解释时，注意尊重保险特性，坚持损失补偿原则等财产保险基本原则。遵照保险利益原则，合理认定保险标的转让时的权利行使主体。结合责任保险的特点，科学确定诉讼时效起算时点等。

四是立足保险业发展现状，预留未来创新空间。司法解释立足行业现状，规范市场行为，解决具体问题，同时考虑保险行业未来发展的需要，对一些正在探索、尚不成熟的做法未作出统一的裁量标准，留待实践进一步检验，为市场创新留出空间，推动我国保险业持续健康发展。

20. 保险标的转让的相关问题①

𝒫13
𝒫78

现实生活中，由于财产流转频繁，保险标的因买卖、赠与、继承等导致所有权转移的情况很常见。《保险法》第四十九条对保险标的转让作了规定，但仍较为概括。《保险法解释（四）》对有关争议问题予以明确。第一条根据保险利益原则，对保险标的已交付未登记时的权利行使主体予以明确。第二条针对司法实践中的争议问题，规定保险人已向投保人履行了《保险法》规定的提示和明确说明义务，保险标的受让人以保险标的转让后保险人未向其提示或者明确说明为由，主张免除保险人责任的条款不生效的，不予支持。第三条作出补充性规定，明确被保险人死亡，继承保险标的的当事人承继被保险人的权利和义务。第五条明确

① 摘自关于《最高人民法院关于适用〈中华人民共和国保险法〉若干问题的解释（四）》有关情况的新闻发布会，载最高人民法院网站。

了保险标的转让空档期的保险责任承担问题。

𝒫13 𝒫14 𝒫79

21. 保险合同主体的权利义务[①]

《保险法》第四十九条和第五十二条，均涉及对危险程度显著增加的认定。实务中，由于险种多样，情况复杂，对危险程度显著增加的认定，成为司法审判实践中的难点问题。《保险法解释（四）》第四条第一款列举与危险增加相关的常见因素，为法官提供裁判指引，由法官根据案件具体情况，综合判断是否构成危险程度显著增加。同时，第二款规定，增加的危险属于保险合同订立时保险人预见或者应当预见的保险合同承保范围的，不构成危险程度显著增加。此外，《保险法》第五十七条规定了保险事故发生时，被保险人应当采取措施防止或者减少损失的义务，但司法实践中，保险人往往以施救措施未产生实际效果为由予以抗辩。针对这一问题，《保险法解释（四）》第六条规定，保险人以该措施未产生实际效果为由抗辩的，不予支持，旨在引导、鼓励被保险人在保险事故发生后及时采取施救、减损措施，最大限度减少损失的扩大，以实现彼此利益的最大化。

𝒫79

22. 保险代位求偿权的相关问题[②]

《保险法解释（四）》第七条规定，保险人有权代位行使被保险人因第三者侵权或者违约等享有的赔偿请求权，明确了保险代位求偿权的行使基础。第八条明确了在投保人和被保险人为不同主体时，保险人可以对投保人行使保险代位求偿权。第十条对保险人赔偿后，第三者仍向被保险人作出重复赔偿的情况下，保险人的权利如何救济作出明确指引。此外，《保险法解释（四）》还

①② 摘自关于《最高人民法院关于适用〈中华人民共和国保险法〉若干问题的解释（四）》有关情况的新闻发布会，载最高人民法院网站。

对保险代位求偿权的诉讼程序问题作出了明确规定。

23. 责任保险的相关问题[①] P81

责任保险在现代社会中的重要性日益凸显，《保险法解释（四）》对责任保险问题作出了专门规定。第十五条对“被保险人怠于请求”的情形作出规定，以解决司法实践中亟待规范的裁量标准问题。第十六条对责任保险的被保险人因共同侵权依法承担连带责任的问题作出了回应。第十七条明确了被保险人对第三者所负的赔偿责任已经生效判决确认并已进入执行程序后，保险人的保险责任问题。《保险法解释（四）》还对责任保险的保险人和解参与权、诉讼时效起算等问题作出规定。

随着我国经济社会的发展和公众保险意识的增强，保险业将迎来新的机遇和挑战。《保险法解释（四）》的出台，对各级人民法院正确审理保险合同纠纷案件，维护当事人合法权益，促进保险行业健康发展具有重要意义。下一步，人民法院将进一步发挥审判职能作用，为防范化解金融风险和促进经济社会持续健康发展提供有力司法保障。

24. 审理海上保险纠纷案件的法律适用[②] P82

海上保险纠纷包括海上保险合同纠纷以及与海上保险合同相关的纠纷。海上保险合同是指被保险人支付保险费，保险人按照约定，对被保险人遭受保险事故造成保险标的的损失和产生的责任负责赔偿的合同。《海商法》作为调整海上运输关系和船舶关系的特别法律，应当适用于海上保险合同纠纷案件的审理。《海

---

① 摘自关于《最高人民法院关于适用〈中华人民共和国保险法〉若干问题的解释（四）》有关情况的新闻发布会，载最高人民法院网站。

② 摘自王淑梅：《关于审理海上保险纠纷案件若干问题的规定的理解与适用》，载《人民司法》2006 年第 12 期。

商法》规定了海上保险合同的订立、转让、解除、被保险人的义务、保险人的责任和保险赔偿的支付等内容。但《海商法》毕竟是特别法，加之立法背景的原因，对于关于保险的一些一般性规定没有涉及，《保险法》作为规范保险活动的法律，在《海商法》没有规定的情况下应当适用于海上保险合同纠纷案件的审理，如《保险法》关于保险合同的总体要求、保险合同的一般原则以及财产保险合同的规定等。在《海商法》和《保险法》均没有规定的情况下，《合同法》以及《民法通则》亦应适用于海上保险合同纠纷案件的审理。

在海上保险实务中，保险人依据海上保险合同实际赔付被保险人取得代位赔偿请求权后，有依照《海商法》的规定向有责任的第三人提起追偿请求的权利。此类纠纷虽然不属于海上保险合同纠纷，但与海上保险合同纠纷密切相关。此类纠纷主要涉及程序问题，主要是保险人取得代位请求赔偿权利的有关程序。《海事诉讼特别程序法》规定了海上保险人行使代位请求赔偿权利的具体程序。因此，有关海上保险人行使代位请求赔偿权的问题应当适用海诉法的规定。在海诉法没有规定的情况下，应当适用《民事诉讼法》的一般原则。故司法解释的依据包括了海商法、保险法、海诉法以及民事诉讼法。对此，司法解释中明确规定："审理海上保险合同纠纷案件，适用海商法的规定；海商法没有规定的，适用保险法的有关规定；海商法、保险法均没有规定的，适用合同法等其他相关法律的规定。"

在法律适用的问题上，实务中遇到的问题是审理港口设施或
P83
者码头等作为保险标的的保险合同纠纷案件是否属于《海商法》调整的海上保险合同纠纷案件。对此存在不同的认识：一种观点认为，港口设施或者码头作为保险标的的保险合同纠纷属于《海商法》调整的海上保险合同纠纷案件，应当优先适用《海商法》的规定。《海商法》没有规定的情况下可适用《保险法》的规定；另一种观点认为，码头等设施作为海岸设施，应当作为一般财产保险，以港口设施或码头作为保险标的的保险纠纷不属于《海商

法》第二百一十六条规定的海上保险合同纠纷，故适用《保险法》较为适宜。笔者认为，尽管在《最高人民法院关于海事法院受理案件范围的若干规定》中将有关海上设施保险合同纠纷案件列为海事法院受案范围，但是并不意味着此类案件必须适用《海商法》。依照《海商法》的规定，海上保险合同中所称的保险事故是指保险人与被保险人约定的任何海上事故，包括与海上航行有关的发生于内河或者陆上的事故。港口设施或者码头作为保险标的的保险事故虽然可能来自海上的风险，但并不都属于海上事故，如保险事故可能是因海啸或者其他自然灾害引起的，这应该属于一般海上风险造成的保险事故，与船舶的海上航行无关。《海商法》调整的海上保险合同中的保险事故应当仅限于与航行有关的海上事故，其他海上风险引起的保险事故，不应由《海商法》调整，应当适用《保险法》的有关规定。此类案件的法律适用应当予以明确，审理非因海上事故引起的港口设施或者码头作为保险标的的保险合同纠纷案件，适用《保险法》等法律的规定。

在法律适用问题上，应当特别注意的是，发生船舶触碰港口设施或者码头的事故，保险人依据保险合同赔付被保险人后，可以向有责任的第三人提起追偿诉讼。该追偿诉讼是船舶触碰港口设施或者码头的事故引起的纠纷，当然属于海事纠纷案件，应当适用《海商法》的规定。但是《海商法》有关船舶碰撞一章的规定，并不适用于船舶触碰。因此，实践中对于船舶触碰引起的损害赔偿纠纷，应适用《民法通则》有关侵权纠纷的民事责任确定当事人的责任，判定触碰事故的责任人承担全部赔偿责任。笔者认为，虽然《海商法》关于碰撞的规定仅限于船舶之间的碰撞，对船舶触碰港口设施或者码头没有规定。但船舶触碰港口设施或者码头，对船舶来说，是属于海上航行中发生的事故，是典型的海事侵权纠纷案件，应当适用《海商法》的规定。除碰撞责任外，《海商法》中关于海事赔偿责任限制、船舶优先权等制度均应适用。故司法解释中规定对因船舶触碰港口设施或者码头造成的损害，保险人在赔付被保险人后向第三人提起追偿诉讼的，应当适用《海商法》等有关法律的规定，第三人有权援引《海商法》规定的责任限制等进行抗辩，保险人有权依据《海商法》的规定，主张船舶优先权。

P83

25. 海上保险合同的订立、解除和转让[①]

保险合同属于民事合同的范畴，应当遵守民事法律的一般原则。我国《民法通则》规定：民事活动应当遵循诚实信用原则。《合同法》第四十二条亦规定：当事人行使权利、履行义务应当遵循诚实信用原则。可以看出，诚实信用原则是我国民事法律的一项基本原则。由于保险合同属于射幸合同，故对当事人双方的诚信要求更加严格。所以保险合同一直被称为“最大诚信合同”，最大诚信原则事保险合同订立和履行的基本原则。《保险法》第五条规定：保险活动当事人行使权利、履行义务应当遵循诚实信用原则。遗憾的是《海商法》中没有明确提及诚实信用原则及违反诚实信用原则的法律后果，但是《海商法》中的若干制度和规范仍体现了诚实信用原则的精神和要求。

最大诚信原则是海上保险合同的基本原则。该项原则首先体现在合同订立阶段，要求被保险人履行如实告知义务。《海商法》第二百二十二条规定了被保险人的如实告知义务，第二百二十三条规定了被保险人故意不履行该项义务时保险人具有解除合同的权利。被保险人并非故意不履行如实告知义务的，保险人具有解除合同或者要求增加保险费的权利。实践中尽管被保险人未履行如实告知义务，但保险人不主张解除合同的情况也是经常存在的。如果保险人没有主张解除合同，而是收取了保险费，则应当认定其选择继续履行合同，应当承担保险赔偿责任；如果保险人知道被保险人未履行如实告知义务，在发生保险事故后进行了保险赔付，即不得以被保险人未履行如实告知义务为由，要求被保

---

① 摘自王淑梅：《关于审理海上保险纠纷案件若干问题的规定的理解与适用》，载《人民司法》2006 年第 12 期。

险人退还已支付的保险赔偿金。故在司法解释中对《海商法》的规定作了进一步的细化，既解决了实务中存在的问题，也便于操作。保险人知道被保险人未如实告知《海商法》第二百二十二条第一款规定的重要情况，仍收取保险费或者支付保险赔偿，保险人以被保险人未如实告知重要情况为由请求解除合同的，人民法院不予支持。

保险费的支付是海上保险合同中被保险人的一项重要义务。P83 依照《海商法》的规定，除保险合同另有约定外，被保险人应当在合同订立后立即支付保险费。但《海商法》没有规定被保险人违反此项规定后保险赔偿责任的承担，只是规定在被保险人支付保险费之前，保险人可以拒绝签发保险单证。尽管保险人有权拒绝签发保险单证，但此时保险合同已经成立，保险责任也可能已经开始，因为保险人的责任开始时间是在保险合同中约定的。海上保险合同的成立、保险费的支付以及保险责任开始的时间可以是不同的。依照《海商法》的规定，一旦保险责任开始，保险人不得解除合同。保险责任开始之前如果被保险人未履行支付保险费的义务，应当赋予保险人解除合同的权利。但海上货物运输保险与船舶保险的情况不同，海上货物运输保险中的保险单是可以转让的，有权向保险人要求赔偿的被保险人可能不是与保险人签订保险合同的人，如果保险人已经签发了可转让的保险单，即使被保险人（签订保险合同的人）未支付保险费，在保险责任开始前保险人也无权解除保险合同。因此，规定被保险人未按照《海商法》第二百三十四条的规定向保险人支付约定的保险费的，保险责任开始前，保险人有权解除保险合同，但保险人已经签发保险单证的除外；保险责任开始后，保险人以被保险人未支付保险费请求解除合同的，人民法院不予支持。这样的规定既强调了被保险人支付保险费的义务，也考虑到海上货物运输保险的特殊性，维持了保险单证依法可以转让的性质。

除合同订立阶段要求被保险人履行如实告知义务外，最大诚 P83 信原则还体现在合同履行阶段，要求被保险人履行保证的义务。

我国海商法借鉴英国1906年海上保险法的规定，规定了被保险人违反保证时的法律后果，但是未规定何谓保证条款，导致在审判实务中经常发生对被保险人是否构成违反保证条款发生争议。在司法解释起草过程中，曾试图对保证条款进行定义。经研究，认为作为最高人民法院起草的司法解释，对保证条款作定义性的规定不妥。《海商法》第二百三十五条规定了被保险人违反合同约定的保证条款时，应当立即书面通知保险人，并赋予保险人在收到通知后有解除合同或者要求修改合同（修改承保条件、增加保险费）的权利。实践中大量存在的是被保险人违反了保证条款而不通知保险人的情况，此种情形中，保险人的权利应当不低于《海商法》第二百三十五条的规定。这里的问题在于此种情况下合同的解除日如何确定。依照《合同法》的规定，一方当事人主张解除合同的应当通知对方，合同自通知到达时解除。但是在海上保险合同中，依据《海商法》的规定，因被保险人违反保证条款解除合同的，保险人没有通知被保险人的义务。加之保证条款的重要性，规定自保证条款被违反之日合同解除并不违反《海商法》规定的原则。故司法解释中明确保险人可以被保险人违反合同约定的保证条款未立即书面通知为由主张从违反保证条款之日起解除合同。

𝒫83 在保证条款被违反的情况下保险人取得解除合同的权利。但实务中尽管被保险人违反了保证条款，保险人不主张解除合同的情况也是经常存在的。如果保险人在发生保险事故后进行了保险赔付，即不得以被保险人违反保证条款为由，要求被保险人退还已支付的保险赔偿金。即在保险人收到被保险人违反保证条款的通知后，仍选择继续履行合同，支付保险赔偿的，不得再行使解除合同的权利。

《海商法》规定在被保险人违反保证条款后，保险人可以选择要求修改承保条件、增加保险费，即选择继续履行保险合同，只是这需要通过双方协商达成一致，而协商结果不是确定的。《海商法》没有规定双方协商不成时如何处理。保证条款在保险合同中是极为重要的条款。英国海上保险法将其定义为承诺性保证，指“被保险人作出的在履行保险合同时条件性的承诺，保证某些事情应作为或不应作为，或应满足某些条件，或应肯定某些事实的具体状态存在或不存在”，一旦条件被破坏，合同即解除。可见保证条款在合同中的重要性。故规定如果双方未能就修改合同的事宜达成一致的，合同仍于被保险人违反保证条款之日起解除。

在司法解释起草过程中，有观点认为，既然赋予保险人与被保险人协商的机会，那么协商期间发生保险事故的，保险人就应承担保险赔偿责任，除非被保险人违反保证条款与保险事故之间存在因果关系。此种观点没有被司法解释接受。虽然《海商法》规定在被保险人违反保证条款后，保险人可以选择解除合同或者要求修改承保条件、增加保险费，但根据保证必须严格遵守、违反保证之日起保险人解除保险赔偿责任的性质考虑，在协商期间发生保险事故的，要求保险人承担保险赔偿责任，与保证条款的重要性不符。因为，从被保险人违反保证条款之日，保险合同的基础已经动摇，除非保险人主动放弃解除合同的权利，合同的效力应当处于待定的状态。故在司法解释中明确了保险人收到被保险人违反合同约定的保证条款通知后，就修改承保条件、增加保险费等事项与被保险人未能协商达成一致时，保险合同于违反保证条款之日解除。这样的规定可以避免被保险人滥用协商的权利，也符合保证条款的重要地位。

根据《海商法》的规定，因船舶转让而转让船舶保险合同 P83
的，应当取得保险人同意，否则保险合同从船舶转让时起解除。但船舶转让发生在航次之中的，保险合同至航次终了时解除。也就是说船舶转让开始到航次终了这段时间，尽管船舶转让未经保险人同意，保险合同对保险人还是有约束力的。问题是船舶转让之日起至航次终了时止这段时间内船舶保险合同权利义务的承受方以何种途径向保险人求偿。实务中船舶转让发生在航次之中时，如果船舶转让后发生保险事故，已经取得船舶价款的船舶出让人可能不向保险人提出保险赔偿请求，而新的买受人又因其不是保险合同的当事人而无法向保险人行使保险赔偿请求权。对此有必要在司法解释中加以规定：在船舶出让人不行使保险合同项下权利时，船舶受让人只要提供船舶转让的证明以及保险单证，也可以径向保险人行使保险赔偿请求权。司法解释起草过程中，有意见认为这样的规定可能会导致船舶出让人和受让人均向保险人主张保险合同项下的权利，笔者认为这种担心是不必要的。实务中船舶转让发生在航次之中时，如果船舶转让后发生保险事故，已经取得船舶价款的船舶出让人依然有权依据保险合同向保险人提出保险赔偿请求，这是《海商法》的规定。尽管其已经签订船舶买卖合同，但此时船舶证书尚未变更船舶所有人，所以不存在出让人不具有保险利益的问题。司法解释解决的是出让人不向保险人提出保险赔偿请求的情况下，新的买受人可以行使保险合同项下的权利。再者，无论是船舶买卖合同的出让人还是受让人向保险人提出保险赔偿，都必须提交保险合同，所以不存在同时出现船舶出让人和受让人都向保险人请求保险赔偿的情况。所以司法解释规定：在航次之中发生船舶转让的，未经保险人同意转让的船舶保险合同至航次终了时解除。船舶转让时起至航次终了时止的船舶保险合同的权利、义务由船舶出让人享有、承担，也可以由船舶受让人继受。但要求船舶受让人根据前款规定向保险人请求赔偿时，应当提交有效的保险单证及船舶转让合同的证明。

P84

26. 海上保险的保险责任问题①

在海上保险实务中，关于保险责任问题出现争议较多的是保险合同中保险人除外责任条款的效力问题。《海商法》规定了保险人的责任，其中并没有涉及保险人除外责任条款。但在海上保险的实务中，无论是船舶保险还是货物保险的标准格式中，都有

---

① 摘自王淑梅：《关于审理海上保险纠纷案件若干问题的规定的理解与适用》，载《人民司法》2006 年第 12 期。

除外责任的规定。如海上货物运输保险条款中就规定对于被保险人故意行为或者过失造成的损失、因发货人的责任引起的损失等，保险人不负赔偿责任。《保险法》第十八条规定：对于保险人责任免除条款，在订立合同时应当向投保人明确说明，未明确说明的，该条款不产生效力。依照法律适用的原则，保险法关于保险人对除外责任明确说明的义务应当适用于海上保险中。实务中对于“明确说明”的含义有不同理解。发生保险事故后，保险人往往以合同中的免责条款予以抗辩，而被保险人则声称不了解该免责条款。有的法院在审理此类案件时，只要双方当事人发生争议，就一律以《保险法》第三十条的规定作出不利于保险人的判决。

笔者认为，免除责任条款应当区别于一般条款，保险人应当特别提示被保险人注意。为避免实务中在举证问题上发生困难，宜要求保险人应当以书面形式提示被保险人特别注意免责条款。但考虑到此问题的理解不仅限于海上保险，一般财产保险甚至人寿保险中均存在此问题，故在此司法解释中不宜作出单独的规定。但此问题应当尽快解决，才能充分保护被保险人的利益，同时也避免一律适用不利解释原则产生的消极影响。

海上保险合同的主要内容之一是保险人按照约定对被保险人 𝒫83
遭受保险事故造成保险标的的损失和产生的责任负责赔偿。《海 𝒫84
商法》第二百二十四条规定：订立合同时，被保险人知道或者应当知道保险标的已经因发生保险事故而遭受损失的，保险人不负赔偿责任，但是有权收取保险费；保险人知道或者应当知道保险标的已经不可能因发生保险事故而遭受损失的，被保险人有权收回已经支付的保险费。但如果订立合同时保险人以及被保险人都不知道保险标的已经发生保险事故的如何处理？海商法并未对此作出规定。从文字上看似乎这种情况是不会存在的，如果保险标的已经发生事故，保险人就不会接受被保险人的投保。但是海上保险有其特殊性。海上运输中，由于船舶运输的特殊性，船舶所有人或者货物所有人可能与船舶或者货物分处于不同的地方。在与保险人签订保险合同时，被保险人（船舶所有人或者货物所有人）不知道船舶已经安全抵达目的港，或者不知道货物已经被安全运送到目的港。在保险人同样不知情的情况下，如果双方签订了保险合同，不影响保险合同的效力；已经发生保险事故的，保险人应当负保险赔偿责任，但有权收取保险费；未发生保险事故的，保险人依然有权要求被保险人按照约定支付保险费。因此，在司法解释中规定：保险人与被保险人在订立保险合同时均不知道保险标的已经发生保险事故而遭受损失，或者保险标的已经不可能因发生保险事故而遭受损失的，不影响保险合同的效力。这样的规定对于保险人和被保险人来说都是公平的。

P84

在海上货物运输合同的履行中，经常发生承运人在目的港没有收回正本提单即将货物交付出去的情况，这就是海上运输中经常发生的无单放货。发生承运人无单放货后，作为正本提单持有人的货主，与承运人之间存在运输合同关系，与保险人之间存在保险合同关系。出于某种考虑，货主可能放弃对承运人提起诉讼，而是选择向保险合同的保险人要求就投保的货物运输险提出保险赔偿。而无单放货是否属于保险人的保险责任范围，是海事审判中存在争议的问题，曾出现过不同的做法。依据《海商法》的规定，海上保险合同中保险人承担的保险责任应当是与海上航行有关的发生于内河或者陆上的事故。而无单放货属于承运人违反法律规定实施的不当行为，不应当在保险人的保险责任范围之内，除非双方当事人在保险合同中有明确的约定，保险人自愿承担无单放货的保险赔偿责任，否则保险人将不承担因承运人无单放货造成的被保险人的损失。

P84

根据《海商法》的规定，被保险人为防止或者减少保险标的的损失而支出的必要的合理费用，应当由保险人在保险标的损失赔偿之外另行支付。违反此项规定造成扩大的损失，保险人不负赔偿责任。实务中被保险人尽管采取了合理措施，但不一定都能防止或者减少损失。如果被保险人能够证明其采取的措施是合理的，即使没有防止或者减少损失，因采取措施而支出的必要的合理费用，也应当由保险人承担。因为《海商法》还规定被保险人应当采取合理措施，防止或者减少损失。被保险人不采取措施的，对于扩大的损失，保险人不负赔偿责任。从这一规定看，有必要强调只要是合理的费用，即使没有效果，保险人也应当承担该项费用。因此，司法解释中特别强调，被保险人为防止或者减少损失而采取的合理措施即使没有效果，如要求保险人支付由此产生的合理费用的，人民法院也应支持。

27. 海上保险保险人行使代位赔偿请求权①

P84

保险人在依据保险合同赔付被保险人后，依法取得向造成保险事故的第三人追偿的权利。《海商法》第二百五十二条规定：保险标的发生保险责任范围内的损失是由第三人造成的，被保险人向第三人要求赔偿的权利，自保险人支付赔偿之日起，相应转移给保险人。为保障《海商法》规定的具体实施，海诉法对海上保险人行使代位赔偿请求权也作了具体的规定：因第三人造成的保险事故，保险人向被保险人支付保险赔偿后，在保险赔偿范围内可以代位行使被保险人对第三人请求赔偿的权利。被保险人未向造成保险事故的第三人提起诉讼的，保险人应当以自己的名义向该第三人提起诉讼。该法第九十六条则明确要求保险人依法提起诉讼或者申请参加诉讼的，应当向受理该案的海事法院提交其支付保险赔偿的凭证，以及参加诉讼应当提交的其他文件。即保险人在实际赔付被保险人后，才取得代位赔偿请求权。实务中，对于保险人尚未依照海商法和海诉法的规定，取得实际赔付被保险人的凭证即向法院提起对第三人追偿诉讼的，法院的做法不统一。有的法院以裁定的方式，驳回保险人的起诉。有的法院以判决的方式，驳回保险人的诉讼请求。

---

① 摘自王淑梅：《关于审理海上保险纠纷案件若干问题的规定的理解与适用》，载《人民司法》2006年第12期。

依照《民事诉讼法》的规定，原告应当是与本案有利害关系的人。保险人在支付保险赔偿前，尚未取得代位赔偿请求权，其起诉不符合受理条件，应当裁定不予受理。已经受理的，不应作出实体判决，而应从程序上驳回其起诉。如果将来保险人实际赔付了被保险人，还可以向第三人提起追偿诉讼。如果以判决驳回诉讼请求，根据一事不再理的原则，保险人难以再向第三人追偿。因此，有必要规范法院在审理此类案件中的做法，即明确规定保险人在行使代位赔偿请求权时，未依照海诉法的规定，向法院提交已经向被保险人实际支付保险赔偿凭证的，法院不予受理；已经受理的，裁定驳回起诉。

P84

法院审理保险人行使代位赔偿请求权案件时，造成保险事故的第三人经常对原告（保险人）与被保险人之间的保险合同的效力提出异议，认为该保险合同无效，保险人不应对被保险人进行保险赔付。法院审理审理此类案件时是否应当审查保险人与被保险人之间保险合同的效力？对此问题存在不同的认识及做法。一种意见认为，对于保险合同的效力应予审查，理由是：保险人取得代位赔偿请求权是基于与被保险人订立的保险合同。如果该保险合同无效，保险人就不应向被保险人支付保险赔偿，也就不存在保险人向第三人追偿的问题。另一种意见认为，法院不应对保险人与被保险人之间的保险合同进行审查。保险人提起的追偿诉讼与保险合同是两个不同的法律关系，不应在同一案件中解决，且提出保险合同无效的第三方责任人也不是保险合同的当事人。经过论证，认为审理此类案件的法院应当仅就保险人与第三人之间的法律关系进行审理，即使第三人对保险合同的效力提出异议，法院也不应审理，理由为：保险人依据保险合同赔付被保险人取得代位赔偿请求权后，向造成保险标的损失的第三人提起追偿诉讼，其与第三人之间的关系应当是另一法律关系。如保险人基于海上货物运输保险合同行使代位赔偿请求权的，保险人与第三人之间即为海上货物运输合同关系。如保险人基于船舶碰撞行使代位赔偿请求权的，其与第三人之间即为船舶碰撞损害赔偿法律关系。保险人与第三人之间的法律关系、保险人与被保险人之间的保险合同法律关系是不同的。如果允许第三人对保险合同提出异议，等于允许合同外的人对合同效力提出异议。如果法院审理第三人与保险人之间的海上货物运输合同纠纷的同时，还要审查保险人与被保险人之间的保险合同效力，则因保险合同的另一方（即被保险人）不是本案当事人存在障碍。无论保险合同是否有效，保险人是否应该赔付，向第三人提起的追偿诉讼的基础法律关系是第三人与被保险人之间原有的法律关系，第三人是否应当承担责任与保险合同的效力无关，而应当依据调整第三人与被保险人之间关系的法律确定。对于第三人来说，其责任是确定的，只是赔付给被保险人还是赔付给保险人的问题，不存在不公平之说。受理保险人行使代位赔偿请求权纠纷案件的人民法院应当仅就造成保险事故的第三人与被保险人之间的法律关系进行审理。

实践中保险人向第三人提起追偿诉讼的，可能超出其已经实际赔付的金额，如：保险人部分赔付后，就全部损失向第三人提起追偿诉讼，或者保险人主张除全额赔付保险赔偿外，还包括为解决与被保险人之间保险合同争议发生的费用，包括已经发生的诉讼费用或者律师代理费等。对于保险人超出保险赔偿范围的请求，法院不能支持。因为，被保险人对尚未获得赔偿的部分依然有权向第三人要求赔偿，保险人为解决保险纠纷发生的费用也不是必然发生的，不应由第三人承担。司法解释起草过程中经论证，认为海诉法第九十三条已经明确规定保险人向被保险人支付保险赔偿后，向造成保险事故的第三人代位行使赔偿请求权的，应当以保险赔偿的范围为限。所以，对于保险人超出保险赔偿范围向第三人请求赔偿的问题，法律的规定是明确的，在司法解释中没有必要作进一步的规定。

依据《海商法》的规定，就海上货物运输向承运人要求赔偿 P84
的请求权，时效期间为一年。而有关海上保险合同向保险人要求赔偿的请求权，时效期间为两年。在发生保险事故后，如被保险人在一年以后（未超过保险合同两年的诉讼时效期间）向保险人提起诉讼，保险人在实际赔付了被保险人后，向有责任的承运人提起追偿诉讼的，时效期间已经超过法律规定的一年。这就使保险人面临尴尬，在赔付被保险人后，向有责任的承运人追偿时诉讼时效已经超过法律规定的期间。海诉法中关于保险人行使代位赔偿请求权的规定就意在解决以上问题，在保险人依据保险合同赔付被保险人之前，如果被保险人已经向有责任的第三人提起诉讼、提交仲裁或者第三人同意履行义务时构成诉讼时效中断，在保险人支付保险赔偿后，被保险人取得的诉讼时效中断的权利适用于保险人，也符合保险人代位赔偿请求权的性质。

合法的提单持有人在提取货物时发现货物损坏或者短少等，依据海诉法的规定，有权申请扣押承运船舶。及时扣押船舶，可以充分保护海事请求人的合法权益。但保险人依据保险合同向被保险人（提单持有人/海事请求人）支付保险赔偿取得代位赔偿请求权后，保险人应当以自己的名义向第三人提起追偿诉讼。如果不允许保险人享有被保险人通过扣押船舶取得的权利（包括取得的担保、引起诉讼时效中断），保险人则可能失去从有责任的承运人或者船舶所有人处获得赔偿的机会，这样会对保险人造成事实上的不公平。故规定了保险人在实际赔付被保险人后，保险人可以享有被保险人通过扣押船舶取得的权利，以符合保险人代位赔偿请求权的性质。

P233
P236
P88

28. 交强险中“人身伤亡”和“财产损失”的内涵①

依据民法理论，《道路交通安全法》和《机动车交通事故责任强制保险条例》（以下简称《交强险条例》）所规定的“人身伤亡”和“财产损失”的分类是根据道路交通事故所侵害的客体

---

① 摘自杜万华、贺小荣、李明义、姜强：《〈关于审理道路交通事故损害赔偿案件适用法律若干问题的解释〉的理解与适用》，载《法律适用》2013 年第 3 期。

为标准的。《最高人民法院关于审理道路交通事故损害赔偿案件适用法律若干问题的解释》（以下简称《道交解释》）第十四条 𝒫88加以明确，有利于下列问题的处理。一是关于人身伤亡和财产损失的范围问题，实践中有观点认为，这里的“财产损失”是与精神损害相对应的损失类型，应当包括因人身伤亡产生的各项经济损失。[①] 显然，此种观点及实践未能正确把握《道路交通安全法》和《交强险条例》关于交通事故损害的分类标准。按照《道交解释》第十四条的规定，《交强险条例》第二十二条第二款所规定 𝒫236的交强险保险公司对于几种情形下的财产损失不予赔偿，仅指交通事故造成机动车等财产权益不予赔偿，而不包括医疗费用、死亡或残疾赔偿金等。二是关于交强险是否赔偿精神损害的问题也迎刃而解，既然人身伤亡的损失包括精神损害赔偿，交强险应当赔偿精神损害也顺理成章。

29. 交强险中财产损失的赔偿范围[②] 𝒫233 𝒫88

应当看到，虽然损害赔偿的范围在多数情形下可以通过因果关系、过错等技术性制度加以规范，但在更多情形下，例如，纯粹经济损失的界定及其范围、物之使用中断损失的界定及其范围等等问题，需要依据一国的现实情况，基于一定的价值立场和利益衡量作出类型化的安排。[③]《道交解释》根据我国道路交通的现实情况，适当限制侵害财产权益的赔偿范围，以第十五条列举了四种典型的财产损失。

---

① 参见《安徽省高级人民法院关于如何理解和适用〈机动车交通事故责任强制保险条例〉第22条的请示》和《最高人民法院关于对安徽省高级人民法院如何理解和适用〈机动车交通事故责任强制保险条例〉第22条的请示的复函》（〔2009〕民立他字第42号），该复函即持上述观点。

② 摘自杜万华、贺小荣、李明义、姜强：《〈关于审理道路交通事故损害赔偿案件适用法律若干问题的解释〉的理解与适用》，载《法律适用》2013年第3期。

③ 参见［德］克里斯蒂安·冯·巴尔：《欧洲比较侵权行为法（下卷）》，焦美华译，张新宝审校，法律出版社2001年版，第1～57页。

适用《道交解释》第十五条的规定，需要重点注意以下问题。一是机动车的维修费用或重置费用、施救费用和车辆所载物品的损失，当然具有可赔偿性。二是依法从事经营性活动的车辆的停运损失、非经营性车辆的使用中断的损失，在具体的赔偿范围上，应当从合理性和必要性上加以判断，同时辅之以损益相抵规则、可预见性规则、减轻损失规则等侵权法上的其他制度作出认定。[①] 三是机动车贬值损失问题，不乏承认其具可赔偿性的外国立法或实践，[②] 在我国的现实条件下并不可取。原因在于，贬值损失的可赔偿性要兼顾一国的道路交通状况，在事故率比较高的背景下，一般性地承认贬值损失的可赔偿性会使道路交通参与人的负担过重。另外，从司法实践看，贬值损失的确定具有较大的任意性，可能会导致案件审理结果实质上的不公平。因此，对贬值损失的可赔偿性，原则上持否定态度。四是鉴于交强险费率厘定的原则，停运损失和使用中断的损失不属于交强险的赔偿范围。

P90

30. 交强险与侵权责任的关系问题[③]

从世界范围来看，交强险可以区分为两种模式：一种是以侵权责任为基础，强调交强险的责任保险属性，在理念上，强调交强险分担被保险人损失的功能，即对被保险人依法应当向第三人承担的侵权责任为保险标的的保险，可以称之为责任保险模式。另一种则可以称之为基本保障模式或“脱钩模式”，此种模式在理念上更加重视受害人的损失填补、强调交强险的基本社会保障

---

① 相关司法解释也体现出这一精神，例如《最高人民法院关于审理船舶油污损害赔偿纠纷案件若干问题的规定》第十六条。

② 参见［德］克里斯蒂安·冯·巴尔：《欧洲比较侵权行为法（下卷）》，焦美华译，张新宝审校，法律出版社 2001 年版，第 171、172 页。

③ 摘自杜万华、贺小荣、李明义、姜强：《〈关于审理道路交通事故损害赔偿案件适用法律若干问题的解释〉的理解与适用》，载《法律适用》2013 年第 3 期。

功能，在不同程度上，使之与侵权责任相互分离。[①] 因此，交强险的功能并不受制于法律尤其是保险法的逻辑。选择何种模式，取决于一国立法者赋予交强险承担的功能和欲实现的目的。同时，交强险的功能定位与一国交强险的费率水平、赔偿范围、赔偿限额以及道路交通状况、机动车事故率以及其他的因素是紧密联系的。

从《道路交通安全法》的规定、立法目的及其立法历史来看，站在解释论的立场上，我国现行法更加强调交强险的基本保障功能，更为重视交强险对受害人损失的填补功能，因此，我国的交强险采取的是在一定范围内与侵权责任脱钩的模式。[②]

31. 交强险的分项限额应否遵守[③]

𝒫90

实践中，不少观点认为，分项限额违反了《道路交通安全法》的规定，不利于保护受害人，根据上位法优于下位法的原则，不予适用。[④]

我们认为，首先，在交强险的赔偿在一定范围内与侵权责任脱钩的模式下，交强险保障范围的大小与一国所欲投入的损失填补成本息息相关，并不取决于法律上的逻辑。其次，从现行法的规定、分项限额问题所涉及的因素以及其影响、司法权的特点来看，该问题不属于司法判断的范围而应由立法来决策。因此，在现行法的框架和我国目前的国情之下，交强险与侵权责任一定范围内脱钩、分项限额制度是人民法院审理道路交通事故损害赔偿

---

①② 详细论述，参见姜强：《交强险的功能定位及其与侵权责任的关系》，载《法律适用》2013 年第 1 期。

③ 摘自杜万华、贺小荣、李明义、姜强：《〈关于审理道路交通事故损害赔偿案件适用法律若干问题的解释〉的理解与适用》，载《法律适用》2013 年第 3 期。

④ 孙玉荣：《机动车交通事故责任强制保险存在的问题及完善建议》，载《法律适用》2009 年第 5 期。

案件的制度背景。[1]

P89

32. 交强险、商业三者险与侵权责任的赔偿次序问题[2]

《道交解释》第十六条对交强险、商业三者险并存情形下的赔偿责任作出了明确规定。一是进一步明确交强险在其责任限额范围内与侵权责任在一定程度上相互分离的结论，首先由交强险在其责任限额范围内（包括分项限额）予以赔偿。二是强调商业三者险对被保险人风险分散的功能，在交强险赔偿之后，由商业三者险保险公司根据保险合同承担赔偿责任。适用过程中应注意，首先明确交强险赔偿之后的侵权责任及其赔偿范围，在此基础上依据保险合同确定商业三者险的赔偿范围。三是由相应的责任主体承担剩余的侵权责任。

另外，第十六条第二款吸收审判实践中的成熟经验，规定精神损害赔偿在交强险中的赔偿次序，由请求权人选择。[3] 这一规定，不仅符合债法和交强险的基本原理，也更有利于受害人的保护。

P89

33. 合理确定交强险的保障范围[4]

关于交强险的赔偿范围，实践中比较集中的问题是第三人的

---

① 详细论述，参见姜强：《交强险的功能定位及其与侵权责任的关系》，载《法律适用》2013 年第 1 期。

② 摘自杜万华、贺小荣、李明义、姜强：《〈关于审理道路交通事故损害赔偿案件适用法律若干问题的解释〉的理解与适用》，载《法律适用》2013 年第 3 期。

③ 参见《最高人民法院关于财保六安市分公司与李福国等道路交通事故人身损害赔偿纠纷请示的复函》（〔2008〕民一他字第 25 号复函）以及姜强：《交通事故责任强制保险与商业第三者责任险并存时精神损害赔偿与物质损害赔偿的次序》，载《民事审判指导与参考》2008 年第 4 期。

④ 摘自杜万华、贺小荣、李明义、姜强：《〈关于审理道路交通事故损害赔偿案件适用法律若干问题的解释〉的理解与适用》，载《法律适用》2013 年第 3 期。

范围及《交强险条例》第二十二条的适用问题。《道交解释》以第十七条、十八条分别作出规定。 $\mathscr{P}_{236}$ $\mathscr{P}_{89}$

1. 交强险中的第三人的范围。审判实践中，有观点认为，《交强险条例》规定的第三人范围过于狭窄，应当扩展至车上人员。[①] 与分项限额问题类似，第三人的范围问题是一个立法判断问题。在现行法的框架下，车上人员不属于第三人，也难以“转化”为第三人。但是，在机动车投保人与实际驾驶人出现分离时，由于被保险人只有在交通事故发生时方能具体确定，而此时处于车外的投保人即成为第三人。在驾驶人造成车外的投保人损害时，由于驾驶人此时为被保险人，因此交强险应予赔偿。同时，鉴于《道交解释》已对违法情形下的交强险赔偿责任作出明确规定，所以第十七条不再将其适用范围限于合法驾驶人的范围之内。当然，在法律和《道交解释》明确规定的情况下，例如机动车被盗抢期间发生交通事故的赔偿责任，自应适用《侵权责任法》第五十二条的规定。

2. 关于《交强险条例》第二十二条规定的适用问题。《道交解释》第十八条采纳了理论及实务的多数观点，规定在无证驾驶、醉酒驾驶、吸毒后驾驶以及被保险人故意制造交通事故等情形下，交强险保险公司仍应对第三人人身损害承担赔偿责任。主要理由有：第一，这些违法情形下保险公司对第三人承担赔偿责任，符合交强险制度的目的；第二，保险公司承担赔偿责任后可以向侵权人追偿，由于保险公司比受害人具有更强的追偿能力，更有利于实现制裁违法行为的目的；第三，《侵权责任法》第五十二条仅规定机动车被盗抢期间发生交通事故的，交强险保险公司可以免除赔偿责任，只垫付抢救费用。该规定说明，《侵权责任法》对于其他几种情形的评价与对机动车被盗抢期间发生交通事故情形的评价有所不同，这也是《道交解释》关于这个问题规

① 钟良生：《机动车第三者强制责任保险制度若干问题研究》，载《人民司法·应用》2011 年第 5 期。

定的主要法律基础；第四，从其他国家或地区的规定及实践来看，例如德国、日本、韩国以及我国台湾地区等，都采纳了交强险保险公司在此类情形下先承担赔偿责任，再向侵权人追偿的处理思路。

P90

34. 违反交强险法定投保义务和承保义务的责任承担

《道交解释》第十九条、第二十条、第二十一条分别对违反法定投保义务未投保交强险的责任和违法拒保、拖延承保的民事责任作出了明确规定。

（1）违反强制投保义务未投保交强险的责任承担。《道交解释》第十九条以《侵权责任法》第六条第一款为依据，明确规定，未依法投保交强险的机动车发生交通事故造成损害，由投保义务人在交强险责任限额范围内对第三人承担赔偿责任；投保义务人和行为人不一致的，由两者承担连带责任。主要理由如下：第一，未履行法定的投保交强险的义务是投保义务人应承担侵权责任的行为基础。第二，未投保交强险的行为侵害了第三人不能获得交强险赔偿的利益，属于《侵权责任法》的保护范围。如前所述，我国交强险与侵权责任相互脱钩的模式，决定了交强险对第三人损害的填补范围比单纯适用侵权责任规则使第三人所获得的赔偿要大。第三，未投保交强险的行为具有违法性。第四，由于交强险与侵权责任在一定范围内脱钩，同时由于驾驶人负有审核机动车是否投保交强险的法定注意义务，因此，第三人不能从交强险中获得赔偿的利益是投保义务人和驾驶人共同违反相应法定注意义务所造成的，应当承担连带责任。

同理，交强险保险公司违反法定承保义务违法拒保、拖延承保、违法解除交强险合同，也应承担相应的赔偿责任。但是，在承担责任的方式上有所不同，由投保义务人先向第三人赔偿，再向违反法定义务的保险公司追偿。

（2）多车事故下部分机动车未投保交强险的责任承担。与《道交解释》第十九条相关联，在多车事故中，如果部分机动车未投保交强险的，依据交强险与侵权责任脱钩的逻辑，《道交解释》第二十一条第三款规定，应当先由已承保交强险的保险公司在其责任限额内对第三人赔偿，但保险公司就超出其应承担的部分有权向未投保交强险的投保义务人追偿。具体适用该条规定，应注意以下方面：一是该规定中的第三人是指多辆机动车的共同第三人。二是追偿权的具体计算方法为，分别计算部分机动车未投保交强险时各保险公司的赔偿数额和所有机动车都已投保交强险时各保险公司的赔偿数额，两者之差即为已承保交强险保险公司的追偿权数额。在有的情形下，已承保交强险的保险公司对外的总的赔付数额并未发生变化，但在不同的受害人之间的分配比例发生了变化，此时无追偿权问题。三是在未投保交强险一方同时也是已投保交强险一方的第三人时，应当注意保护已承保交强险的保险公司抵销权的行使。

35. 交强险保险公司的诉讼地位① P91

依照大陆法系国家民事诉讼理论，我国道路交通事故中机动车交强险的保险公司、侵权人与被侵权人之间的诉讼关系难以构成固有必要共同诉讼。但是，应当看到，正如大陆法系国家或地区对必要共同诉讼的解释是在其实定法的规定之下展开的那样，在我国，也应当根据我国诉讼法和实体法的框架之下安排道路交通事故损害赔偿案件的诉讼程序。总的理念应是，在保护私权、保障程序权利的前提下，应当尽可能地为当事人提供富有效率的一次性解决纠纷的机制，这是诉讼程序的基本价值追求。

以上述理念为指导，交强险保险公司作为应当追加的共同被

---

① 摘自杜万华、贺小荣、李明义、姜强：《〈关于审理道路交通事故损害赔偿案件适用法律若干问题的解释〉的理解与适用》，载《法律适用》2013 年第 3 期。

告参加诉讼，主要理由如下：第一，《道路交通安全法》第七十六条赋予第三人（受害人）对保险公司的直接请求权，决定了保险公司可以作为被告。第二，道路交通事故损害赔偿案件的实体法律关系决定了应当将交强险保险公司作为共同被告。虽然从实体法律关系的角度看，第三人（受害人）对保险公司或侵权人（被保险人）的请求权可分别行使，但是在进入诉讼这一特定的场景之下，将会发生如下问题。首先，机动车是交通事故发生的参与方或原因之一，这一要件事实既是保险公司承担赔偿责任的要件事实，也是侵权人承担侵权责任的要件事实。在诉讼中，人民法院就该要件事实的认定，存在合一确定之必要。其次，由于侵权责任是在交强险赔偿之后才确定，如果不追加保险公司作为共同被告，侵权人侵权责任的范围即无法准确认定。再次，如果不追加保险公司，在侵权人（被保险人）另行起诉保险公司的后诉中，被保险机动车是否为交通事故的参与方或原因之一仍然是重要的争点之一，由于保险公司未参与前诉的诉讼程序，其诉讼权利也难以得到保障。最后，将交强险保险公司作为共同被告不会造成诉讼过分迟延。

P91

36. 机动车商业三者险保险公司的诉讼地位①

《道交解释》将商业三者险保险公司作为经当事人申请追加的共同被告，主要理由如下：第一，一次性解决纠纷、减少当事人诉累的需要。司法实践中两次诉讼的处理模式显然增加了当事人的诉讼负担，徒增诉累。第二，商业险保险合同是以交强险赔偿范围之外的赔偿责任为保险标的，交强险保险公司的赔付责任和商业三者险保险公司的赔付责任具有较为紧密的关联性。在案件审理过程中遵循交强险先赔偿、再根据侵权责任和商业三者险

① 摘自杜万华、贺小荣、李明义、姜强：《〈关于审理道路交通事故损害赔偿案件适用法律若干问题的解释〉的理解与适用》，载《法律适用》2013 年第 3 期。

合同确定保险公司的赔偿责任，最后确定侵权人自己承担的赔偿责任这一顺序，并不会出现法律关系过于复杂、案件难以处理、诉讼过分迟延的情况。第三，《保险法》第六十五条规定，商业三者险中的第三者在被保险人怠于请求保险金时有直接请求权。这里的“怠于”，在受害人已经起诉请求赔偿而被保险人尚未请求商业三者险保险公司赔偿的情况下，被保险人即处于懈怠状态。因此，将商业三者险合并审理符合《保险法》的规定。第四，合并审理有利于避免就相同争点重复审理，提高诉讼效率。在商业三者险合同纠纷中，保险公司往往需要根据具体情况就侵权人（被保险人）是否承担责任、承担责任的范围提出异议、行使相应的抗辩权，从而导致在商业三者险合同诉讼中出现相同争点重复审理的现象。另一方面，商业三者险的保险公司进入同一诉讼，也有利于其在该诉讼中行使合同上的抗辩权。

第三部分

典型案例

案例 1

华泰财产保险有限公司北京分公司诉李志贵、天安财产保险股份有限公司河北省分公司张家口支公司保险人代位求偿权纠纷案*

（最高人民法院审判委员会讨论通过 2014 年 1 月 26 日发布）

关键词 民事诉讼 保险人代位求偿 管辖

裁判要点

因第三者对保险标的的损害造成保险事故，保险人向被保险人赔偿保险金后，代位行使被保险人对第三者请求赔偿的权利而提起诉讼的，应当根据保险人所代位的被保险人与第三者之间的法律关系，而不应当根据保险合同法律关系确定管辖法院。第三者侵害被保险人合法权益的，由侵权行为地或者被告住所地法院管辖。

相关法条

《中华人民共和国民事诉讼法》第二十八条

《中华人民共和国保险法》第六十条第一款

基本案情

2011 年 6 月 1 日，华泰财产保险有限公司北京分公司（简称华泰保险公司）与北京亚大锦都餐饮管理有限公司（简称亚大锦都餐饮公司）签订机动车辆保险合同，被保险车辆的车牌号为京 A82368，保险期间自 2011 年 6 月 5 日 0 时起至 2012 年 6 月 4 日 24 时止。2011 年 11 月 18 日，陈某某驾驶被保险车辆行驶至北京

---

* 摘自 2014 年 1 月 26 日最高人民法院发布的第六批指导性案例（指导案例 25 号）。

市朝阳区机场高速公路上时，与李志贵驾驶的车牌号为冀GA9120的车辆发生交通事故，造成被保险车辆受损。经交管部门认定，李志贵负事故全部责任。事故发生后，华泰保险公司依照保险合同的约定，向被保险人亚大锦都餐饮公司赔偿保险金83878元，并依法取得代位求偿权。基于肇事车辆系在天安财产保险股份有限公司河北省分公司张家口支公司（简称天安保险公司）投保了机动车交通事故责任强制保险，华泰保险公司于2012年10月诉至北京市东城区人民法院，请求判令被告肇事司机李志贵和天安保险公司赔偿83878元，并承担诉讼费用。

被告李志贵的住所地为河北省张家口市怀来县沙城镇，被告天安保险公司的住所地为张家口市怀来县沙城镇燕京路东108号，保险事故发生地为北京市朝阳区机场高速公路上，被保险车辆行驶证记载所有人的住址为北京市东城区工体北路新中西街8号。

裁判结果

北京市东城区人民法院于2012年12月17日作出（2012）东民初字第13663号民事裁定：对华泰保险公司的起诉不予受理。宣判后，当事人未上诉，裁定已发生法律效力。

裁判理由

法院生效裁判认为：根据《中华人民共和国保险法》第六十条的规定，保险人的代位求偿权是指保险人依法享有的，代位行使被保险人向造成保险标的损害负有赔偿责任的第三者请求赔偿的权利。保险人代位求偿权源于法律的直接规定，属于保险人的法定权利，并非基于保险合同而产生的约定权利。因第三者对保险标的的损害造成保险事故，保险人向被保险人赔偿保险金后，代位行使被保险人对第三者请求赔偿的权利而提起诉讼的，应根据保险人所代位的被保险人与第三者之间的法律关系确定管辖法院。第三者侵害被保险人合法权益，因侵权行为提起的诉讼，依据《中华人民共和国民事诉讼法》第二十八条的规定，由侵权行为地或者被告住所地法院管辖，而不适用财产保险合同纠纷管辖的规定，不应以保险标的物所在地作为管辖依据。本案中，第三者实施了道路交通侵权行为，造成保险事故，被保险人对第三者有侵权损害赔偿请求权；保险人行使代位权起诉第三者的，应当由侵权行为地或者被告住所地法院管辖。现二被告的住所地及侵权行为地均不在北京市东城区，故北京市东城区人民法院对该起诉没有管辖权，应裁定不予受理。

案例2

海南丰海粮油工业有限公司诉中国人民财产保险股份有限公司海南省分公司海上货物运输保险合同纠纷案*

（最高人民法院审判委员会讨论通过　2015年4月15日发布）

关键词　民事　海事　海上货物运输保险合同　一切险　外来原因

裁判要点

海上货物运输保险合同中的“一切险”，除包括平安险和水渍险的各项责任外，还包括被保险货物在运输途中由于外来原因所致的全部或部分损失。在被保险人不存在故意或者过失的情况下，由于相关保险合同中除外责任条款所列明情形之外的其他原因，造成被保险货物损失的，可以认定属于导致被保险货物损失的“外来原因”，保险人应当承担运输途中由该外来原因所致的一切损失。

---

* 摘自2015年4月15日最高人民法院发布的第十批指导性案例（指导案例52号）。

相关法条

《中华人民共和国保险法》第三十条

基本案情

1995年11月28日，海南丰海粮油工业有限公司（以下简称丰海公司）在中国人民财产保险股份有限公司海南省分公司（以下简称海南人保）投保了由印度尼西亚籍“哈卡”轮（HAGAAG）所运载的自印度尼西亚杜迈港至中国洋浦港的4999.85吨桶装棕榈油，投保险别为一切险，货价为3574892.75美元，保险金额为3951258美元，保险费为18966美元。投保后，丰海公司依约向海南人保支付了保险费，海南人保向丰海公司发出了起运通知，签发了海洋货物运输保险单，并将海洋货物运输保险条款附于保单之后。根据保险条款规定，一切险的承保范围除包括平安险和水渍险的各项责任外，海南人保还“负责被保险货物在运输途中由于外来原因所致的全部或部分损失”。该条款还规定了5项除外责任。上述投保货物是由丰海公司以CNF价格向新加坡丰益私人有限公司（以下简称丰益公司）购买的。根据买卖合同约定，发货人丰益公司与船东代理梁国际代理有限公司（以下简称梁国际）签订一份租约。该租约约定由“哈卡”轮将丰海公司投保的货物5000吨棕榈油运至中国洋浦港，将另1000吨棕榈油运往香港。

1995年11月29日，“哈卡”轮的期租船人、该批货物的实际承运人印度尼西亚PT. SAMUDERA INDRA公司（以下简称PSI公司）签发了编号为DM/YPU/1490/95的已装船提单。该提单载明船舶为“哈卡”轮，装货港为印度尼西亚杜迈港，卸货港为中国洋浦港，货物唛头为BATCH NO. 80211/95，装货数量为4999.85吨，清洁、运费已付。据查，发货人丰益公司将运费支付给梁国际，梁国际已将运费支付给PSI公司。1995年12月14日，丰海公司向其开证银行付款赎单，取得了上述投保货物的全套（3份）正本提单。1995年11月23日至29日，“哈卡”轮在杜迈港装载31623桶、净重5999.82吨四海牌棕榈油启航后，由于“哈卡”轮船东印度尼西亚 PT. PERUSAHAAN PELAYARAN BAHTERA BINTANG SELATAN 公司（以下简称 BBS 公司）与该轮的期租船人 PSI 公司之间因船舶租金发生纠纷，“哈卡”轮中止了提单约定的航程并对外封锁了该轮的动态情况。

为避免投保货物的损失，丰益公司、丰海公司、海南人保多次派代表参加“哈卡”轮船东与期租船人之间的协商，但由于船东以未收到租金为由不肯透露“哈卡”轮行踪，多方会谈未果。此后，丰益公司、丰海公司通过多种渠道交涉并多方查找“哈卡”轮行踪，海南人保亦通过其驻外机构协助查找“哈卡”轮。直至 1996 年 4 月，“哈卡”轮走私至中国汕尾被我海警查获。根据广州市人民检察院穗检刑免字（1996）64 号《免予起诉决定书》的认定，1996 年 1 月至 3 月，“哈卡”轮船长埃里斯·伦巴克根据 BBS 公司指令，指挥船员将其中 11325 桶、2100 多吨棕榈油转载到属同一船公司的“依瓦那”和“萨拉哈”货船上运走销售，又让船员将船名“哈卡”轮涂改为“伊莉莎 2”号（ELIZA Ⅱ）。1996 年 4 月，更改为“伊莉莎 2”号的货船载剩余货物 20298 桶棕榈油走私至中国汕尾，4 月 16 日被我海警查获。上述 20298 桶棕榈油已被广东省检察机关作为走私货物没收上缴国库。1996 年 6 月 6 日丰海公司向海南人保递交索赔报告书，8 月 20 日丰海公司再次向海南人保提出书面索赔申请，海南人保明确表示拒赔。丰海公司遂诉至海口海事法院。

丰海公司是海南丰源贸易发展有限公司和新加坡海源国际有限公司于 1995 年 8 月 14 日开办的中外合资经营企业。该公司成立后，就与海南人保建立了业务关系。1995 年 10 月 1 日至同年 11 月 28 日（本案保险单签发前）就发生了 4 笔进口棕榈油保险业务，其中 3 笔投保的险别为一切险，另 1 笔为“一切险附加战争险”。该 4 笔保险均发生索赔，其中有因为一切险范围内的货物短少、破漏发生的赔付。

裁判结果

海口海事法院于 1996 年 12 月 25 日作出（1996）海商初字

第096号民事判决：一、海南人保应赔偿丰海公司保险价值损失3593858.75美元；二、驳回丰海公司的其他诉讼请求。宣判后，海南人保提出上诉。海南省高级人民法院于1997年10月27日作出（1997）琼经终字第44号民事判决：撤销一审判决，驳回丰海公司的诉讼请求。丰海公司向最高人民法院申请再审。最高人民法院于2003年8月11日以（2003）民四监字第35号民事裁定，决定对本案进行提审，并于2004年7月13日作出（2003）民四提字第5号民事判决：一、撤销海南省高级人民法院（1997）琼经终字第44号民事判决；二、维持海口海事法院（1996）海商初字第096号民事判决。

裁判理由

最高人民法院认为：本案为国际海上货物运输保险合同纠纷，被保险人、保险货物的目的港等均在中华人民共和国境内，原审以中华人民共和国法律作为解决本案纠纷的准据法正确，双方当事人亦无异议。

丰海公司与海南人保之间订立的保险合同合法有效，双方的权利义务应受保险单及所附保险条款的约束。本案保险标的已经发生实际全损，对此发货人丰益公司没有过错，亦无证据证明被保险人丰海公司存在故意或过失。保险标的的损失是由于“哈卡”轮船东BBS公司与期租船人之间的租金纠纷，将船载货物运走销售和走私行为造成的。本案争议的焦点在于如何理解涉案保险条款中一切险的责任范围。

二审审理中，海南省高级人民法院认为，根据保险单所附的保险条款和保险行业惯例，一切险的责任范围包括平安险、水渍险和普通附加险（即偷窃提货不着险、淡水雨淋险、短量险、沾污险、渗漏险、碰损破碎险、串味险、受潮受热险、钩损险、包装破损险和锈损险），《中国人民银行关于〈海洋运输货物“一切险”条款解释的请示〉的复函》亦作了相同的明确规定。可见，丰海公司投保货物的损失不属于一切险的责任范围。此外，鉴于海南人保与丰海公司有长期的保险业务关系，在本案纠纷发生前，双方曾多次签订保险合同，并且海南人保还作过一切险范围内的赔付，所以丰海公司对本案保险合同的主要内容、免责条款及一切险的责任范围应该是清楚的，故认定一审判决适用法律错误。

根据涉案“海洋运输货物保险条款”的规定，一切险除了包括平安险、水渍险的各项责任外，还负责被保险货物在运输过程中由于各种外来原因所造成的损失。同时保险条款中还明确列明了五种除外责任，即：（1）被保险人的故意行为或过失所造成的损失；（2）属于发货人责任所引起的损失；（3）在保险责任开始前，被保险货物已存在的品质不良或数量短差所造成的损失；（4）被保险货物的自然损耗、本质缺陷、特性以及市价跌落、运输迟延所引起的损失；（5）本公司海洋运输货物战争险条款和货物运输罢工险条款规定的责任范围和除外责任。从上述保险条款的规定看，海洋运输货物保险条款中的一切险条款具有如下特点：

1. 一切险并非列明风险，而是非列明风险。在海洋运输货物保险条款中，平安险、水渍险为列明的风险，而一切险则为平安险、水渍险再加上未列明的运输途中由于外来原因造成的保险标的的损失。

2. 保险标的的损失必须是外来原因造成的。被保险人在向保险人要求保险赔偿时，必须证明保险标的的损失是因为运输途中外来原因引起的。外来原因可以是自然原因，亦可以是人为的意外事故。但是一切险承保的风险具有不确定性，要求是不能确定的、意外的、无法列举的承保风险。对于那些预期的、确定的、正常的危险，则不属于外来原因的责任范围。

3. 外来原因应当限于运输途中发生的，排除了运输发生以前和运输结束后发生的事故。只要被保险人证明损失并非因其自身原因，而是由于运输途中的意外事故造成的，保险人就应当承担保险赔偿责任。

根据保险法的规定，保险合同中规定有关于保险人责任免除条款的，保险人在订立合同时应当向投保人明确说明，未明确说明的，该条款仍然不能产生效力。据此，保险条款中列明的除外责任虽然不在保险人赔偿之列，但是应当以签订保险合同时，保险人已将除外责任条款明确告知被保险人为前提。否则，该除外责任条款不能约束被保险人。

关于中国人民银行的复函意见。在保监委成立之前，中国人民银行系保险行业的行政主管机关。1997 年 5 月 1 日，中国人民银行致中国人民保险公司《关于〈海洋运输货物保险“一切险”条款解释的请示〉的复函》中，认为一切险承保的范围是平安险、水渍险及被保险货物在运输途中由于外来原因所致的全部或部分损失。并且进一步提出：外来原因仅指偷窃、提货不着、淡水雨淋等。1998 年 11 月 27 日，中国人民银行在对《中保财产保险有限公司关于海洋运输货物保险条款解释》的复函中，再次明确一切险的责任范围包括平安险、水渍险及被保险货物在运输途中由于外来原因所致的全部或部分损失。其中外来原因所致的全部或部分损失是指 11 种一般附加险。鉴于中国人民银行的上述复函不是法律法规，亦不属于行政规章。根据《中华人民共和国立法法》的规定，国务院各部、委员会、中国人民银行、国家审计署以及具有行政管理职能的直属机构，可以根据法律和国务院的行政法规、决定、命令，在本部门的权限范围内，制定规章；部门规章规定的事项应当属于执行法律或者国务院的行政法规、决定、命令的事项。因此，保险条款亦不在职能部门有权制定的规章范围之内，故中国人民银行对保险条款的解释不能作为约束被保险人的依据。另外，中国人民银行关于一切险的复函属于对保险合同条款的解释。而对于平等主体之间签订的保险合同，依法只有人民法院和仲裁机构才有权作出约束当事人的解释。为此，上述复函不能约束被保险人。要使该复函所作解释成为约束被保险人的合同条款，只能是将其作为保险合同的内容附在保险单中。之所以产生中国人民保险公司向主管机关请示一切险的责任范围，主管机关对此作出答复，恰恰说明对于一切险的理解存在争议。而依据《保险法》第三十一条的规定，对于保险合同的条款，保险人与投保人、被保险人或者受益人有争议时，人民法院或者仲裁机关应当作有利于被保险人和受益人的解释。作为行业主管机关作出对本行业有利的解释，不能适用于非本行业的合同当事人。

综上，应认定本案保险事故属一切险的责任范围。二审法院认为丰海公司投保货物的损失不属一切险的责任范围错误，应予纠正。丰海公司的再审申请理由依据充分，应予支持。

案例3

中国平安财产保险股份有限公司江苏分公司诉江苏镇江安装集团有限公司保险人代位求偿权纠纷案*

（最高人民法院审判委员会讨论通过 2016年12月28日发布）

关键词 民事 保险代位求偿权 财产保险合同 第三者对保险标的的损害 违约行为

裁判要点

因第三者的违约行为给被保险人的保险标的造成损害的，可以认定为属于《中华人民共和国保险法》第六十条第一款规定的“第三者对保险标的的损害”的情形。保险人由此依法向第三者行使代位求偿权的，人民法院应予支持。

---

* 摘自2016年12月28日最高人民法院发布的第十五批指导性案例（指导案例74号）。

相关法条

《中华人民共和国保险法》第六十条第一款

基本案情

2008年10月28日，被保险人华东联合制罐有限公司（以下简称华东制罐公司）、华东联合制罐第二有限公司（以下简称华东制罐第二公司）与被告江苏镇江安装集团有限公司（以下简称镇江安装公司）签订《建设工程施工合同》，约定由镇江安装公司负责被保险人整厂机器设备迁建安装等工作。《建设工程施工合同》第二部分“通用条款”第38条约定：“承包人按专用条款的约定分包所承包的部分工程，并与分包单位签订分包合同，未经发包人同意，承包人不得将承包工程的任何部分分包”；“工程分包不能解除承包人任何责任与义务。承包人应在分包场地派驻相应管理人员，保证本合同的履行。分包单位的任何违约行为或疏忽导致工程损害或给发包人造成其他损失，承包人承担连带责任。”《建设工程施工合同》第三部分“专用条款”第14条第（1）项约定：“承包人不得将本工程进行分包施工。”“通用条款”第40条约定：“工程开工前，发包人为建设工程和施工场地内的自有人员及第三人人员生命财产办理保险，支付保险费用”；“运至施工场地内用于工程的材料和待安装设备，由发包人办理保险，并支付保险费用”；“发包人可以将有关保险事项委托承包人办理，费用由发包人承担”；“承包人必须为从事危险作业的职工办理意外伤害保险，并为施工场地内自有人员生命财产和施工机械设备办理保险，支付保险费用。”

2008年11月16日，镇江安装公司与镇江亚民大件起重有限公司（以下简称亚民运输公司）签订《工程分包合同》，将前述合同中的设备吊装、运输分包给亚民运输公司。2008年11月20日，就上述整厂迁建设备安装工程，华东制罐公司、华东制罐第二公司向中国平安财产保险股份有限公司江苏分公司（以下简称平安财险公司）投保了安装工程一切险。投保单中记载被保险人为华东制罐公司及华东制罐第二公司，并明确记载承包人镇江安装公司不是被保险人。投保单“物质损失投保项目和投保金额”栏载明“安装项目投保金额为177465335.56元”。附加险中，还投保有“内陆运输扩展条款A”，约定每次事故财产损失赔偿限额为200万元。投保期限从2008年11月20日起至2009年7月31日止。投保单附有被安装机器设备的清单，其中包括：SEQUA彩印机2台，合计原值为29894340.88元。投保单所附保险条款中，对“内陆运输扩展条款A”作如下说明：经双方同意，鉴于被保险人已按约定交付了附加的保险费，保险公司负责赔偿被保险人的保险财产在中华人民共和国境内供货地点到保险单中列明的工地，除水运和空运以外的内陆运输途中因自然灾害或意外事故引起的损失，但被保险财产在运输时必须有合格的包装及装载。

2008年12月19日10时30分许，亚民运输公司驾驶员姜玉才驾驶苏L06069、苏L003挂重型半挂车，从旧厂区承运彩印机至新厂区的途中，在转弯时车上钢丝绳断裂，造成彩印机侧翻滑落地面损坏。平安财险公司接险后，对受损标的确定了清单。经镇江市公安局交通巡逻警察支队现场查勘，认定姜玉才负事故全部责任。后华东制罐公司、华东制罐第二公司、平安财险公司、镇江安装公司及亚民运输公司共同委托泛华保险公估有限公司（以下简称泛华公估公司）对出险事故损失进行公估，并均同意认可泛华公估公司的最终理算结果。2010年3月9日，泛华公估公司出具了公估报告，结论：出险原因系设备运输途中翻落（意外事故）；保单责任成立；定损金额总损1518431.32元、净损1498431.32元；理算金额1498431.32元。泛华公估公司收取了平安财险公司支付的47900元公估费用。

2009年12月2日，华东制罐公司及华东制罐第二公司向镇江安装公司发出《索赔函》，称：“该事故导致的全部损失应由贵司与亚民运输公司共同承担。我方已经向投保的中国平安财产保险股份有限公司镇江中心支公司报险。一旦损失金额确定，投保公司核实并先行赔付后，对赔付限额内的权益，将由我方让渡给投保公司行使。对赔付不足部分，我方将另行向贵司与亚民运输公司主张。”

2010年5月12日，华东制罐公司、华东制罐第二公司向平安财险公司出具赔款收据及权益转让书，载明：已收到平安财险公司赔付的1498431.32元。同意将上述赔款部分保险标的的一切权益转让给平安财险公司，同意平安财险公司以平安财险公司的名义向责任方追偿。后平安财险公司诉至法院，请求判令镇江安装公司支付赔偿款和公估费。

裁判结果

江苏省镇江市京口区人民法院于2011年2月16日作出（2010）京商初字第1822号民事判决：一、江苏镇江安装集团有限公司于判决生效后10日内给付中国平安财产保险股份有限公司江苏分公司1498431.32元；二、驳回中国平安财产保险股份有限公司江苏分公司关于给付47900元公估费的诉讼请求。一审宣判后，江苏镇江安装集团有限公司向江苏省镇江市中级人民法院提起上诉。江苏省镇江市中级人民法院于2011年4月12日作出（2011）镇商终字第0133号民事判决：一、撤销镇江市京口区人民法院（2010）京商初字第1822号民事判决；二、驳回中国平安财产保险股份有限公司江苏分公司对江苏镇江安装集团有限公司的诉讼请求。二审宣判后，中国平安财产保险股份有限公司江苏分公司向江苏省高级人民法院申请再审。江苏省高级人民法院于2014年5月30日作出（2012）苏商再提字第0035号民事判决：一、撤销江苏省镇江市中级人民法院（2011）镇商终字第0133号民事判决；二、维持镇江市京口区人民法院（2010）京商初字第1822号民事判决。

裁判理由

法院生效裁判认为，本案的焦点问题是：（1）保险代位求偿权的适用范围是否限于侵权损害赔偿请求权；（2）镇江安装公司能否以华东制罐公司、华东制罐第二公司已购买相关财产损失险为由，拒绝保险人对其行使保险代位求偿权。

关于第一个争议焦点。《中华人民共和国保险法》(以下简称《保险法》)第六十条第一款规定:“因第三者对保险标的的损害而造成保险事故的，保险人自向被保险人赔偿保险金之日起，在赔偿金额范围内代位行使被保险人对第三者请求赔偿的权利。”该款使用的是“因第三者对保险标的的损害而造成保险事故”的表述，并未限制规定为“因第三者对保险标的的侵权损害而造成保险事故”。将保险代位求偿权的权利范围理解为限于侵权损害赔偿请求权，没有法律依据。从立法目的看，规定保险代位求偿权制度，在于避免财产保险的被保险人因保险事故的发生，分别从保险人及第三者获得赔偿，取得超出实际损失的不当利益，并因此增加道德风险。将《保险法》第六十条第一款中的“损害”理解为仅指“侵权损害”，不符合保险代位求偿权制度设立的目的。故保险人行使代位求偿权，应以被保险人对第三者享有损害赔偿请求权为前提，这里的赔偿请求权既可因第三者对保险标的实施的侵权行为而产生，亦可基于第三者的违约行为等产生，不应仅限于侵权赔偿请求权。本案平安财险公司是基于镇江安装公司的违约行为而非侵权行为行使代位求偿权，镇江安装公司对保险事故的发生是否有过错，对案件的处理并无影响。并且，《建设工程施工合同》约定“承包人不得将本工程进行分包施工”。因此，镇江安装公司关于其对保险事故的发生没有过错因而不应承担责任的答辩意见，不能成立。平安财险公司向镇江安装公司主张权利，主体适格，并无不当。

关于第二个争议焦点。镇江安装公司提出，在发包人与其签订的建设工程施工合同通用条款第40条中约定，待安装设备由发包人办理保险，并支付保险费用。从该约定可以看出，就工厂搬迁及设备的拆解安装事项，发包人与镇江安装公司共同商定办理保险，虽然保险费用由发包人承担，但该约定在双方的合同条款中体现，即该费用系双方承担，或者说，镇江安装公司在总承包费用中已经就保险费用作出了让步。由发包人向平安财险公司投保的业务，承包人也应当是被保险人。关于镇江安装公司的上述抗辩意见，《保险法》第十二条第二款、第六款分别规定：“财产保险的被保险人在保险事故发生时，对保险标的应当具有保险利益”；“保险利益是指投保人或者被保险人对保险标的具有的法律上承认的利益”。据此，不同主体对于同一保险标的可以具有不同的保险利益，可就同一保险标的投保与其保险利益相对应的保险险种，成立不同的保险合同，并在各自的保险利益范围内获得保险保障，从而实现利用保险制度分散各自风险的目的。因发包人和承包人对保险标的具有不同的保险利益，只有分别投保与其保险利益相对应的财产保险类别，才能获得相应的保险保障，二者不能相互替代。发包人华东制罐公司和华东制罐第二公司作为保险标的的所有权人，其投保的安装工程一切险是基于对保险标的享有的所有权保险利益而投保的险种，旨在分散保险标的的损坏或灭失风险，性质上属于财产损失保险；附加险中投保的“内陆运输扩展条款 A”约定“保险公司负责赔偿被保险人的保险财产在中华人民共和国境内供货地点到保险单中列明的工地，除水运和空运以外的内陆运输途中因自然灾害或意外事故引起的损失”，该项附加险在性质上亦属财产损失保险。镇江安装公司并非案涉保险标的的所有权人，不享有所有权保险利益，其作为承包人对案涉保险标的享有责任保险利益，欲将施工过程中可能产生的损害赔偿责任转由保险人承担，应当投保相关责任保险，而不能借由发包人投保的财产损失保险免除自己应负的赔偿责任。其次，发包人不认可承包人的被保险人地位，案涉《安装工程一切险投保单》中记载的被保险人为华东制罐公司及华东制罐第二公司，并明确记载承包人镇江安装公司不是被保险人。因此，镇江安装公司关于“由发包人向平安财险公司投保的业务，承包人也应当是被保险人”的答辩意见，不能成立。《建设工程施工合同》明确约定“运至施工场地内用于工程的材料和待安装设备，由发包人办理保险，并支付保险费用”及“工程分包不能解除承包人任何责任与义务，分包单位的任何违约行为或疏忽导致工程损害或给发包人造成其他损失，承包人承担连带责任”。由此可见，发包人从未作出在保险赔偿范围内免除承包人赔偿责任的意思表示，双方并未约定在保险赔偿范围内免除承包人的赔偿责任。再次，在保险事故发生后，被保险人积极向承包人索赔并向平安财险公司出具了权益转让书。根据以上情况，镇江安装公司以其对保险标的也具有保险利益，且保险标的所有权人华东制罐公司和华东制罐第二公司已投保财产损失保险为由，主张免除其依建设工程施工合同应对两制罐公司承担的违约损害赔偿责任，并进而拒绝平安财险公司行使代位求偿权，没有法律依据，不予支持。

综上理由作出如上判决。

案例 4

王某诉某人寿保险股份有限公司人身保险合同纠纷案*

——保险合同代签名的法律后果

【要点提示】

投保人在订立保险合同时应当亲自签章。保险业务员代为签字，但投保人已经交纳保险费的，视为其对代签字行为的追认。

《保险法解释（二）》涉及条款：**第三条第一款**　投保人或者投保人的代理人订立保险合同时没有亲自签字或者盖章，而由保险人或者保险人的代理人代为签字或者盖章的，对投保人不生

* 摘自 2013 年 6 月 7 日最高人民法院公布三起保险合同纠纷典型案例。

效。但投保人已经交纳保险费的，视为其对代签字或者盖章行为的追认。

【简要案情】

保险公司的业务员张某与投保人王某是同学关系。在张某向王某推销保险产品时，王某在外地出差，于是王某让张某到自己家中找自己的妻子收取保险费。张某遂到王某家中找到王某的妻子取得了保险费，并代替王某在投保书上签字。投保书所记载的投保人与被保险人均为王某，投保的险种为重大疾病保险，保险期限为终生，交纳保险费期限为 20 年，每年应交纳保险费金额为 2000 元。王某出差回到北京以后，张某将保险合同及保险费发票交给了王某。此后，王某每年正常交纳保险费，累计交费 12000 元。直到 2006 年，王某、张某关系恶化，王某遂起诉保险公司，以投保书不是自己亲笔签字为由要求退还全部保险费。

【法院判决】

法院认为：王某在张某代其签署投保书后，取得了张某转交的保险合同文本及保险费发票，应视为其对张某所实施的代签约行为已经明知。在此后长达五年的时间里，王某按照保险合同的约定及时足额交纳各年度保险费的行为，即属于以积极参与合同履行的方式表达了其对于张某代其签约行为的追认。据此，法院认定王某追认了张某代其订立保险合同的行为，判决驳回王某的诉讼请求。

案例5

田某、冉某诉某保险公司人身保险合同纠纷案*

——保险合同解除与保险人拒赔

【要点提示】

保险人未在法定期间内解除合同，丧失保险合同解除权。保险人以投保人违反如实告知义务为由拒绝赔偿的，人民法院不予支持。

《保险法解释（二）》涉及条款：**第八条**　保险人未行使合同解除权，直接以存在保险法第十六条第四款、第五款规定的情形为由拒绝赔偿的，人民法院不予支持。但当事人就拒绝赔偿事宜及保险合同存续另行达成一致的情况除外。

【简要案情】

小田系田某、冉某之子。2007 年 6 月 21 日，田某与某保险公司签订保险合同，合同约定：投保人为田某，被保险人为小田，保险受益人为田某、冉某，投保险种为终身保险，保险期间为终身，保险金额为 2 万元，如被保险人身故，保险公司将按基本保额的三倍给付身故保险金。合同签订后，田某按前述保险合同约定按期向保险公司缴纳了 2007 年至 2009 年的保险费共计 4500 元。2009 年 11 月 23 日，被保险人小田因患肺结核死亡。田某认为属于保险责任事故，向保险公司提出理赔申请。保险公司于 2009 年 12 月 25 日向田某出具《拒绝给付保险金通知书》，该

* 摘自 2013 年 6 月 7 日最高人民法院公布三起保险合同纠纷典型案例。

通知书载明的主要内容为“……经调查核实我公司发现投保前已患疾病，根据相关法律规定和保险合同条款，……本次事故我公司不承担保险责任。……该合同效力终止，……退还保单现金价值2116.74元……”田某、冉某遂诉至该院，要求保险公司共同赔付保险金6万元。另查明，小田于2001年和2008年接受过肺结核诊治。2007年6月19日，田某在申请投保时，在填写个人保险投保单告知事项第7条C项：“被保险人是否曾患有或接受治疗过哮喘、肺结核、肺气肿……疾病”时，投保人田某及被保险人小田均填写为“否”。

【法院判决】

法院认为，田某在投保时就被保险人小田曾患“肺结核”的事实未向保险公司尽到如实告知义务，保险公司有权解除合同。根据在案事实，保险公司于2009年12月25日作出《拒绝给付保险金通知》，该载明的内容可以确认，从2009年12月25日起保险公司就应当知道有解除事由，但保险公司在知道有解除事由之日起30日内未行使该解除权，其解除权已消灭。本案所涉保险合同未被解除的情况下，对双方仍具有约束力，保险公司应当按照本案所涉保险合同的约定承担给付田某等人保险金的责任。判决撤销原审民事判决，保险公司承担保险责任。

案例 6

吴某诉某保险公司财产保险合同纠纷案*

——“免除保险人责任的条款”的范围

【要点提示】

保险人提供的格式合同文本中的责任免除条款、免赔率条款、比例赔付条款，可以认定为《保险法》第十七条第二款规定的“免除保险人责任的条款”，保险人应当尽到提示和明确说明义务。

《保险法解释（二）》涉及条款：**第九条**　保险人提供的格式合同文本中的责任免除条款、免赔额、免赔率、比例赔付或者给付等免除或者减轻保险人责任的条款，可以认定为保险法第十七条第二款规定的“免除保险人责任的条款”。

保险人因投保人、被保险人违反法定或者约定义务，享有解除合同权利的条款，不属于保险法第十七条第二款规定的“免除保险人责任的条款”。

【简要案情】

2004 年 11 月 17 日，吴某就其所有的汽车向某保险公司投保了车损险、主险不计免赔特约险、车上人员责任险等。保险合同载明：（1）家庭自用汽车损失保险条款。其中第十二条第（八）项中载明，保险车辆用于营运收费性商业行为期间的任何损失和费用，保险公司不负责赔偿；（2）机动车辆第三者责任保险条

* 摘自 2013 年 6 月 7 日最高人民法院公布三起保险合同纠纷典型案例。

款。第三十二条载明，保险公司根据保险车辆驾驶人员在事故中所负责任比例，承担相应的赔偿责任，并在保险单载明的责任限额内按约定的免赔率免赔。其中，保险车辆同一保险年度内发生多次赔款，其免赔率从第二次开始每次增加5%，非营运车辆从事营业运输活动时发生保险事故，造成第三者损失，按本保险保费与相应的营业车辆保费的比例计算赔偿。（3）附加险条款及解释。其中载明，车上人员责任险系第三者责任险的附加险。在车上人员责任险条款第四条第（三）项载明，每次赔偿均实行20%绝对免赔率。2005年5月31日，吴某驾驶被保险车辆与案外人胡某驾驶的拖拉机相碰，致车辆受损及吴某和同乘人员于某、吕某受伤。交警大队作出交通事故认定书，认定吴某、胡某负事故同等责任。经法院判决，于某各项损失为28887元，吕某各项损失为955.30元，并胡某与吴某连带赔偿上述损失。吴某向保险公司申请理赔，保险公司认为，吴某将其车用于营业收费，根据保险条款约定属于保险公司无需赔偿；对于于某、吕某的损失，同意根据保险条款约定的比例进行赔偿。吴某认为保险公司在签订保险合同时，未向其交付保险条款，亦未就保险条款中关于保险公司不予理赔和按比例理赔所依据的免责条款进行必要的解释和说明。吴某诉至法院，要求保险公司赔偿全部损失。

【法院判决】

法院认为，本案的争议焦点为保险公司提供的保险条款中所约定的免赔事由及免赔率是否属于免责条款，以及该约定是否生效。本案中，保险公司提供的保险条款中关于免除保险人责任的约定，应当属于《保险法》规定的“免除保险人责任的条款”，保险人应就这些条款履行明确说明义务。